臺灣歷史與文化 研究輯刊

二二編

第 **8** 冊

臺灣解嚴後美文傳統書寫典範及其逆反與解構

袁仁健 著

花木蘭文化事業有限公司

國家圖書館出版品預行編目資料

臺灣解嚴後美文傳統書寫典範及其逆反與解構／袁仁健 著 --
初版 -- 新北市：花木蘭文化事業有限公司，2022〔民 111 〕
目 4+170 面；19×26 公分
（臺灣歷史與文化研究輯刊二二編；第 8 冊）
ISBN 978-986-518-988-4（精裝）
1.CST：散文 2.CST：臺灣文學 3.CST：文學評論
733.08   111009908

臺灣歷史與文化研究輯刊
二二編　第 八 冊　　　　　ISBN：978-986-518-988-4

臺灣解嚴後美文傳統書寫典範及其逆反與解構

作　　者　袁仁健
總 編 輯　杜潔祥
副總編輯　楊嘉樂
編輯主任　許郁翎
編　　輯　張雅淋、潘玟靜、劉子瑄　美術編輯　陳逸婷
出　　版　花木蘭文化事業有限公司
發 行 人　高小娟
聯絡地址　235 新北市中和區中安街七二號十三樓
　　　　　電話：02-2923-1455／傳真：02-2923-1452
網　　址　http://www.huamulan.tw 信箱 service@huamulans.com
印　　刷　普羅文化出版廣告事業
初　　版　2022 年 9 月
定　　價　二二編 9 冊（精裝）新台幣 26,000 元　　　版權所有・請勿翻印

臺灣解嚴後美文傳統書寫典範及其逆反與解構

袁仁健 著

作者簡介

袁仁健，國立政治大學中文系碩士畢業，專研現代散文。火苗文學工作室成員。喜菡文學網優寫手。創作、評論文章散見《有荷文學雜誌》、《微批》、《城市文藝》等媒體平台。

提　　要

　　自古至今，「選本」都是文學批評的重要方式。置於臺灣現代散文研究，可借助其選本考察出臺灣散文作者、批評家各殊的文學觀念。臺灣學界對散文研究相對忽視，而現代散文的選本出版數量卻比小說、現代詩為多，此一特殊的文學現象，使選本研究成為分析臺灣現代散文的關鍵。按臺灣現代散文流變之研究，可分期為「日治時期散文」、「戰後時期散文」及「解嚴後時期散文」三個階段，日治時期散文書寫典範多元，但因國民黨遷台後的政經變化，致使戰後時期散文書寫以「美文傳統」作主流典範，直至八〇年代政治主導文化相對減弱，本土意識掘起，散文的主流典範始見鬆動，是為臺灣現代散文典律化的轉捩點。1987 年，臺灣政府宣告解嚴，社會環境變化劇烈，解嚴後時期散文書寫邁向多元，各種現代散文選本出版，編者選文既是反映了實際創作之不同，亦有重構、再造現代散文書寫典範的意圖，「美文傳統」的典範受到挑戰、逆反與解構。準此，本文以臺灣解嚴至今為一斷代，並透過《現代中國散文選》、《現代散文選續編》作一對比；《二十世紀台灣文學金典》（散文卷）與個別九歌年度散文選的個案，呈現兩種選本之對話關係；《散文類：新時代「力與美」最佳散文課讀本》、《十字路口——台灣散文 2015》及《台灣當代散文精選》重要散文選本做為主要研究對象，以「文體論」相關概念作為研究基礎，詮釋其序言和選文，歸納不同類型的作品數量、比例並參考相關文學研究著述。本文論及臺灣散文選本的「文學批評史」觀念之變化，論證「美文傳統」之文學脈絡怎樣建構，如何鬆動，以至於解嚴後「逆反與解構」的具體呈現。

誌　謝

吾母鄧玉冰

吾兄袁仁傑

恩師顏崑陽教授

口考委員張春榮教授、張堂錡教授

目 次

致 謝

第一章 緒 論 …………………………………… 1

第一節 問題意識、研究背景及其意義 ………… 1

一、問題意識導出 …………………………… 1

二、「美文傳統」形成之相關背景 ………… 3

三、臺灣解嚴前後的散文選本概要及其研究
意義 ………………………………………… 5

第二節 前行研究回顧及檢討 …………………… 11

一、臺灣現代散文選本回顧 ………………… 12

二、前行學者評論回顧及檢討 ……………… 14

第三節 研究方法及其材料 ……………………… 19

一、論題範圍界定 …………………………… 19

二、以「文體論」作為理論基礎 …………… 20

三、文學詮釋的普遍方法與「文體論」結合
應用 ………………………………………… 23

第四節 論文關鍵詞界義 ………………………… 24

第二章 臺灣現代散文的美文書寫典範建構及
鬆動 …………………………………………… 27

第一節 臺灣戰後文藝政策及其五四書寫傳統之
選擇性承接 ……………………………… 27

第二節 臺灣戰後社會因素對美文傳統書寫典範
的影響 …………………………………… 36

第三節 臺灣戰後文學流變對美文傳統書寫典範
的鬆動 …………………………………… 44

一、臺灣散文家的自省 ……………………… 44

二、鄉土文學論戰對臺灣散文的影響 ……… 46

三、文學平台及文學獎的助力 ……………… 47

四、「美文傳統」典範鬆動的省思與批評 …… 50

第三章 《現代中國散文選》與《現代散文選續編》
的立與破 …………………………………… 53

第一節 再造現代散文：從文體規範論楊牧編選
《現代中國散文選》的典範建構與影響 … 53

一、《現代中國散文選》的品類和源流編選
觀念 ……………………………………… 56

二、《現代中國散文選》典範模習的特色和
效用 …………………………………… 59

三、《現代中國散文選》經緯結構歷程關係的
意義 ………………………………… 62

四、小結 ………………………………… 66

第二節　《現代散文選續編》對《現代中國
散文選》典範建構的突破 …………… 67

一、《現代散文選續編》的選文標準及文學
理念 ………………………………… 69

二、《現代散文選續編》的實際選文呈現 …… 71

三、《現代散文選續編》突破美文傳統的文學
意義 ………………………………… 73

四、小結 ………………………………… 76

第三節　從以上比較觀察解嚴後臺灣現代散文的
變貌 ………………………………… 77

第四章　《二十世紀台灣文學金典》（散文卷）與
九歌年度散文選的對話 ……………… 85

第一節　《二十世紀台灣文學金典》（散文卷）對
「美文傳統」之逆反 ………………… 85

一、《二十世紀台灣文學金典》（散文卷）的
選文標準及文學理念 ………………… 87

二、《二十世紀台灣文學金典》（散文卷）
非狹義美文的四類散文特色 …………… 91

三、《二十世紀台灣文學金典》（散文卷）
重構典範之意義 ……………………… 96

四、小結 ………………………………… 99

第二節　九歌年度散文選「美文傳統」詮釋視域
之歧出 ……………………………… 100

一、九歌年度散文選「美文傳統」的異見 … 102

二、《九十二年散文選》提倡的「新載道
精神」 ……………………………… 104

三、《九歌一〇七年散文選》的「不選美文」
原則 ………………………………… 107

四、小結 ……………………………………111

第三節　從以上兩種選本分析其解構「美文
　　　　傳統」的意義 ……………………………111

第五章　散文選本「典範」的眾聲喧嘩及其
　　　　意義 ……………………………………… 117

第一節　《台灣當代散文精選（1945～1988）》
　　　　「美文傳統」的批判及本土意識 ……… 117

　　一、《台灣當代散文精選》的選文標準與文學
　　　　理念 ………………………………………… 118

　　二、《台灣當代散文精選》的實際選文特色‥ 122

　　三、《台灣當代散文精選》對美文傳統書寫
　　　　典範之逆反 ……………………………… 126

　　四、小結 ……………………………………… 128

第二節　《散文類：新時代「力與美」最佳散文課
　　　　讀本》詮釋視域的開拓及典範重構 …… 129

　　一、《散文類：新時代「力與美」最佳散文課
　　　　讀本》散文視域的反省與開拓 ………… 130

　　二、《散文類：新時代「力與美」最佳散文課
　　　　讀本》實際選文特色 …………………… 134

　　三、《散文類：新時代「力與美」最佳散文課
　　　　讀本》的典範重構 ……………………… 137

　　四、小結 ……………………………………… 139

第三節　本質待定：當代臺灣年度散文選
　　　　「準典範」的另一種可能──以《十字
　　　　路口──台灣散文 2015》為例 ………… 140

　　一、《十字路口──台灣散文 2015》及《九歌
　　　　104 年散文選》的選文取向 …………… 143

　　二、《十字路口──台灣散文 2015》選文的
　　　　實際呈現 ………………………………… 146

　　三、《十字路口──台灣散文 2015》與
　　　　《九歌 104 年散文選》選文的異同比較 ‥ 148

　　四、以《十字路口──台灣散文 2015》觀察
　　　　當代臺灣散文及其選集的意義 ………… 151

　　五、小結 ……………………………………… 155

第六章　結　論 ………………………………… 157

參考文獻 ………………………………………… 163

第一章 緒 論

第一節　問題意識、研究背景及其意義

一、問題意識導出

　　縱觀臺灣現代散文的研究，幾乎每一位研究者都必先哀怨、反思臺灣學術界過度重視小說、現代詩，針對現代散文的論述少之又少。張堂錡即言：「很顯然，散文在讀者消費與學界研究上一直處於失衡的狀態。」﹝註1﹞此中學界約歸納出三大原因，彼此關連。第一，散文在臺灣文學史重要的論爭皆非主角，從五○年代反共文學、六○年代現代主義文學、七○年代鄉土文學論戰，以至八、九○年代所謂後現代、後殖民、後解嚴的創作階段，現代散文始終都是一個「邊緣的文類」，一如陳芳明言散文「在文學史上所得到的關切與評價卻完全不成比例」。﹝註2﹞第二，現代散文研究不如小說、現代詩，可挪用西方各種文學思潮、主義的理論分析，例如現代主義、後現代等，而西方現代文學中散文不是主流文類，和臺灣實際創作處境差異極大，故無可借鏡。第三，散文類型的駁雜與不明確，無法借鏡西方文學思潮之相關分類，像現代主義小說、後現代小說等標準，單從散文的文體類型觀之，稱許為「文類

﹝註1﹞張堂錡：〈跨越邊界──臺灣現代散文的裂變與演化〉，《現代文學百年回望》，臺北：萬卷樓，2012年，頁382。

﹝註2﹞陳芳明編：〈以擦亮每一顆文字刷新歷史─《九十三年散文選》序〉，《九十三年散文選》，臺北：九歌，2005年，頁11。

之母」，實則是把其他文體特徵除去之後的「文之餘」。〔註3〕

　　林燿德即言，臺灣散文研究「直到八〇年代中期之後，鄭明娳陸續出版《現代散文縱橫論》（1986）、《現代散文類型論》（1987）、《現代散文構成論》（1989）、《現代散文現象論》（1992）等專著，才呈現完整而宏觀的面目」。〔註4〕學界研究的貧乏，無阻臺灣現代散文創作的豐盛，由「日治時期散文」、「戰後時期散文」及「解嚴後時期散文」，代代有新人出，作者、作品的數量，不比小說、現代詩遜色。

　　按學界目前的研究結果，因國民黨遷台後的國家文藝政策主導文化（The dominant culture）〔註5〕，批判時事不容於世，軟性抒情深受讀者歡迎，致使戰後時期散文書寫以「美文傳統」作主流典範，尤以女性散文家為主流。〔註6〕八〇年代，政治主導文化相對減弱，本土意識掘起，散文的主流典範始見鬆動，是為臺灣現代散文典律化的轉捩點。〔註7〕1987年，臺灣政府宣告解嚴，社會環境變化劇烈，容許人民自由、開放表達意見，解嚴後時期散文書寫邁向多元，各種現代散文選本出版，選文既是反映了實際創作之不同，亦有重構、再造現代散文書寫典範的意圖，至此「美文傳統」的典範首次受到重大的挑戰、逆反與解構。

〔註3〕張堂錡就現代散文經過一世紀的發展，但其文類邊界仍未確定，即言：「即使散文有源遠流長的優異傳統，百年來也佳作紛呈，但似乎並未建立起正宗文類的權威，這使得批評家或學者長期以來較少將注意力放在現代散文上，在審美藝術評論上，它始終缺乏小說、新詩般的龐沛陣勢。」見張堂錡：〈跨越邊界──臺灣現代散文的裂變與演化〉，《現代文學百年回望》，臺北：萬卷樓，2012年，頁383。

〔註4〕林燿德：〈傳統之軸與前衛之輪──半世紀的台灣散文面目〉，《聯合文學》第11卷第12期，1995年10月，頁154。

〔註5〕英國文藝理論家雷蒙·威廉斯（Raymond Williams，1921～1988）在《馬克思主義與文學》（Marxism and Literature）中所提出的「文化三元動態結構」。他指出要掌握一個時代複雜而動態的文化結構，必須留意三個層面，即「主導（或稱主流）文化」、「殘餘文化」（the residual culture）與「新興文化」（the emergent culture）。「主導文化」意指在某個社會的特定時期，處於中心的實踐、意義與價值體系。以此一理論詮釋臺灣文學最為知名者，當數張誦聖，可見其著作《現代主義·當代台灣：文學典範的軌跡》。張誦聖著：《現代主義·當代台灣：文學典範的軌跡》，臺北：聯經，2015年。

〔註6〕王鈺婷：《抒情之承繼，傳統之演繹──五〇年代女性散文家美學風格及其策略應用》，國立成功大學台灣文學研究所博士論文，2009年。

〔註7〕吳孟昌：《八〇年代年度散文選作品中的台灣意識與雜語性》，東海大學中國文學系博士論文，2013年。

　　本文以「美文傳統」的「逆反與解構」爲主題，即按照以上臺灣現代散文流變史之脈絡，針對解嚴後時期的現代散文選本作一研究。中國由古至今，選本都是文學批評的重要方式，出版大量相關研究的專書。置之於臺灣現代散文研究，可借助其相關選本考察出臺灣散文作者、批評家各殊的文學觀念。臺灣學界對散文研究相對忽視，而現代散文的選本出版數量卻比小說、現代詩爲多，此一特殊的文學現象，使選本研究成爲分析臺灣現代散文的關鍵。散文選本編者處身在眾聲喧嘩的創作時代，透過編選散文選本此一文學批評的實際操作，反省過去「美文傳統」所建構的散文典範，而嘗試提出其他書寫典範的存在，本身已是相當值得探究的文學現象。本文擬借此文學現象的分析，以文體論爲研究基礎，從文學實存的多元選本詮釋其文學批評觀念，也希望梳理出解嚴後現代散文選本批評史的面貌，以供後人參照。

二、「美文傳統」形成之相關背景

　　準此，在上述研究動機之下，必先論及「美文傳統」之內涵。我以「美文」而非「小品文」作關鍵詞，因爲雖則兩者界義相當相近，甚至不少學者將其兩個並用，互作代稱，但在我上承的學術研究成果中以「美文」作爲臺灣抒情散文論述者，並視其作臺灣散文書寫傳統爲主，故沿用之。「美文」的界義，乃由「藝術性」及「社會性」二分對立，即過去至今文學討論中常見的「純文學」和「雜文學」水火不容的觀念所形成。「美文」是「純文學」，具有「藝術性」而排斥「社會性」，亦即對社會現實欠缺批判精神。而其「藝術性」，則以抒情、寫景爲主，語言軟性、感性，內容強調「純真」、「優美」，無關臺灣公共經驗。這種「美文」之文體典範，成爲了「戰後時期」現代散文的主流，影響至今。

　　本文意欲探求的是，此一臺灣現代散文的詮釋限制，到底是如何在文學傳統、政經社會的內外因素而形成？臺灣戰後現代散文「美文傳統」典範的形成，正和中國大陸五四新文學思潮，以至後來的現代主義美學息息相關。誠如張瑞芬言：

> 臺灣當代散文，一九四九年以降有明顯承接大陸的痕跡，然而臺灣
> 日治時期的白話文論戰、日文對白話文體的影響，六〇年代以降各
> 種西方文學思潮的洗禮，也在不同時期加入，衝擊著當代散文的發
> 展。散文並沒有脫離文壇互動成長的激流，而成爲一個孤立區域，

尤其八○年代以下，臺灣當代散文，已成為一種實驗性、前衛性甚
強的多元復合嶄新文體。〔註8〕

五四新文學主張「人的文學」，作家多對社會有「批判精神」，此一思潮
影響到臺灣文學的發展。至國民黨遷台，推行「反共」政策，干涉了文學的自
由發展，割斷了臺灣文學和中國五四傳統的連繫。一九六○年代，興起「現代
主義」文學，唯美、重技巧以及遠離社會成為當時文學的主流。臺灣直到一
九七○年代出現較多社會關懷的文學作品，近有關注臺灣的本土思潮〔註9〕，
遠接五四新文學的「批判精神」，在八○年代更有不少散文進入文學批評者、
編選者的眼中，鬆動了「美文傳統」的典範。〔註10〕1987年解嚴之後，一如陳
義芝之言：「散文真正人才輩出的年代，還要遲至八○年代以後，工商活動日
繁，社會活力日盛，資訊解禁，新的思想萌生激盪，一個類似先秦諸子的時
代終於來臨了。」〔註11〕雖然散文創作呈現出多種面向，但以往重感性而輕知
性的詮釋依然影響深遠，只見「藝術性」而忽視「社會性」的弊病，窄化了臺
灣散文詮釋、書寫典範的面向，此一詮釋典範之形成以及鬆動有其歷史因緣。

國民黨遷台以來，文學創作在政治現實的限制、「反共」政策的推行之下，
除了符合「三民主義文藝觀」的論理散文，作家一概無法寫出反映、批判社
會現實的散文，唯有投向軟性抒情書寫，以及現代主義式散文的經營。現代
主義為散文帶來了更高層次的藝術呈現，突破了反共文學的八股文，在臺灣
現代散文史上具有開創和實驗之功。加上教科書的口號教條，致使大多數人
認為著重抒情描述的「美文」才具「藝術性」，而議論批判的散文則無「藝術
性」。戰後「美文傳統」散文詮釋的限制，並非憑空而生，而是在一九五○、
六○年代的政經背景、美學思潮、文學思潮相互配合而漸漸形成「詮釋典範」，

〔註 8〕張瑞芬：〈第一章 「女性散文」研究對臺灣文學史的突破〉，《臺灣當代女性
散文史論》，臺北：麥田，2007年，頁83。
〔註 9〕如許達然說：「如果我們要肯定現代意識標榜現代散文，就落實本土，落實人
間；感到，敢到，趕到，趕盜。少懷心境，多寫現象，合唱大家的歌。我想起
「參與文學」(littérature engagée)。我們是社會人卻不見得都有社會意識。有
人想脫離社會自耕自食，是他個人的決定，但一旦與別人發生關係，就有責
任與義務。我相信社會意識滋潤人性，知識份子無社會良心像個什麼樣子？」
許達然：〈感到，趕到，敢到——散談台灣的散文〉，《吐》，臺北：林白，1984
年，頁144。
〔註10〕吳孟昌：《八○年代年度散文選作品中的台灣意識與雜語性》，東海大學中國
文學系博士論文，2013年。
〔註11〕陳義芝編：《散文二十家》，臺北：九歌，1988年，頁11。

後人因襲其論述框架，餘續的文學詮釋影響至今不絕。

　　一九七○年代至一九八○年代，外有政治改革的社會轉型、經濟發展的都市化，內有散文家對「美文傳統」之批判、鄉土主義的提倡、副刊雜誌的興盛、各種文學獎的設立，促成散文家自由創作，勇於寫出不同題材、風格的散文，百家爭鳴。在這較以往開放、自由的創作環境中，散文家終於擺脫了政治限制言論自由的鎖鏈，把心力放在對社會現實的關懷，散落於不同題材之中，呈現出兼具「藝術性」與「社會性」的散文。

三、臺灣解嚴前後的散文選本概要及其研究意義

　　按上文論，臺灣解嚴前後現代散文的多元創作，已遠非「藝術性」和「實用性」二元對立的詮釋視域所能應對。臺灣解嚴後出版環境相對自由、開放，臺灣的現代散文選本也得以百花盛放，由 1982 年持續編選至今的九歌年度散文選，楊牧、顏崑陽合編《現代散文選續編》[註12]、周芬伶、鍾怡雯編《散文讀本》[註13]、鍾怡雯、陳大為編《天下散文選 I　1970~2010》、《台灣天下散文選 II　1970~2010》、《天下散文選 III　1970～2010 大陸及海外》[註14]、向陽編《二十世紀台灣文學金典》（散文卷）[註15]、蕭蕭編《台灣現代文選：散文卷》[註16]、黃錦樹、高嘉謙編《散文類：新時代「力與美」最佳散文課讀本》[註17]等散文選本，都呈現了不同的文學批評觀念。

　　鍾怡雯在《天下散文選 I　1970～2010》序言提及：「在還沒有出現一部嚴格意義上的《台灣現代散文史》學術性論著之前，各種臺灣現代散文選集便成為另類的臺灣散文史藍圖。」[註18]文學史必然建基於文學創作；有文學創作才有文學史。同時，各殊的文學觀念與選文視域，會編輯出不同的文學

〔註12〕楊牧、顏崑陽合編：《現代散文選續編》，臺北：洪範，2002 年。

〔註13〕周芬伶、鍾怡雯合編：《散文讀本》，臺北：二魚文化，2002 年。

〔註14〕鍾怡雯、陳大為合編：《天下散文選 I　1970～2010》、《台灣天下散文選 II　1970～2010》、《天下散文選 III　1970～2010 大陸及海外》，臺北：天下文化，2010 年。

〔註15〕向陽編：《二十世紀台灣文學金典》（散文卷）三冊，臺北：聯合文學，2006 年。

〔註16〕蕭蕭編：《台灣現代文選：散文卷》，臺北：三民，2005 年。

〔註17〕黃錦樹、高嘉謙合編：《散文類：新時代「力與美」最佳散文課讀本》，臺北：麥田，2015 年。

〔註18〕鍾怡雯、陳大為合編：《天下散文選 I　1970～2010》，臺北：天下文化，2010 年，頁 1。

選本。這種另類的臺灣散文史藍圖，若以「典律」（canon）的角度來看，文學選本既是順應、承接爲了過去的經典觀念、文本，也有鬆動舊日經典，提出新文學觀念的可能。

這並不是說，臺灣解嚴前後的散文選本沒有受到「美文傳統」的影響，實則如楊牧編《現代中國散文選》〔註19〕，即具有顯著重感性而輕知性之傾向，他把現代散文分作七種典型品類，各以名家統率，關鍵是他判斷魯迅之雜文體、胡適的說理文重實用，不重文學藝術性，故不論之。值得注意是，相隔二十一年出版，由楊牧、顏崑陽合編《現代散文選續編》，在選文視域已和前者差異頗大，「一九八〇年代以來，臺灣漸從眠火山的狀態甦醒，不管外在的政治、經濟與社會文化現象，或內在的認知、價值意識，都產生爆裂性的變化。相較於前幾個內裏騷動而表面穩定的年代，一九八〇年代之後的臺灣，演變到現在，已幾乎蛻化爲另一個異質的社會了。」〔註20〕顏崑陽亦明言，楊牧早前的七種分類已不堪用於一九八〇年代之後的臺灣散文創作。準此，由解嚴前的《現代中國散文選》，和《現代散文選續編》作一對比研究，具有反映解嚴前後現代散文在文學編選者眼中時代變遷之異質。

向陽主編聯合文學《二十世紀台灣文學金典》（散文卷），在序言中既批判了各選本多「以『感性』爲『標準』」〔註21〕；則相對的，他希望以此「金典」的選本呈現具有歷史、文化、生活之批判、論述和「知性散文」，而與主流的「抒情散文」並列和對話。二〇一三年，向陽在〈重返與跨越：台灣當代散文的未竟之路〉一文，嚴厲批評了臺灣散文選本偏頗的選文傾向：「台灣當代的『文學散文』就告別了敘事和論述、拒絕了批判和議論；台灣當代散文缺乏歷史的、哲學的、政治的內容，抗拒（或害怕）知識的、思想的、權力的討論。即使這些書寫仍在書寫場域上，但不被看到，不被選入文學選集，所以也就不存在；即使當代散文家的書寫也不限於抒情、小品、感性、小我，但散文家還是拿著『非散文』的尺，將之割棄於散文集之外。」〔註22〕陳德錦指出

〔註19〕楊牧編：《現代中國散文選》，臺北：洪範，1981年。

〔註20〕顏崑陽，楊牧、顏崑陽合編：〈前言〉，《現代散文選續編》，臺北：洪範，2002年，頁2。

〔註21〕向陽編著：〈艱苦而愉悅的旅行〉，《二十世紀台灣文學金典》（散文卷），臺北：聯合文學，2006年，頁14。

〔註22〕林淇瀁：〈重返與跨越──台灣當代散文的未竟之路〉，《新地文學》，第23期，2013年，頁43。

此一批評的對象：「幾乎可以肯定是台灣九歌出版社印行的那一套。」〔註 23〕

　　向陽批評九歌年度散文選選文偏頗，但在鍾怡雯主編《九十四年散文選》的序言中，就強調散文論理乃古典傳統，並指出現代書寫此類文章的難處：「在『有所爲而爲』這個大前提之下，散文很容易變成骨頭，食之無味。於是展現見解和個人化的主觀知識，並且絕無令人「嗜論文」生硬之感的知識散文，遂成爲難能可貴之作。」〔註 24〕她亦在《100 年散文選》序言中說：「原來以爲可以選入一兩篇論點精闢、文字可讀的社論，以彌補雜文的缺憾。然而我讀到的社論果真以『論』爲主，文學的質感大多不是重點，缺乏情感的潤澤，太乾澀冷硬，離散文畢竟遠了些。」〔註 25〕鍾怡雯極欲編選議論批判的文章，卻無法選出佳作。這表示在她的文學觀念，也重視這種傳統的議論性散文；但是在她選文的視域中，臺灣散文界卻欠缺這一方面的創作成果。即使有，也並不合乎「散文」的藝術標準。

　　其實，九歌年度散文選每年皆請來不同編者，每位編者自有各異的文學批評觀念，難以一言概之。有些編者早在八○年代已有對「純散文」的超越〔註 26〕，選入了一些抒情散文以外，具社會批判性的文章。而解嚴之後，更是針對「美文傳統」典範有更多反省，諸如焦桐主編的《八十八年散文選》提及：「散文在台灣的發展，一直較缺乏批判精神，魯迅所謂的『匕首』和『投槍』。」〔註 27〕他自言「歡喜在散文裡讀到作者的智慧與見解」，因此特意選入了批判社會的散文。

　　張曉風主編的《九十年散文選》說：「狹義說來，散文雜文各擅勝場，但廣義而言，散文應可以包容統合雜文。其實此事甚簡單，只不過肯不肯特赦幾篇文章，准許它們半非法入境而已，但因這是『違俗之事』，痛下決心也不是那麼容易。不過一經決定，也就坦然了，知我罪我，也就由之吧！」〔註 28〕

〔註 23〕陳德錦：〈香港當代「大散文」淺論——以二十世紀六十年代前後的散文爲例〉，海南師範大學學報，第 3 期，2009 年，頁 89。

〔註 24〕鍾怡雯編著：〈散文浮世繪〉，《九十四年散文選》，臺北：九歌，2006 年，頁 15。

〔註 25〕鍾怡雯編著：〈逆時代之流而上〉，《一○○年散文選》，臺北：九歌，2012 年，頁 12。

〔註 26〕相關研究，可見吳孟昌著：《八○年代年度散文選作品中的台灣意識與雜語性》，東海大學中國文學系博士論文，2013 年 6 月，頁 59～68。

〔註 27〕焦桐編：《八十八年散文選》，臺北：九歌，2000 年，頁 10。

〔註 28〕張曉風編：《九十年散文選》，臺北：九歌，2002 年，頁 21。

張曉風以「違俗之事」、「特赦」形容選入雜文，可見這絕非臺灣散文傳統主流的選文觀念了。

顏崑陽主編的《九十二年散文選》序言〈現代散文長河中的一段風景〉中提出「新載道精神」，並以輯一之選文爲代表，可見其重要性。「這一類散文，表現了知識分子關懷、批判社會文化的精神，可視爲『載道』傳統承繼與創變，在現代散文中最能顯示文學的神聖性。」〔註 29〕

隱地主編的《九歌一〇一年散文選》序言〈告別「年度」〉說：「《文心雕龍》讚許論說類的寫作，『從有的事務上去窮究，從無形的道理上去追求』，鑽研難解的問題，探索深奧的哲理，最能使人心悅誠服。不過歷年『年度散文選』仍以抒情美文爲主，向來少收議論散文。」〔註 30〕他自言《九歌一〇一散文選》做了些調整，特別選入議論散文，以求拓寬散文幅度。

柯裕棻主編的《九歌一〇二年散文選》序言〈寫入時代的風雨〉指出「知識分子必須面對權勢說出真話，提出質疑和批判，百餘年來文章之士一直都如此在最前線吶喊。我實在不願承認『國家不幸詩家幸』這樣的大時代的說法，我也從不覺得散文只是寫小確幸小清新的文體。」〔註 31〕她以這種文學批評觀念選了幾篇針砭時事的「劍氣文章」。

從以上幾位九歌年度散文選編者的序言，可以看出他們的文學批評觀念中對知性散文甚爲重視，亦嘗試將非主流類型的散文收入九歌年度散文選，拓寬臺灣散文選本的選文視域。甚至可以說，他們對臺灣散文詮釋視域限制的看法，恰和向陽有不謀而合之處，例如隱地說「歷年『年度散文選』仍以抒情美文爲主，向來少收議論散文」，正與向陽的觀察相近。這兩種散文選的選文性質頗有差異，但編者在實際選文時往往都對臺灣散文主流觀念有所省思，嘗試解構「美文傳統」書寫典範的主流。本文以爲要調解這種「感性／知性」、「抒情／議論」、「美文／雜文」的對立觀念，正可挪用顏崑陽提出的「文體論」觀念作一調適，突破一直以來的討論困境。

除此之外，臺灣解嚴後尚有三本散文選集，明顯針對「美文傳統」有所反思，值得研究。許達然主編《台灣當代散文精選》〔註 32〕，其總編輯郭楓在

〔註 29〕顏崑陽編著：〈現代散文長河中的一段風景〉，《九十二年散文選》，臺北：九歌，2004 年，頁 22。

〔註 30〕隱地編：《101 年散文選》，臺北：九歌，2013 年，頁 22。

〔註 31〕柯裕棻編：《102 年散文選》，臺北：九歌，2014 年，頁 16。

〔註 32〕許達然編：《台灣當代散文精選》，臺北：新地文學，1989 年。

總序即批判了臺灣作家依附在「各種官方與非官方的文化事業中」,「作家們缺乏理想,故乃符合臺灣社會依附文化的需求,愈是脫離現實的東西,愈能掀起流行的狂熱」。〔註33〕許達然就此一政治主導文學的現象亦言:「從四十年代後期到七十年代中期在文學上,不能代表人民的作品搶了風騷。」〔註34〕加之許達然早已提倡「參與文學」一說,是批判「美文傳統」之先驅,《台灣當代散文精選》在此一脈絡所呈現的文學批評觀、選文,自是不可忽略。

　　2015年,黃錦樹在《散文類:新時代「力與美」最佳散文課讀本》序言中點名批評不同的臺灣現代散文選本:

> 坊間已有多種現代散文選(有的直接就是為了教學而編的),為什麼我們還要再編這麼一本以教學為目的的散文選?理由再簡單不過,對既有的選本不太滿意。這裡不擬詳細討論各選本間的優劣得失,但從各選本所收作者、篇章的差異來看,可能所有動念編散文選的人對既有的選本都不太滿意。其中《天下散文選》最為齊備,但分量有三冊之多,就一學期的散文課來說,未免太多;對學生來說也是過重的負擔。《散文教室》(初版2002)只取12家,取樣過窄,而且十多年後的現在,對那12家中某幾家的代表性,也不免令人有所懷疑。同樣的情況出現在二魚的《散文讀本》(2002),取34家34篇,因人選文,卻又過於「一視同仁」,或因循舊慣。顏崑陽編的《現代散文選續編》(2002)收24家44篇,因部分其他名家早被收進同一出版社的《現代散文選》,而這24家中,有的名家不常見於其他選本,也非新人,蠻奇怪的。有的選本似乎比較注重本土,選的文章與眾不同。《台灣現代文選:散文卷》(2005)是較新的選本,收35家35篇,收的篇章有的也是「見仁見智」。觀察各家選本,選人選文雖有所重疊,差異還是不小。〔註35〕

黃錦樹不滿現有的臺灣散文選本,如《散文教室》〔註36〕、《散文讀本》、

〔註33〕郭楓著,許達然編:〈站在親愛的土地上——序《台灣當代文學精選》〉,《台灣當代散文精選》,臺北:新地文學,1989年,頁2~3。

〔註34〕許達然編著:〈散文台灣　台灣散文——台灣當代散文精選序〉,《台灣當代散文精選》,臺北:新地文學,1989年,頁8。

〔註35〕黃錦樹,黃錦樹、高嘉謙合編:〈力的散文,美的散文〉,《散文類:新時代「力與美」最佳散文課讀本》,臺北:麥田,2015年,頁3。

〔註36〕陳義芝編:《散文教室》,臺北:九歌,2006年。

《現代散文選續編》、《台灣現代文選：散文卷》等，可見他的文學批評觀並不認同以上選本的選文，故此主編《散文類：新時代「力與美」最佳散文課讀本》，企圖呈現出不同的散文選本，建構新的文學批評觀念。這種以教學為指標的散文選本，自然透過選文作為文學批評觀念的實際操作，大有重構書寫典範的企圖。黃錦樹亦在另一文論〈論嘗試文〉中批判楊牧重感性而輕知性的現代散文論述：「被楊牧存而不論的兩類，恰恰是對社會介入最深的兩種類型，總其七類，才可見嘗試文全貌。」〔註37〕可見黃錦樹的文學批評觀，和過去「美文傳統」書寫典範相差甚遠。

2016 年，人間出版社，呂正惠策畫，藍建春、沈芳序編選的《十字路口——台灣散文 2015》〔註38〕年度散文選出版了。以「年度選」為編選形式，企圖與至今唯一仍在編選的九歌年度散文選對話，尤其針對同一年份袁瓊瓊編選的《九歌 104 年散文選》〔註39〕。《十字路口——台灣散文 2015》於臺灣現代散文年度選長期只有主流聲音的情況，無疑提出一種觀察臺灣現代散文新的可能，具有特殊性質。準確地說，編選年度散文選乃編選者對當代文學作品的品評與判斷，作為「典範形塑」的普遍方式，但《十字路口——台灣散文 2015》的特殊在於反思、質疑既有主流散文「典範形塑」的傾向，從而以新的視角選擇、建構不同的「準典範」，在上述這種當代臺灣散文選「眾聲喧嘩」〔註40〕出版現象，特殊之中又具有普遍性。

總括而言，臺灣現代散文由「戰後時期」建構了「美文傳統」的書寫典範，在七○、八○年代開始出現針對此一書寫典範的反思。及至 1987 年，臺灣政府宣告解嚴，社會環境變化劇烈，容許人民自由、開放表達意見，解嚴後時期散文書寫邁向多元，各種現代散文選本出版，選文既是反映了實際創作之不同，亦有重構、再造現代散文書寫典範的意圖，至此「美文傳統」的典範正式受到重大的挑戰、逆反與解構。然而這種挑戰、逆反與解構的內容到

〔註37〕黃錦樹：〈論嘗試文〉，《論嘗試文》，臺北：麥田，2016 年，頁 98～99。
〔註38〕藍建春、沈芳序合編：《十字路口——台灣散文 2015》，臺北：人間，2016 年。
〔註39〕袁瓊瓊編：《九歌 104 年散文選》，臺北：九歌，2016 年。
〔註40〕「眾聲喧嘩」一詞出自巴赫金，王德威用之形容臺灣文學場域，強調語言傳佈的多音複義傾向，以及其與各種社會文化建構往來互動的變化關係。本文借用此一文學觀念，以形容當代臺灣現代散文選本出版現象的多元，彼此各有其特定的歷史、社會背景，而亦代表不同的文學批評觀念，互相衝突矛盾，同時亦是對話之關係，值得研究者揭示其深層意涵。參考王德威著：《眾聲喧嘩》，臺北：遠流，1988 年。

底爲何？現代散文的編選者怎樣透過編選的實踐操作，呈現與過去不一樣的文學批評觀念？這些選文的特色，相對「美文傳統」書寫典範的作品，具有什麼不同的面向？這些都是本文欲解答的關鍵問題。

第二節　前行研究回顧及檢討

　　本文以臺灣解嚴前後至今爲研究範圍，原因正如顏崑陽在《現代散文選續編》序言說：「一九八〇年代以來，臺灣漸從眠火山的狀態甦醒，不管外在的政治、經濟與社會文化現象，或內在的認知、價值意識，都產生爆裂性的變化。相較於前幾個內裏騷動而表面穩定的年代，一九八〇年代之後的臺灣，演變到現在，已幾乎蛻化爲另一個異質的社會了。」〔註41〕社會鉅變，也是文學鉅變，散文創作多元開放，選本呈現了不同的文學批評觀念，正如上文提及的向陽、黃錦樹等人，提出了對解嚴後臺灣現代散文選本不同的看法，並以主編散文選本爲其文學批評觀念之實踐。

　　周芬伶、鍾怡雯編的《散文讀本》〈緒言〉裡提到「散文選本既要關照文學史的流變，又要涵括多樣題材，又要是新的，在編選上實難以面面俱到……事實上，也沒有哪本或哪套選本可以客觀的呈現『散文全貌』。」〔註42〕散文選本篇幅有限，編者必然因應自身的文學批評觀念作出取捨，而這一種取捨就是文學批評觀念之實踐。由此分析，正可從選文之類型反窺編者的文學批評觀念。解嚴後臺灣現代散文選本呈現出不同的文學批評觀念，彼此互補、抗衡，是非常值得探討的議題。

　　鑑於解嚴後的現代選文數量極多，本文除去一些以主題式呈現的散文選本，主要以「年度選」或「以某一時代爲選文範圍」的重要選本作研究核心。即爲《現代中國散文選》、《現代散文選續編》作一對比；《二十世紀台灣文學金典》（散文卷）與個別九歌年度散文選，呈現兩種選本之對話關係；《台灣當代散文精選》、《散文類：新時代「力與美」最佳散文課讀本》及《十字路口——台灣散文2015》以上重要散文選本爲主要研究對象，企圖呈現出各種散文選文學批評觀念之異同，其對「美文傳統」書寫典範、詮釋限制的突破，

〔註41〕顏崑陽，楊牧、顏崑陽合編：〈前言〉，《現代散文選續編》，臺北：洪範，2002年，頁2。

〔註42〕周芬伶、鍾怡雯編著：〈緒言〉，《散文讀本》，臺北：二魚文化，2002年，頁9。

與其所欲提出新的散文典範爲何。

　　依上面所羅列的選本爲據，我要探究的問題是：這幾種散文選的文學批評觀念爲何？他們各自呈現出怎樣的選文視域，有什麼差異？又在什麼時代因素條件之下，導致臺灣現代散文選本出現不同的文學批評觀念？這幾種文學批評觀念如何互補不足？本文擬從以上具代表性的散文選本，解答上述問題。

　　本文所要研究，解嚴後臺灣現代散文選本比較及其文學批評觀念之研究的相關文獻，可分直接資料與間接資料。直接資料即臺灣現代散文選本，亦即上文所列舉的文本；間接資料即前行學者論文與本文相關之現代散文評論、臺灣文學史等。

一、臺灣現代散文選本回顧

　　首先針對直接資料介紹，指出各重要選文之特色。九歌年度散文選由林錫嘉主編《七十年散文選》開始，到胡晴舫主編《九歌一〇七年散文選》〔註43〕爲止，共 37 本，每年皆由不同的散文家選出一年間出色的散文，質量俱備，對臺灣散文史建構極有決定性之影響。本文雖以解嚴至今爲一斷代，但解嚴前之九歌年度散文選仍列入重要之參考資料，以便掌握九歌年度散文選整體之流變。

　　楊牧編《現代中國散文選》於一九八〇年代年代初出版，選文五十四家，一五八篇。其選文起於周作人，終於童大龍，反映從大陸新文學運動時期開始，跨海以至臺灣一九八〇年代初爲止之現代散文流變，未有涉及解嚴後臺灣散文的鉅變。楊牧、顏崑陽合編《現代散文選續編》，選文二十六家，四十四篇，由董橋始，張惠菁結，篇幅雖小於前者，但頗能具體而微地呈現 1981年至 2002 年臺灣現代散文的常體與變貌，並在〈前言〉提出「莊嚴而自主的創作，仍然是我們所堅持的文學理念，也是我們品鑑作家作品的主要尺度」〔註44〕的文學批評觀念。

　　許達然主編《台灣當代散文精選》共分上下兩冊，主張以臺灣人民的立場出發選文，反對「殖民化文學」，要把臺灣人民的悲歡，土地風貌的記錄之

〔註43〕胡晴舫編：《九歌一〇七年散文選》，臺北：九歌，2019 年。
〔註44〕顏崑陽，楊牧、顏崑陽合編：〈前言〉，《現代散文選續編》，臺北：洪範，2002年，頁 9。

相關散文，收入選集，以填補過去主流散文典範視域所忽視的作品。《台灣當代散文精選》選文範圍由 1945 年起，1988 年終，選入梁實秋以至簡媜之作，共 128 篇散文，其選文視域顯然與前人有所不同，反映了其欲批判、逆反「美文傳統」的解構企圖。

向陽主編《二十世紀台灣文學金典》（散文卷），共三部，選文範圍自一九二〇年代至二十世紀終，全面而多樣地展示臺灣各階段、各年代重要散文家的文章。第二、三部為主要研究對象，序言〈艱苦而愉悅的旅行〉引用羅蘭・巴特、劉大杰、鄭明娳和魯迅的論說，提出「具有歷史、文化、生活思考的批判、論述」的散文觀，並自白：「我的企圖是，在起自一九二〇年代的台灣近百年散文創作中，有沒有可能脫出歷來的散文選集編選鐵律，選出一套如實反映二十世紀台灣散文書寫領土的文選？這樣的文選，不預設散文一定要是美文，不預設散文非得獨抒性靈，不預設散文的既有類型……散文不能只是小擺設，散文不能只有塗脂抹粉……」〔註45〕從向陽強烈的批判，可見他非常不滿現有臺灣散文選本選文的視域，援用中西文學家的理論作基礎，並透過散文選本建講出自己的文學批評觀念。

《十字路口——台灣散文 2015》一書，呂正惠是負責策盡，對此一選本的選文取向有一定影響力。呂正惠找了藍建春負責實際編選，並告訴他「選錄作品的基本原則（從生活經驗出發，要有當代生活氣息，不要太重視技巧的原則）」，同時又強調「儘可能的尊重他的選擇，盡量不予更動」〔註46〕，可見藍建春編選具有自主性，而另一編者沈芳序正是由他找來一起編選散文。藍建春在《十字路口——台灣散文 2015》的〈導言〉提出他的選文取向：第一，也是最重要的原則，台灣散文創作必須與台灣社會有或隱或現之關係，並能令讀者由其散文中觀察台灣社會某一面向。換言之，過度抽離現實，欠缺社會性的散文，即使技巧有多好，都不足以成為此一選本的選文。第二，以文字形式次要的考量，在行文符合文字通順的基準上，挑選出兼具社會性、藝術性的作品。可以說，藍建春乃以社會性為主，藝術性為次的選文取向，觀察、評價、詮釋 2015 年的臺灣散文創作，並加以取捨，最後生產出《十字

〔註45〕向陽編著：〈艱苦而愉悅的旅行〉，《二十世紀台灣文學金典》（散文卷），臺北：聯合文學，2006 年，頁 16。

〔註46〕藍建春、沈芳序合編：《十字路口——台灣散文 2015》，臺北：人間，2016 年，頁 7

路口——台灣散文 2015》的選文。

　　黃錦樹、高嘉謙編《散文類：新時代「力與美」最佳散文課讀本》，始於臺靜農，終於八十後出生的言叔夏，共收三十家，三十九篇，序言〈力的散文，美的散文〉提及：「抒情散文以經驗及情感的本真性作爲價值支撐，它其實是受文類界限的保護的。散文課或散文選的功能之一，則是保護那界限。當然，抒情散文不過是散文之一端，在那之外，還有寬廣的領地。在中文現代散文的開端，大師巨匠以兩個詞語命名它——小品文，雜文——其實是命名了它的彈性。彈性取決於它的網能撒向多大的對象世界」〔註47〕，並提倡「魯迅《野草》的後裔」的散文，而且自覺地維護散文本真性，「原本考慮收吳某的兩篇文章，後來發現她不斷的用小說的技藝進出文學獎散文組，不足爲訓。那涉及寫作的倫理問題，不容輕忽。這也是散文課的倫理面向：必須設下界限」〔註48〕，盡見他對文學批評觀念建構的自覺。

　　我另外參考多本臺灣散文選本，例如《散文二十家》、《散文教室》、《臺灣現代散文精選》〔註49〕等。由於這些選本在此本文論題中，並不如上述散文選對「美文傳統」典範有明確之思辨，故未列爲主要研究對象。但這些散文選本皆使我對臺灣散文的發展有更多認識，同時也更能掌握現代散文選本的多元性。

二、前行學者評論回顧及檢討

　　其次，在前行學者對現代散文的著作，主要參考鄭明娳教授的《現代散文》〔註50〕、《現代散文縱橫論》〔註51〕、《現代散文類型論》〔註52〕、《現代散文構成論》〔註53〕、《現代散文現象論》〔註54〕五本，針對臺灣散文發展作一詳盡分析、討論。鄭明娳對散文的分類，大分爲二，一是以內容功能的特質而形成的主要類型，下分情趣小品、哲理小品、雜文三類；二是以特殊形構而形

〔註47〕黃錦樹，黃錦樹、高嘉謙合編：〈力的散文，美的散文〉，《散文類：新時代「力與美」最佳散文課讀本》，頁 5。
〔註48〕黃錦樹，黃錦樹、高嘉謙合編：〈力的散文，美的散文〉，頁 6。
〔註49〕阿盛編：《臺灣現代散文精選》，臺北：五南，2004 年。
〔註50〕鄭明娳：《現代散文》，臺北：三民，1999 年。
〔註51〕鄭明娳：《現代散文縱橫論》，臺北：大安，1986 年。
〔註52〕鄭明娳：《現代散文類型論》，臺北：大安，1987 年。
〔註53〕鄭明娳：《現代散文構成論》，臺北：大安，1989 年。
〔註54〕鄭明娳：《現代散文現象論》，臺北：大安，1992 年。

成的個別類型，如日記、書信、序跋、遊記、傳知散文、報導文學、傳記文學等，對本文極具啓發。東吳大學中文系出版研討會論文結集，《時代與世代：臺灣現代散文學術研討會論文集》〔註55〕，集中收錄許多學者對臺灣散文的精彩見解，爲我提供了不同對現代散文的研究進路有許多啓發。張瑞芬《臺灣當代女性散文史論》，細論臺灣女性散文的流變，展現了臺灣當代女性散文的多元面向，使我更清晰把握其重要位置。鍾怡雯《后土繪測：當代散文論II》，由文本細讀至散文史縱論皆有，是本文談及臺灣散文流變的重要對照、參考。張春榮《現代散文廣角鏡》〔註56〕，縱論臺灣現代散文著作，有細膩的文本批評，令我對臺灣散文實際批評有更深的理解。另外，現代散文研究小組編《中國現代散文理論》〔註57〕，雖非專攻臺灣散文之作，卻對五四新文學時散文論述有詳細介紹、整理，於本文掌握五四散文論述對臺灣散文之影響，有很大的助益。

　　學位論文方面，本文相關前行臺灣散文選本的學位論文不多，主要參考蔡明原〈八○年代現代散文中的台灣圖像──以九歌與前衛年度散文選爲研究對象〉〔註58〕，孫于清〈九歌年度散文選研究〉〔註59〕、吳孟昌〈八○年代年度散文選作品中的台灣意識與雜語性〉以及陳建宏〈台灣年度散文選集研究（1981～2001）〉〔註60〕。〈八○年代現代散文中的台灣圖像──以九歌與前衛年度散文選爲研究對象〉，以臺灣現代散文的地方性書寫，並以九歌與前衛年度散文選作一比對，有不少值得借鏡之處。〈九歌年度散文選研究〉，探討九歌年度散文選緣起，並以前衛年度散文選作一比對，研究編選的權力操作、散文選的影響力等，分析詳盡。〈八○年代年度散文選作品中的台灣意識與雜語性〉，分析八○年代散文年選編者形塑的散文觀，並以九歌版、前衛版、希代版年度散文選作一比對，點出了臺灣散文編選在八○年代已經對「美文傳

〔註55〕郭懿雯編：《時代與世代：臺灣現代散文學術研討會論文集》，臺北：東吳大學中文系，2003年。
〔註56〕張春榮：《現代散文廣角鏡》，臺北：爾雅出版社，2001年。
〔註57〕現代散文研究小組編：《中國現代散文理論》，臺北：蘭亭，1986年。
〔註58〕蔡明原：〈八○年代現代散文中的台灣圖像── 以九歌與前衛年度散文選爲研究對象〉，國立臺北教育大學台灣文學研究所碩士論文，2006年。
〔註59〕孫于清：〈九歌年度散文選研究〉，國立中央大學中國文學研究所碩士論文，2007年。
〔註60〕陳建宏：〈台灣年度散文選集研究（1981～2001）〉，佛光大學文學系碩士論文，2007年。

統」的書寫典範有所鬆動。〈台灣年度散文選集研究（1981～2001）〉，亦以九歌版、前衛版、希代版年度散文選比對，分析編者的文學批評觀念，並點出了年度散文選中收入不少次文類散文，可見其編選過程已非單一審美觀點。

此外，由於本文論及臺灣戰後時期「美文傳統」此一書寫典範之形成，許珮馨《五○年代的遷台女作家散文研究》〔註61〕，與王鈺婷《抒情之承繼，傳統之演繹——五○年代女性散文家美學風格及其策略應用》，爲目前有關這方面最具代表性之研究。兩本學位論文皆將研究焦點放在五○年代遷台女作家的散文作品上，許珮馨以「閨秀散文」分析女作家五四美文傳統的承襲，並詳論其書寫主題，詮釋代表作家風格。王鈺婷則以文學場域作中心概念，探討五○年代女性散文的獨特位置，指出她們的美學基調是國民黨政府如何以政治主導文化，而女散文家參與了主流文化主導的文藝體制，在「政治駕馭」及文學消費市場的翼助下，移植了中國古典的抒情傳統，確立了在當時文學場域中的位置，成爲了臺灣散文之主流典範。

以上有關臺灣散文之研究，其研究材料範圍大多未能延伸至近年的臺灣現代散文選本，只限於前期九歌版、前衛版、希代版年度散文選的研究。而解嚴後臺灣散文選本眾多，各有其獨特別之文學批評觀念，是爲一值得探討、填補的研究領域，故此本文希望能呈現更具時代性的臺灣現代散文選本比對論文，觀照「美文傳統」典範之逆反與解構。

期刊論文方面，主要參考黃錦樹〈面具的奧秘：現代抒情散文的主體問題〉〔註62〕、〈論嘗試文〉，詳盡講解散文倫理、文類制約的重要，並可由此觀察他在《散文類：新時代「力與美」最佳散文課讀本》的文學批評觀念。林淇瀁（向陽）〈重返與跨越——台灣當代散文的未竟之路〉，引述中國古代散文分類以至朱光潛、魯迅的論述，批評了臺灣主流「重感性而輕知性」的散文觀，並提出三種新的可能，歷史散文和哲學散文的重返、時代性和社會性的加強、文類再擴大與再跨越。顏崑陽〈二十一世紀台灣現代散文首途的景象〉〔註63〕、〈論「文類體裁」的「藝術性向」與「社會性向」及其「雙向成體」

〔註61〕許珮馨：《五○年代的遷台女作家散文研究》，國立台灣師範大學中國文學研究所博士論文，2006 年。

〔註62〕黃錦樹：〈面具的奧秘：現代抒情散文的主體問題〉，《中山人文學報》第 38 期，2014 年 12 月，頁 31～59。

〔註63〕顏崑陽：〈二十一世紀台灣現代散文首途的景象〉，《文訊雜誌》，280 期，2009 年，頁 55。

的關係〉〔註64〕、〈論「文體」與「文類」的涵義及其關係〉〔註65〕等文，啓發本文以「文體論」的相關概念作爲基礎，進一步分析各研究材料之深層意涵。吳孟昌〈後現代之外：九〇年代台灣散文現象析論〉〔註66〕，縱論了九〇年代臺灣散文的文學發展，認爲「後現代」不足以解釋散文的實際創作成果，點出「類型化的深耕」、「散文邊界的模糊化」及「文藝腔的消褪」爲九〇年代臺灣散文之現象，作品相對以前更具有社會語境，此番論述可供本文作一研究之背景。

　　另外，直接與臺灣現代散文選本研究的期刊論文，主要參考黃如焄〈當代散文選本與文學書寫之考察——以 2000～2006 爲範圍〉〔註67〕及藍建春〈類型、文選與典律生成：臺灣自然寫作的個案研究〉〔註68〕。黃如焄〈當代散文選本與文學書寫之考察——以 2000～2006 爲範圍〉一文討論到不同的當代散文選本類型，以「經典的鬆動」、「眾聲喧嘩」兩個角度切入，進而討論「當代文學書寫的趨勢與困境」。這篇論文雖然並無針對個別選本深入討論，但卻頗細緻地呈現臺灣當代散文選本的多元性，經過選本的選文比較，發現各選本各有差異，正是「典律形塑」中解構與重建的過程。藍建春〈類型、文選與典律生成：臺灣自然寫作的個案研究〉，揭示臺灣當代散文選本與典律生成之間的關係，並以自然寫作爲個案，說明自然寫作如何形成類型，如何透過文選建構此一典律的過程。以上兩文關注的時間、材料皆涉及二千年後的文學現象，本文將參照兩文對臺灣現代散文選本現象的觀察，及其與「典律形塑」之論述，更進一步論及至兩文範圍前後的選本發展。上述論文，都讓我更加掌握可供探討臺灣現代散文的方向，以及其背後相關的理論基礎。

　　本文相關的文學史方面，以專書爲主要參考資料。周作人《兒童文學小

〔註64〕顏崑陽：〈論「文類體裁」的「藝術性向」與「社會性向」及其「雙向成體」的關係〉，《清華學報》第 35 期，2005 年 1 月，頁 295～330。

〔註65〕顏崑陽：〈論「文體」與「文類」的涵義及其關係〉，《清華學報》第 1 期，2007年 9 月，頁 1～67。

〔註66〕吳孟昌：〈後現代之外：九〇年代台灣散文現象析論〉，《東海中文學報》，第 27 期，2014 年，頁 191～218。

〔註67〕黃如焄：〈當代散文選本與文學書寫之考察——以 2000～2006 為範圍〉，花大中文學報第 1 期，2006 年 12 月。

〔註68〕藍建春：〈類型、文選與典律生成：臺灣自然寫作的個案研究〉，興大人文學報第 41 期，2008 年 9 月。

論：中國新文學的源流》〔註69〕，這本專書使我對現代文學史有概括的掌握，並加以印證臺灣現代的散文發展。張堂錡《個人的聲音—抒情審美意識與中國現代作家》〔註70〕，論及了中國近現代文學中，不少作家具「抒情審美」意識，並以此爲創作底蘊與出發點，寫下許多經典之作，對本文了解中國現代抒情文學，有很大的助力。葉石濤《台灣文學史綱》〔註71〕，是臺灣文學史上首部有系統之文學史著作。陳芳明《台灣新文學史》〔註72〕，爲一極具份量的臺灣文學史著作。這二本專書讓我能夠大致了解臺灣文學史的流變。趙遐秋、呂正惠編《台灣新文學思潮史綱》〔註73〕，則爲我開拓了對臺灣文學史的另一視野，也能更了解臺灣文學發展的複雜性。楊照《霧與畫：戰後台灣文學史散論》〔註74〕，縱論戰後臺灣文學的重要事件、文本，其中〈爲什麼會有「鄉土文學論戰」——一個政治經濟史的解釋〉一文，對本文論及社會外部條件對臺灣散文流變之影響，尤有啓發。國立臺灣師範國文系主編《解嚴以來臺灣文學國際學術研討論論文集》〔註75〕，多篇論文皆以解嚴後爲臺灣文學的重要階段，爲我提供了此一階段不同觀照、論述的可能。張堂錡《現代散文概論》〔註76〕，討論了現代散文的文類特質、歷史流變，也對臺灣散文的發展有許多細緻論述，令我對相關資料有更恰當的掌握。

上述的文獻回顧與評述，使我更加全面地掌握解嚴後臺灣現代散文選本的差異性，由此反窺不同編者的文學批評觀念。不同的文學批評觀念，從臺灣現代散文的眾多文本取捨，建構出不同的臺灣現代散文選本。一九七○年代至一九八○年代，外有政治改革的社會轉型、經濟發展的都市化，內有散文家對「美文傳統」之批判、鄉土主義的提倡、副刊雜誌的興盛、各種文學獎的設立，致使多元的臺灣現代散文出現，多元創作促使不同的文學批評觀念

〔註69〕周作人：《兒童文學小論：中國新文學的源流》，北京：北京十月文藝，2011年。

〔註70〕張堂錡：《個人的聲音—抒情審美意識與中國現代作家》，臺北：文史哲，2011年。

〔註71〕葉石濤：《台灣文學史綱》，高雄：春暉，2010年。

〔註72〕陳芳明：《台灣新文學史》，臺北：聯經，2011年。

〔註73〕趙遐秋、呂正惠合編：《台灣新文學思潮史綱》，臺北：人間，2002年。

〔註74〕楊照：《霧與畫：戰後台灣文學史散論》，臺北：麥田，2010年。

〔註75〕國立臺灣師範國文系主編：《解嚴以來臺灣文學國際學術研討論論文集》，臺北：萬卷樓，2000年。

〔註76〕張堂錡：《現代散文概論》，臺北：五南，2020年。

逐漸成形；終至解嚴之後，自由出版，許多各具特色的臺灣現代散文選本出現於文學世界。

　　探討解嚴後臺灣現代散文選本的比較，了解不同的文學批評觀念，可以從不同文學視域的調適、互補，以得出更健全的文學批評觀念。本文透過《現代中國散文選》、《現代散文選續編》作一對比；《二十世紀台灣文學金典》（散文卷）與個別九歌年度散文選個案，呈現兩種選本之對話關係；《散文類：新時代「力與美」最佳散文課讀本》、《十字路口——台灣散文 2015》及《台灣當代散文精選》重要散文選本的分析詮釋，歸納、分類，參考其他相關文獻，了解不同的文學批評觀念，及其與「美文傳統」的承繼和突破，以期解答上述所提出的問題，達到所擬定的研究目的。

第三節　研究方法及其材料

一、論題範圍界定

　　至此，必須就論題範圍作一明確界定，按上文論述，可知臺灣現代散文美文傳統的奠立，在於「戰後時期」。而就目前日治時期臺灣散文之研究，可見其時的散文美學典範相較戰後多元，但在國民政府來台之後，斷絕了日治時期的文學傳統，因此對「美文傳統」的書寫典範未有強烈、直接的影響。不過，後人如向陽的散文選本《二十世紀台灣文學金典》（散文卷），卻有重新召喚日治時期散文，作為體源論之文學批評，如此，則是其後對美文傳統逆反、解構的助力。因此，雖會論及日治時期臺灣散文，卻非論文之焦點所在。

　　本文旨在論及臺灣散文選本的「文學批評史」觀念之變化，故研究材料以現代散文選本為主，乃因此為目前臺灣散文界中最能呈現不同文學家的文學批評觀念之文本。文學創作的原始生態，雖不直接等如選編者在選本的呈現，經由他們的刪存結果，恰恰反映了其眼中的散文書寫典範，以及文學批評的觀念。因此，本文以「文體論」為理論基礎，企圖把研究聚焦在觀察臺灣散文書寫典範之變化，即其由「美文傳統」到解嚴前後的逆反、解構之顯著不同。

　　準此，按照上文論述，本文即打算就現代散文選本觀察解嚴後時期，文學家如何透過編選實踐其文學批評觀念，怎樣對「美文傳統」典範作出不同的思辨，提出其他書寫典範的存在。然而解嚴後的散文選本數量龐大，本文

即以最能分析出此一文學現象的選本作為研究材料，包括《現代中國散文選》、《現代散文選續編》作一對比；《二十世紀台灣文學金典》（散文卷）與個別九歌年度散文選個案，呈現兩種選本之對話關係；《散文類：新時代「力與美」最佳散文課讀本》、《十字路口——台灣散文 2015》及《台灣當代散文精選》，編者皆明顯具有對「美文傳統」的承繼與突破，反映了臺灣解嚴後選本的文學批評觀流變。

二、以「文體論」作為理論基礎

本文擬挪用顏崑陽所提出「文體論」的理論基礎。在談及「文體論」前，宜先解釋臺灣現代散文選本此一特殊文學現象，以作論述基礎。首先，可從林燿德在 1993 年針對臺灣八〇年代出版許多文學選集現象的論說觀之，套之於 2019 年也不過時，言之有效：

> 將八〇年代台灣出版界推出的各種年度文學選集簇合在一起，是否就能建構出完整八〇年代台灣文學編年史呢？答案當然是否定的，因為不同系列、不同編者的文學選集自有其特殊的文化觀和世界觀存在，彼此不但無法嵌合密接如同一幅被期待完成的拼圖遊戲，反而敗透了互相矛盾，處處出現斷層、空白以及針對同一事件的各種衝突的信仰（例如世界化與本土化的兩極對立；又如省籍作家與外省遷台作家對於祖國意識的認知差距以及政治傾向上的對抗角力）。反過來說，這些各有所本的文學選集——包括了以年度為切割單位——的武斷性，在他們的意識形態反對者眼中，可能是充滿了偏見的眼神、不公正的迴聲以及品味的無政府主義，也因此，更像是針對連續性史觀內容的隱喻兼反諷。〔註 77〕

按林燿德之說，臺灣文學選本各自為政，把它們「共時性」並置觀之，非但不能還原文學編年史的完整面目，反是顯現了各個選本的能見與不見，眾多選者價值觀的差異，令彼此難以拼合。這種論調，強調了文學家當下「歷史性存在」。何謂「歷史性存在」？顏崑陽曾對此一概念做出確切的論述：

> 在這種「歷史性」（historicality）的實存中，文學歷史的時間三維無法做抽象概念認知的切割；「傳統」是一種「有機性」而連綿不

〔註 77〕林燿德編著：〈導論〉，《當代臺灣文學評論大系（2）文學現象卷》，臺北：正中，1993 年，頁 28～29。

斷的文化存在情境，各種已在文學歷史中存在，包括文學觀念、文體知識、作家、作品等，都自覺或不自覺對他們的文學活動產生「影響效果」。復古或格調之流固然如此；公安者流之反對「文體典範」的建立及模習，他們焦慮地企圖掙脫文學歷史傳統的圍困，當然也是受文學歷史傳統之「影響」的「效果」。因此，文學歷史對古代文學家而言，都不是純為知識客體，而與他們的文學歷史存在情境不能切割，這就是所謂的「效果歷史」（Wirkungsgeschichte）。〔註78〕

顏崑陽此論雖是針對古代文學家，但套之於現代文學家論述現代文學，都仍然是在創作實踐的現場，必然受到過往文學歷史諸種存在影響。也就是說，難以拼合，是消極層面言之；積極來看，不同「歷史性存在」作者所提出的觀點，在文學活動之中實是「經緯結構歷程」多元對話的關係。像臺灣現代散文在戰後時期建立的「美文傳統」書寫典範，後人或承襲或逆反，都是文學存在情境的「效果歷史」。顏崑陽又說：

其實，任何時代，「論述」（discourse）都是一種充滿主觀立場的話語，往往是文化意識形態的投射，或文化霸權的爭奪，故而各據片面之理，很少能虛心傾聽對方的聲音。我們研究古代的文學論述，無須先預設評價立場，而妄斷是非對錯。只須傾聽雙方的「對話」，而將這種「眾聲喧嘩」的現象視為詮釋學的境域，理解進而詮釋其所以發生的文化社會因素、條件及影響後果就可以。「文體典範」的「規範效力」是各自的選擇性問題，並沒有絕對確當的答案。〔註79〕

相對研究古代的文學論述，現代文學研究者置身於當下的文學存在情境，則更須小心預設評價立場，不以文化意識形態取代學術之相對客觀判斷。自五四以來，現代文學竹的提倡、革命充滿了主觀立場，研究當代之文學論述，亦應視作詮釋學的境域，進而客觀地探究其「經緯結構歷程」之關係。自古至今，文學本應為一開放、流動的自由選擇，從來沒有也不應有標準答案，各有其背後之合理原因，可供研究。

〔註78〕顏崑陽：〈文學創作下在文體規範下的經緯結構歷程關係〉，《文與哲》第 22 期，2013 年 6 月，頁 579～580。

〔註79〕顏崑陽：〈文學創作下在文體規範下的經緯結構歷程關係〉，《文與哲》第 22 期，2013 年 6 月，頁 590～591。

　　準此，本文即必須先爲「文體論」相關概念，「文體規範」及「經緯結構歷程」作一明確界義。「文體」的涵義之一，即文類的「形構」與「樣態」，即「文類之體」，簡稱「類體」。〔註80〕「文體規範」有二個義涵，一指文類由語言形構所產生的「體製」對所有作者都是必須遵守的規則；二指文類的樣態所表現理想性美感形相，對多數作者所產生的示範效用。〔註81〕「經緯結構歷程」，「經」乃貫時性的文學歷史，「緯」指的是並時性的文學社群，文體規範爲文學歷史和文學社群關係所產生的成果，不是純抽象概念的理論，而爲一共同揀選的動態過程。〔註82〕

　　文學選本以時間爲斷代，必定上追某一起源以作開篇，故「體源批評」亦爲重要概念。按顏崑陽之論，「源」有三種指涉義，第一爲「歷史時程的起點」，即論者提出某一文體的始出之作。第二爲「發生原因」，分內外兩層，「內在原因」爲人之內在情性或心理，致使該文體出現；「外在原因」爲文體因應社會文化之某一事物而出現。第三爲「價值之所本」，即論者把價值判斷的「優先」或「本原」，再造爲該文體之起源。〔註83〕

　　若以臺灣現代散文選本觀之，如楊牧《現代中國散文選》上追晚明和清代小品和隨筆，向陽《二十世紀台灣文學金典》（散文卷）回到日治時期散文創作，都是一種體源批評，使現代散文創作有不一樣的「價值之所本」。而這種「價值之所本」，又會延伸成爲「文體規範」的價值取向，成爲編者眼中的典範之作，在「經緯結構歷程」的文學歷史和文學社群關係產生影響。

　　依據上述，本文的研究目的是：以臺灣解嚴至今爲一斷代，並透過《現代中國散文選》、《現代散文選續編》作一對比；《二十世紀台灣文學金典》（散文卷）與個別九歌年度散文選個案，呈現兩種選本之對話關係；《散文類：新時代「力與美」最佳散文課讀本》、《十字路口——台灣散文2015》及《台灣當代散文精選》重要散文選本做爲主要研究對象，以「文體論」相關概念作

〔註80〕形構指文類之語言文學規則化的形構，如四言體、五言體。樣態則爲文類理想性的美感形相，其義近於風格。參見顏崑陽：〈論「文體」與「文類」的涵義及其關係〉，《清華中文學報》第1期，2006年12月，頁59。

〔註81〕顏崑陽：〈論「典範模習」在文學史建構上的「連漪效用」與「鍊接效用」〉，《建構與反思》，臺北：學生書局，2002年，頁812。

〔註82〕顏崑陽：〈文學創作下在文體規範下的經緯結構歷程關係〉，《文與哲》第22期，2013年6月，頁553。

〔註83〕顏崑陽：〈六朝文學「體源批評」的取向與效用〉，國立東華大學《東華人文學報》第3期，2001年7月，頁7。

爲研究基礎，從不同的選本，觀察、分析各種代表性選文。這些選本其中呈現哪種文學批評觀念？其內容、形式有什麼特徵？從而歸納形成哪幾種主題及題材類型？

三、文學詮釋的普遍方法與「文體論」結合應用

爲達成上述的研究目的，本文除了借助「文體論」作爲理論基礎，擬以「歷史考察法」、「文本分析法」、「類型歸納法」以及「系統綜合法」四種文學詮釋的普遍方法進行研究。以下分別說明這幾種方法及進行步驟：

（1）「歷史考察法」

這一方法從文本外部入手，在詮釋文本之前，必須先了解編者的相關資料，並考察它的時代社會文化情境。故本文首先運用「歷史考察法」，整理相關文獻，由臺灣現代散文家身處的時代、文化、經濟、社會、政治情境，找出與臺灣現代散文發展連接的社會文化因素條件；並了解臺灣文學史的流變、散文選本的差異，以做爲詮釋解嚴後臺灣現代散文選本之外部性因素的參照系統。

按照「文體論」，文體乃一經由歷史演化而定形的觀念。各家的文體論述往往都會上追「體源」，而文學家的說法也在「文體規範」及「經緯結構歷程」受到影響，彼此對話。故此，觀察「文學史」的論述，及其與「文體論」建構之關係，實爲關鍵，也是「歷史考察法」爲研究重要基礎之原因。

（2）「文本分析法」

這一方法從文本內部入手，針對臺灣解嚴至今散文選本，分析《現代中國散文選》、《現代散文選續編》；《二十世紀台灣文學金典》（散文卷）與個別九歌年度散文選；《散文類：新時代「力與美」最佳散文課讀本》、《十字路口——台灣散文2015》及《台灣當代散文精選》各種代表性選本的序言和所選入的文本，以同情的理解，深入文本內部的語境，揭示文本所隱涵的深層意涵。

自古以來，選本即爲文學家借助編選刪存，呈現不同文學批評觀念的文本。分體而選，各種選文皆具有這種普遍性的通則，但在不同的研究個案，除了各種文體典範要求的差異，也涉及到編選者的身分、美學觀念、編選目的等複雜因素。因此，要考察散文選本編選者的文學批評觀念，必須經由「文本分析法」，分析選本的序言、選文，才能理解各種選本所呈現的文體觀念。

（3）「類型歸納法」

這一方法是將諸多文本進行比較、分類，從各種代表性選本所呈現不同的散文，依其題材與主題不同的特徵，聚同別異，加以歸納出不同的類型。從不同的散文類型，得出各代表性選本不同的文學批評觀念實踐成果。

類型是「文體論」的重要觀念，按何種類標準作分類、如何分類，關係各個文學家的批評觀念。諸如傳統按功能而分的抒情、議論、記敘等，也有涉及各種題材的「次文類」觀念，故此要以「文體論」作研究理論，從這些類型歸納中分析出深層的文學批評觀念。

（4）「系統綜合法」

依照進行步驟，前面既已通過「歷史考察法」、「文本分析法」、「類型歸納法」解決幾個擬定的主要問題。最後則以「系統綜合法」，將前面的分析、歸納，加以系統化的綜合；而將各種代表性選本的文學批評觀念及實踐成果的特徵加以揭明，以使不同文學視域得以調適、互補。

也就是說，在分析出各種選本的文體觀念，臺灣現代散文批評中不同的「文學典範」，大體已經梳理清晰。如此，即能顯示出它們共同的普遍性，以及其個殊的創見和意義。

第四節　論文關鍵詞界義

本文論述主要運用、聚焦「典範」一詞，而不以普遍文學研究的「典律」（Canon）為核心概念，乃因「典律」偏指語言文字所構成之作品，而本文之「典範」則兼指作品中所涵作者的性情人格。顏崑陽曾就文體角度為此詞作出明確界義：「從『文體』的觀念來說，『典範』所指稱之『文體』，不是偏從作品語言要素所構成的文體，而更強調由作者性情要素所構成的文體。從「文體』的觀念來說，『典範』所指稱之『文體』，不是偏從作品語言要素所構成的文體，即『語言風格』；而更強調自作者性情要素所構成的文體，即『人格風格』。」〔註84〕此一定義不止文字結構，而指涉於散文家的性情人格，也與現代散文創作發展至今，分出「閒話」、「獨白」和「術語」式敘述〔註85〕，強調

〔註84〕顏崑陽：〈論「典範模習」在文學史建構上的「誄游效用」與「鍊接效用」〉，《建構與反思》，頁807。

〔註85〕張堂錡：〈跨越邊界——臺灣現代散文的裂變與演化〉，《現代文學百年回望》，臺北：萬卷樓，2012年，頁390。

作者本真，談文論學，直抒性情的特質契合。

　　論題所用的「逆反」，其義界定為「過去某一受貶抑之觀念，其後得到提倡，並動搖昔日的主流觀念」，是反抗，也是返回。第一，返回之意旨在點出，臺灣現代散文「日治時期」美文、非美文並存，「戰後時期」以「抒情美文」為文體典範，貶抑了具有批判、社會性的散文創作，視其為「雜文學」，但解嚴前後，這種類型的創作卻重被提倡，回到文體之本。第二，反抗乃是在解嚴前後，美文傳統書寫典範受到挑戰，激烈者更以強烈的批判，主張散文創作應具有批判、社會性，是為「解嚴後時期」此一階段散文選本批評的特色。

　　「解構」一詞，來自「解構主義」（Deconstruction），自法國學者德希達之後，流派甚多。雖則各家分流，含義複雜，像德希達即有「顛覆影響西方數千年的思考模式」的企圖，但皆具有去中心化，否定二元對立之特色。〔註86〕本文所使用「解構」之界義，即挪用其以上兩個特色，置於臺灣散文書寫的美文傳統，意指臺灣文學界過去「戰後時期」視「抒情美文」為散文書寫的主流中心，並把「藝術性」和「社會性」二元對立，解嚴前後，各種選本出現，其所呈現的文學批評觀念，解構了昔日的文學傳統。

　　本文論述提及「散文」、「美文」，也宜先作區別，以免有所混淆。根據顏崑陽〈論「文體」與「文類」的涵義及其關係〉一文，從文體學而言，「散文」是體製或體裁，為「類體」，指的是語言形式的組合結構，它與新詩、小說、戲劇相對為義，是同一層級的文體概念。「美文」則是體式，指作品經創作實現後，呈現某一種美感形象或範式，例如優美、清麗等。而臺灣現代散文「戰後時期」的「美文傳統」，乃「美文」此一範式成為散文書寫之主流典範，故學界稱之為「美文傳統」。

〔註86〕張雙英：《現當代西洋文學批評綜述》，臺北：文史哲，2013年，頁140。

第二章 臺灣現代散文的美文書寫典範建構及鬆動

第一節 臺灣戰後文藝政策及其五四書寫傳統之選擇性承接

　　本節主要討論臺灣戰後國民政府遷臺後所推行的文藝政策，如何直接影響臺灣散文的書寫題材、風格。這種政治對臺灣散文發展直接的影響，涉及了臺灣散文對「日治時期散文」多元書寫典範的割除，與「五四書寫傳統」中取抒情而棄議論的選擇性承接。國民政府在臺灣戰後的文藝政策，實乃臺灣「戰後時期散文」建構美文書寫典範的主要因素，深遠影響了臺灣散文的創作、批評。

　　有關臺灣「日治時期散文」多元書寫典範的研究，目前學界研究不多，趙偵宇的學位論文較為詳盡，可供借鏡：

> 「美文」指涉的是某種特定的書寫範式，而隨著「美文」而來的「傳統」，則牽涉到臺灣散文史源流與典律的問題，因此倘若將「美文傳統」視作臺灣現代散文的「傳統」，那麼至少會產生下列二個主要的盲點，一是因此忽略了日治時期現代散文的存在，二是排擠壓縮了「非美文」在散文中的典律位置。〔註1〕

〔註1〕趙偵宇：《日治時期臺灣現代散文研究──觀念、類型與文類源流的探討》，國立臺灣大學台灣文學研究所碩士論文，2014年，頁122。

趙偵宇從文體討論點出了「美文」乃散文此一類體的特定書寫範式，並經由臺灣「戰後時期散文」的創作、批評，形成了「傳統」。但這種美文傳統的建構有兩個盲點，第一是在散文史源流上無視了「日治時期散文」的存在，第二是以「美文」特質爲主流標準，從而排除了「非美文」可以進入典律的可能。趙偵宇更指出，若不以戰後時期爲臺灣現代散文流變史之起點，則在日治時期的「非美文」，才是真正的臺灣現代散文傳統。〔註2〕

　　換言之，臺灣戰後散文所建構的「美文傳統」，其實是「被發明的傳統」（The invention of tradition）〔註3〕。陳萬益言：「戰後臺灣散文，基本上，沿續新文學抒情美文的路線，偏重語言和形式的雕砌。」〔註4〕臺灣戰後的特定社會背景，不單令「美文傳統」排除了「日治時期散文」的多元面向，對於「五四書寫傳統」更有特定的選擇性承接。

　　五四傳統的散文書寫範式，學界公認以魯迅和周作人爲典範性作家。其中，不少又以「魯迅雜文」、「周作人美文／小品文」二分之，但縱觀魯迅、周作人的論述、創作，他們遠超於以上單一限定，像魯迅《野草》即被說爲「是現代中國散文詩最高的成就」〔註5〕，「即使是雜文，也時時蘊含著一種如詩的激情」〔註6〕。周作人〈美文〉論及「美文」時，也提及「這裡邊可以分出敘事與抒情，但也很多兩者夾雜的」，「中國古文裡的序、記與說等，也可以說是美文的一類」〔註7〕，美文在此即包含了實用性文類。周作人對小品文也曾如此說：「言志的散文，它集合敘事、說理、抒情的分子，都浸在自己的性情裡。」〔註8〕更不必

〔註2〕趙偵宇：《日治時期臺灣現代散文研究——觀念、類型與文類源流的探討》，頁92。

〔註3〕英國學者艾瑞克·霍布斯邦提出「被發明的傳統」（The invention of tradition），意指傳統並非自然、先天的固定物，而是人爲創造，具有文化和社會意義的發明。見艾瑞克·霍布斯邦、崔姆·路普、摩根、康納汀、康恩、藍傑著，陳思仁、潘宗億、洪靜宜、蕭道中、徐文路譯：《被發明的傳統》，臺北：貓頭鷹，2002年。

〔註4〕陳萬益：〈隨風飄零的蒲公英——臺灣散文的老兵思維〉，《台灣文學論說與記憶》，臺南：臺南縣文化局，2010年，頁277。

〔註5〕劉正忠：〈詩化散文新論：漢語性與現代性〉，《時代與世代：臺灣現代散文學術研討會論文集》，臺北：東吳大學中文系，2003年，頁76。

〔註6〕劉正忠：〈詩化散文新論：漢語性與現代性〉，《時代與世代：臺灣現代散文學術研討會論文集》，臺北：東吳大學中文系，2003年，頁72。

〔註7〕周作人：〈美文〉，《中國現代散文理論》，臺北：蘭亭，1986年，頁23。

〔註8〕周作人：〈冰雪小品選序〉，《周作人全集（二）》，臺北：藍燈文化公司，1992年，頁228。

說，魯迅在〈小品文的危機〉中所提及的「生存的小品文，必須是匕首，是投槍」〔註9〕，本意是想指出小品文應有的內容、風格，而非雜文。

　　從文學史論述來看，魯迅的確有提倡雜文的一面，而周作人由提出美文以至林語堂、梁實秋論述主觀的、個人的「絮語散文」、「藝術的散文」，也是一脈相承。但不可忽視個別作家的多元面向，五四散文名家不止魯迅、周作人二人。誠如張堂錡說：「救亡與純美，在許多作家身上不必然是二元對立的絕緣體，甚至於，同一作家在不同階段可能做出完全相反的選擇。承認作家心態的歧異性，是研究中國現代作家應有的清醒認知。」〔註10〕五四傳統的散文書寫範式相當多元，不論是「雜文」、「美文」和「小品文」，都只是魯迅、周作人所欲提倡散文書寫範式的其中一個美學面向罷了。臺灣戰後美文傳統單取周作人的個人抒情、沖淡閒雅，否定了魯迅的戰鬥文章，也無視了他的抒情面向，如此排除五四散文書寫範式的其他面向，明顯片面化五四傳統的多元。

　　1895 年，中國戰敗，臺灣割讓了日本，自此臺灣成為日本的殖民地。1915年，中國大陸開始了新文化運動，以「德先生」、「賽先生」為口號，追求科學和民主。同時，五四新文學革命則主張「我手寫我口」的白話文運動，強烈批中國傳統文化，要求打倒「桐城謬種」。不過，五四文學家卻和傳統的「文士」階層有內在關聯，顏崑陽就此即言：

> 其實「五四」以來的散文名家，儘管都極力在丟開道學、教條的面具，然而抒情也好、言志也好、載道也好，都或隱或現地意識到文學必須以真、善、美做為理想的價值取向。而文學家也必須懷抱這樣的理想去創作、去表現。文學創作之所以超卓於百業，文學家之所以優越於百工，其因在此。這當然與傳統「文士」的階層性、價值觀有著內在的關聯。〔註11〕

若按顏崑陽的論述，五四以來，散文家極力擺脫「文以載道」的僵化，實則是把「道」從單一的儒家之道解放出來，視「真、善、美」為理想價值，承接了傳統「文士」的精神。又如余英時指出：「『五四』時代知識人追求『民主』與

〔註 9〕周作人：〈美文〉，《中國現代散文理論》，臺北：蘭亭，1986 年，頁 96。

〔註10〕張堂錡：《個人的聲音—抒情審美意識與中國現代作家》，臺北：文史哲，2011年，頁 31。

〔註11〕顏崑陽，楊牧、顏崑陽合編：〈前言〉，《現代散文選續編》，臺北：洪範，2002年，頁 4。

『科學』，若從行為模式上作深入的觀察，仍不脫『士以天下為己任』的流風餘韻。」〔註 12〕

周作人在〈雜文的路〉則再次證成此一論述：

> 中國過去的思想上的毛病是定於一尊，一尊以外的固是倒霉，而這定為正宗的思想也自就萎縮，失去固有的生命，成為泥塑的偶像。現在挽救方法便在於對症下藥，解除定於一尊的辦法，讓能夠思索研究寫作的人自己去思想，思想雖雜而不亂，結果反能互相調和，使得更為豐富而且穩定。〔註 13〕

換言之，五四散文家反對的是「道學、教條的面具」，希望使人能夠有多元的思考。周作人在〈人的文學〉提出「人道主義為本，對中國社會、個人諸問題加以記錄研究的文學」，此即「文學即人學」的觀點〔註 14〕。此一觀點，把文學從早已僵化的「文以載道」解放出來，強調個性之展現、現實社會的干涉。五四知識分子為求改善國家，救亡啟蒙，引進各種西方新知識，批判中國傳統文化，仍然可以說是「志於道」，只是「道」的內容除去定於一尊的僵化，而走向更加多元的局面。

除了五四「人的文學」的影響，日治時期臺灣散文書寫，亦具有高度的「批判精神」，是為臺灣現代散文的另一源流。趙偵宇曾論及：「五○年代的美文作家僅繼承了五四散文的小品一支，對於以魯迅為代表的雜文脈絡則予以棄絕，這不僅是影響論的問題，更是書寫典範的典律選擇。易言之，臺灣戰後的美文傳統排除了不抒情、不婉約的『非美文』。然而，『非美文』正是日治時期臺灣現代散文的一大傳統。」〔註 15〕趙偵宇以日治時期的雜誌刊物、在臺日人隨筆及周定山散文等面向，揭示了臺灣日治時期散文書寫具有關注、干涉社會的題材、內容。

然而，這種「批判精神」卻因 1947 年的「二二八事件」遭受斷裂。直至 1947 年二二八事件爆發之前，魯迅在當時臺灣文壇是為人熟稔的，著作自由

〔註 12〕余英時：〈士的傳統及其斷裂〉，《知識人與中國文化的價值》，臺北：時報，2007 年，頁 222。

〔註 13〕周作人，楊牧編：〈雜文的路〉，《周作人文選 II》，臺北：洪範，1983 年，頁 520。

〔註 14〕周作人，鄭振鐸編：〈人的文學〉，《中國新文學大系·文學論爭集》，臺北：業強，1990 年，頁 193～199。

〔註 15〕趙偵宇：《日治時期臺灣現代散文研究——觀念、類型與文類源流的探討》，頁 21。

流通。但是，二二八事件的發生，魯迅被官方「妖魔化」，也使臺灣文學史有雙重斷裂，亦即日治時期文學與抗日、五四文學的多元傳承。一如陳芳明所說：「一個充滿期許的年代，便在刀光血影中匆匆落幕。」〔註 16〕自此，由於政治現實的限制、「反共」政策的推行、現代主義的興起，臺灣散文便出現了重感性而輕知性的書寫、詮釋傾向。呂正惠就此亦言：

> 在撤退到臺灣不久，國民黨正式下令，凡附匪以及留在淪陷區的學
> 者、文人的著作一概禁絕。這等於宣告，中國現代史上百份之九十
> 九點九的有價值的文學與學術作品一概免讀。這種空前絕後的「否
> 決」歷史與文化的舉動，以最實際、最有力的方式宣告了五四文化
> 在臺灣的死亡。〔註 17〕

一九五○年代，國民黨被迫由大陸遷往臺灣，開始了半個世紀以來的兩岸對立。兩岸對立的政治影響，嚴重扭曲了文學對社會現實應有的關懷。陳芳明如此形容：「他們的作品既無法反映對中國的感受，也無法對台灣現實表示積極的態度，因此，他們的文學也不能不與政治保持疏離關係。」〔註 18〕諷刺的是，五四文學時期周作人所反對「文以載道」的政治工具又再次出現了。國民黨 1947 年由張道藩提倡「三民主義文藝觀」，視文學為政治工具，一九五○年代推動反共的「戰鬥文藝」、「文化清潔運動」。

「戰鬥文藝」是服務於「反共復國」的政治工具，作為以官方意志鉗制文學最集中的體現，文藝刊物或主動或被迫刊出具有反共意識的文學作品。而「文化清潔運動」主張清除文藝界三害，第一，「赤色的毒」，即共產文學；第二，「黃色的害」，即涉及性描寫之文學；第三，「黑色的罪」，即與「反共復國」有抵觸之文學。以上兩者，無非是為了提倡「三民主義文藝觀」。張道藩曾在〈當前文藝創作的三個問題〉一文主張：

> 以反共抗俄為內容的作品，即是三民主義的文藝作品。不僅可以消
> 除赤色共產主義的毒素，而且導引國民實踐三民主義的革命思想。
> 文藝的反共抗俄，是反侵略的，從而發揚我們的民族主義的精神；
> 文藝的反共抗俄，是反集權的，從而發揚我們民權主義的真諦；文

〔註 16〕陳芳明：《台灣新文學史》，臺北：聯經，2011 年，頁 229～233。
〔註 17〕呂正惠：〈現代主義在台灣〉，《戰後台灣文學經驗》，臺北：新地文學，1995
年，頁 10。
〔註 18〕陳芳明：《台灣新文學史》，臺北：聯經，2011 年，頁 346。

藝的反共抗俄，是反鬥爭、反清算、反屠殺的，從而發揚民生主義
的精義。〔註19〕

「三民主義文藝觀」，即以「反共抗俄」爲主題、內容的文藝作品，當時國
民黨政府大力鼓吹，利益引誘和政治壓力促使「三民主義文藝觀」一度成爲
了文壇的主流。郭楓如此批評：「臺灣的文學，在大眾傳播媒體和文學化出
版機構的聯合導引下，朝向非土地非人民的方向展開。臺灣的作家，在教育
和訓練機關的培養下，調教出龐大的筆隊伍，安置在各種官方與非官方的文
化事業中，擔任執行政策的文學幹部。」〔註20〕官辦文學僵化、單一的政治
取向，把國族主義和文藝創作互相結合，成爲強力的文藝思潮，「並形成文
化官僚體制與文藝作家組織的糾結一體」〔註21〕，影響到無數作家、讀者的書
寫和閱讀。

對此種情況，王鈺婷論述得精闢：

如果我們回到戰後初期國府戡亂戒嚴的政治背景，從國府以強勢
的文藝政策，來建構一個有力的五四論述「發言位置」以反擊對
岸，美文體系也許最能說明女性散文家在主導文化內嘗試自我定
位的複雜性：美文的崛起與蓬勃發展並非在於其是五四時期文學
傳統流風所及的餘緒，而這一派唯情柔美的文藝腔在台灣文壇的
發芽茁壯，日後成為台灣散文界的主要導向，其關鍵處就在於美
文所承載的傳統審美價值，不是來自於一向被視為傳統文化反叛
者的五四傳統，反而來自於中國文化代代相傳五千年的抒情傳統
在主流論述下得以借屍還魂，另闢蹊徑，來成就大中國文化身分
的神話寓言。〔註22〕

按照王鈺婷的研究，臺灣戰後現代散文的美文之所以能成爲主流典範，乃因
國民黨政府欲以不同於對岸的五四論述，有力反擊中國大陸的五四文化主導。
「美文傳統」直追中國古典文學的抒情傳統，這種抒情傳統之含義，按王鈺

〔註19〕張道藩：〈當前文藝創作的三個問題〉，《聯合報》副刊，1952 年 5 月 4 日。
〔註20〕郭楓，許達然編：〈站在親愛的土地上——序《台灣當代文學精選》〉，《台灣
　　　　當代散文精選》，臺北：新地文學，1989 年，頁 2。
〔註21〕鄭明娳：〈當代台灣文藝政策的發展、影響與檢討〉，《當代台灣政治文學論》，
　　　　臺北：時報，1994 年，頁 23。
〔註22〕王鈺婷：《抒情之承繼，傳統之演繹——五〇年代女性散文家美學風格及其策
　　　　略應用》，頁 92。

婷之論述，即指許多女性散文家「散播和抒情傳統實有相通之處的溫婉柔情、文化鄉愁與傳統道德」〔註23〕。同時，五四新文學作家反對儒家的載道傳統，他們溯源歷史，以明清小品文的抒情特質，做爲新文學創作的依據，「小品散文衍化自完全不同於西方的中國傳統特殊性：光輝久大的中國散文傳統，又與中國古典文學傳統連接，確保抒情美學在現代表達之存續」〔註24〕。她們以軟性、浪漫的筆觸書寫散文，成爲既符合國家政府的主導文化，又在不甚吸引的「反共文學」之中取得大眾喜愛，是「大中國文化身分的神話寓言」，也是戰後「美文傳統」散文書寫成爲典範的關鍵。

　　除了在文藝界推動「三民主義文藝觀」、「大中國文化身分的神話寓言」之外，更要注意的是國語文課程政策，實乃國民黨政府「意識形態」對學生的直接塑造。直至解嚴前，國語文課程之目的爲「堅定反共復國的決心，激發學生忠黨愛國的民族主義思想」，教材內容則爲「與臺灣疏離，認同中國」，對「危險共產政權」加以控制、馴服與收編，並藉此塑造國民黨政權統治臺灣的合法性，無所不用其極地歌頌政府和領袖。〔註25〕國民黨不止把左翼大陸作家的作品列作禁書，日治時期的臺灣新文學家作品亦受封殺，再次明證「批判精神」由上至下皆被封殺。

　　這樣的「反共文學」，是單一、僵硬、教條式的口號，純爲一政治工具，重視倫理教化，既非人類普遍情感之共鳴，也和社會垷實脫節，欠缺知識分子獨立思考的批判性。晚近學界爲「反共文學」重新定位爲「傷痕文學」，在戰亂時代銘刻了人類的悲傷，如王德威即言：「近半個世紀以來傷痕文學的第一波，爲日後追憶、記述文革創傷，二二八、白色恐怖、兩岸探親、乃至天安門大屠殺的種種文字，寫下先例。」〔註26〕這種論述，也不能改變官辦文學閱讀人口迅速減少，對大眾讀者欠缺吸引力的客觀事實。〔註27〕

〔註23〕王鈺婷：《抒情之承繼，傳統之演繹——五〇年代女性散文家美學風格及其策略應用》，頁70。

〔註24〕王鈺婷：《抒情之承繼，傳統之演繹——五〇年代女性散文家美學風格及其策略應用》，頁77。

〔註25〕侯元鈞：《解嚴前後臺灣國語文課程政策之批判論述分析》，國立臺北教育大學課程與教學研究所博士論文，2010年，頁296。

〔註26〕王德威：〈一種逝去的文學？——反共小說新論〉，《如何現代，怎樣文學？——十九、二十世紀中文小說新論》，臺北：麥田，1998年，頁154。

〔註27〕張道藩提出：「但是一個不容否認的事實擺在我們面前：便是反共文藝作品一年比一年產生得多了，廣大讀者對反共文藝作品的欣賞興趣卻一年比一年減

　　在這種影響之下，許多散文家都棄議論而重抒情。更有甚者，是遭受到意識形態思想的洗腦，奉其「道」為金科玉律。由此，大眾對於這種教條式的論理文章，自然望之生厭，轉而投向閱讀市面上能夠流通的美文，諸如朱自清、徐志摩、夏丏尊、許地山等以抒情、描述為主的作品。〔註28〕這些美文作家的書寫特色為「個人的獨語、私語，是言志、抒情、詩意的追求，是自覺的、大寫的『我』，是自由的、向內轉的美的寫作」〔註29〕，張堂錡曾指出這類作品在近現代中國歷史中是「邊緣存在的位置」〔註30〕，但他所談及的散文名家，像朱自清、徐志摩、許地山等，卻反在臺灣「戰後時期散文」，高舉為散文典範。

　　國民黨在臺灣施行專制和白色恐怖的文藝政策，即使有像柏楊、李敖等雜文創作，卻受限於官方監控，多被污名化，甚至刑罰，迫使許多不欲為政權背書發聲的臺灣作家只能向西方尋求出路，也是現代主義成為臺灣文壇主流的主要發生原因：

> 白色恐怖以後國民黨的統治形態，造成台灣知識分子普遍的政治冷感。既然不切實際的政治口號不想跟著喊，真正切合實際的政治問題又不能談，可能具有的還算真誠的表現就不談政治。這種發展到極為徹底的政治冷感症就成為台灣現代主義文學的最鮮明的標幟，在這裡面完全找不到一絲一毫的現實的影子。〔註31〕

現代主義文學是否如趙遐秋、呂正惠言「找不到一絲一毫的現實的影

少了。不僅是少數專家學者認為這些作品，是屬於『宣傳』一類的東西；便是廣大的讀者，也把它們當作宣傳品看。反共文藝的效用，在逐漸減消。這是值得自由中國文藝作家們的反省與檢討的，這是一個大的問題，也是創作上一個嚴重的提問。」張道藩：〈論當前自由中國文藝發展的方向〉，《文藝創作》第21期，1953年1月1日，頁2。

〔註28〕1985年，李豐楙曾就美文如何成為臺灣散文主流寫道：「五十歲以下，尤其在台灣土生土長的一代均有實際的經驗，就是徐志摩、朱自清、許地山等為書店架上最易購得的散文集，因而對於文藝青年的沾溉最深、啟迪最大。」見李豐楙：〈《中國現代散文選析》緒論〉，《當代臺灣文學評論大系（2）文學現象卷》，臺北：正中，1993年，頁137。

〔註29〕張堂錡：《個人的聲音—抒情審美意識與中國現代作家》，臺北：文史哲，2011年，頁412。

〔註30〕張堂錡：《個人的聲音—抒情審美意識與中國現代作家》，臺北：文史哲，2011年，頁393。

〔註31〕趙遐秋、呂正惠合編：《台灣新文學思潮史綱》，臺北：人間，2002年，頁272。

子」，尚可商確。〔註 32〕但在政治主導的限制之下，作家難以無法寫出直接批判、干涉社會的文學作品，轉而專注於唯美、重技巧的文學表現，也是大體符合其時的文學主流、現實處境。陳芳明說：「台灣的散文書寫終於與五四傳統的白話文產生決裂，其中最大的因素便是現代主義的切入。」〔註 33〕現代主義散文講求文句的詩化、強調意象的呈現，以及在結構的呼應對照，例如余光中提倡「把中國的文字壓縮，搥扁，拉長，磨利，把它拆開又併攏，摺來且疊去」〔註 34〕之革命實驗，使臺灣散文發展與五四傳統散文在語言、技法上出現明顯的差異。而且，在張瑞芬的論述，她還指出了余光中現代主義式的散文革命，和中國五四美文傳統有承接關係：「這種對散文藝術特質的注重，隨著戰後梁實秋來臺，六〇年代余光中以『彈性、密度、質料』說做了承接。」〔註 35〕如此，由周作人，林語堂至梁實秋，則五四美文之影響，甚至到臺灣現代主義都仍見其蹤跡。

　　另外，必須留意西方美學的影響，間接和臺灣戰後時期對五四書寫傳統之選擇性繼承相關。朱光潛早期介述西方美學進臺灣學界，成為一時主流〔註 36〕，像康德、歌德、席勒等，明顯片面地突顯了「形象直覺」的審美經驗，相對忽視「道德性」、「社會性」在審美經驗上的要素地位。他主張藝術上的審美判斷，與道德實踐上的善惡判斷、科學知識的真假判斷都並無關係。〔註 37〕如此，

〔註 32〕張誦聖就文化批判與文本策略兩個面向論述，指出：「當台灣現代派作家的藝術技巧臻於成熟之際，他們結合本土文學傳統、針砭當代社會現實的能力也隨之大為增強，因此而達到的創作成就，對現代中文文學史的貢獻是具有里程碑意義的。」見張誦聖：《現代主義‧當代台灣：文學典範的軌跡》，臺北：聯經，2015 年，頁 125。

〔註 33〕陳芳明：《台灣新文學史》，臺北：聯經，2011 年，頁 446。

〔註 34〕余光中：〈後記〉，《逍遙遊》，臺北：時報，1984 年，頁 214。

〔註 35〕張瑞芬：〈張秀亞、艾雯的抒情美文及其文學史意義〉，《臺灣當代女性散文史論》，臺北：麥田，2007 年，頁 216。

〔註 36〕龔鵬程論及臺灣美學的發展即言：「台灣的美學發展，自成脈絡，乃是延續著王國維、蔡元培、朱光潛等早期美學研究而來的。朱光潛先生早年鑽研心理學美學，對變態心理學、審美心理學討論較多，又譯介克羅齊論審美直覺的論著……反而是朱光潛的著作，透過開明書店、正中書局而流通弗輟。克羅齊之書甚至還出現王濟昌的重譯本。在台灣，凡討論美學者，都通讀過這類書籍。」見龔鵬程編著：〈導論〉，《美學在台灣的發展》，嘉義：南華管理書院，1998 年，頁 19。

〔註 37〕朱光潛以梅花為例講述美感經驗的特色，視其獨立分割於科學、實用之外，他認為「梅花對於科學家和實用人都依賴旁的事物而得價值，所以它的價值是『外在的』（Extrinsic），對於審美者則獨立自足，別無倚賴，所以它的價值

則理智和情感對立，對文學中的審美觀影響偏差而深遠。

綜上所論，臺灣自國民黨遷台後，以權力實施「反共」文藝政策，市面上通行的論理、時事散文，一概必須和「三民主義文藝觀」的官方意識形態相契合。臺灣戰後時期的散文家，身處政治壓制言論自由的現實局面，無法真正寫出具有批判性，反映非「三民主義文藝觀」社會處境的散文，散文家只好轉而懷鄉、私語式的軟性抒情，又或投向西方現代主義，注重章法詞句的鍛鍊。在當時充斥反共文學的八股，教科書造神、光明正面的教條文章，「美文」的確打破了這種陳腐口號，吸納了大批讀者，具有正面意義。但如此，導致多數讀者以為著重抒情描述的「美文」才具「藝術性」，而議論批判的散文則無「藝術性」，其體式變得相當狹窄。此一戰後「美文傳統」散文詮釋的限制，並非憑空而生，而是在一九五〇、六〇年代的政經背景、美學思潮、文學思潮相互配合而漸漸形成「詮釋典範」，後人因襲其論述框架，餘續的文學詮釋影響至今不絕。

第二節　臺灣戰後社會因素對美文傳統書寫典範的影響

劉勰云：「文變染乎世情，興廢繫乎時序」〔註38〕，文學書寫的內容、題材以至風格必定受到社會整體的變化所影響，上述置之於一九五〇、六〇年代形成的「美文傳統」書寫典範，即為明證。本節旨在論述一九七〇年代至一九八〇年代，臺灣政治改革的社會轉型、經濟發展轉的都市化，如何對臺灣散文創作有所影響，怎樣反映在作家的書寫題材之中，令臺灣散文產出美文傳統書寫典範之外的內容。

臺灣一九七〇年代社會產生鉅變，與國際社會怎樣看待臺灣有直接的關係。1970 年爆發釣魚台事件，1971 年聯合國迫使臺灣退出，1972 年美國與中國簽訂「上海公報」，臺灣作為國家的公信力受到挑戰，而當時執政的國民黨自然備受質疑，民眾要求民主化，反對一黨專政的聲音湧現，黨外運動崛起。根據陳世宏的研究，國民黨當時要面對國際變局、黨外反對勢力，臺灣蔣經

是『內在的』（Intrinsic）。」又言：「意象的孤立、絕緣是美感經驗的特徵。」朱光潛強調美感經驗是形相的直覺。參見朱光潛：《文藝心理學》，臺北：開明，1993 年，頁 3～14。

〔註38〕劉勰，周振甫注：《文心雕龍注釋》，臺北：里仁，1984 年，頁 816。

國接掌統治權，推行了一系列「本土化」的政、經改革。而臺灣經濟發展亦在此時進入困境，面臨自由化、國際化的壓力，在外交挫敗和能源危機中，國內產業、人民生活充滿不安與焦慮。〔註39〕

　　以上各種政治社會、經濟相加，導致 1978 年 12 月 10 日的「美麗島事件」出現。根據薛化元的論述，「美麗島事件」乃國民黨無法收編的新興政治菁英，他們和在野的反對力量結合，在蔣經國因對美外交遇上重大挫敗，宣告「停止一切競選活動」，黨外人士轉而街頭運動，最後在 1978 年 12 月 10 日，黨外人士在高雄舉行紀念國際人權日活動時，演變成警民衝突，是為「美麗島事件」。〔註40〕「美麗島事件」是臺灣社會轉型的一大關鍵，這次事件發生其後逮捕了大多重要的黨外人士，加以審判，甚至一度以叛亂罪死刑處罰，史稱「美麗島大審」。美麗島事件，令許多臺灣人關心社會發展，對文學書寫自有巨大影響，李筱峰即指出：

> 曾經陶醉兒少文學的「碧竹」，也因美麗島事件的刺激，以及林義雄家宅命案的打擊，而蛻化成腳踏鄉土、關懷台灣的「林雙不」；宋澤萊也顯然在美麗島事件之後，更加積極提倡本土文學及「人權文學」。〔註41〕

　　根據吳孟昌的研究，受「美麗島事件」影響而改變書寫題材、內容以至風格的文學家，除了以小說創作為主的林雙不、宋澤萊之外，許多出生於四、五〇年代，而在八〇年代成為文壇中堅的散文家，例如吳晟，也受到時代影響，他們的作品反映了社會的更變。吳晟在美國得知中國文化大革命的真相，加上「美麗島事件」的發生，他的筆由詩轉而以散文為主力，道出農村的悲哀，批判資本主義以工商利益為最高價值，「作家這種紮根本土、參與現實的熱情，自是與美麗島事件以來，台灣民眾熱烈關注政治、社會問題的氛圍相互呼應的」。〔註42〕臺灣散文家面對重大政治事件，也與時代脈動互相呼應，立足本土，關心社會的未來發展。

〔註39〕陳世宏：〈試論美麗島政團的形成與歷史資產〉，《美麗島事件 30 週年研究論文集》，臺北：吳三連臺灣史料基金會，2010 年，頁 130。

〔註40〕薛化元：〈1970 年代強人威權體制的內涵與轉換〉，《美麗島事件 30 週年研究論文集》，臺北：吳三連臺灣史料基金會，2010 年，頁 86～87。

〔註41〕李筱峰、林呈蓉：《台灣史》，臺北：華立圖書，2005 年，頁 379～380。

〔註42〕見吳孟昌：《八〇年代年度散文選作品中的台灣意識與雜語性》，東海大學中國文學系博士論文，2013 年 6 月，頁 3～4。

　　若從宏觀的社會影響來看，「臺灣意識」的崛起，臺灣文學界從過去主要使用「在臺灣的中國文學」，改稱爲「臺灣文學」，令臺灣文學得以正名。〔註43〕一如陳芳明論及：「以中原文化爲取向的戒嚴政治，一旦發生龜裂與鬆動時，蟄伏在社會內部的本土文化力量遂突破政治缺口而沛然釋放出來。」〔註44〕這種本土文化力量的爆發，促成了「邊疆文學論」爭論，是爲臺灣文學正名的導火線：

　　　　八〇年代的文壇，「台灣文學」取代「鄉土文學」一詞，成為跳脫「中
　　　　國文學支流」的身分，而具有鮮明的歷史意識與主體性，可謂台灣
　　　　在政治、社會追求民主、人權，在意識型態上抗拒中國意識框架的
　　　　風潮中，所激盪、衍生的結果。「台灣文學」正名的展開，導因於一
　　　　九八一年詹宏志於《書評書目》發表〈兩種文學心靈〉一文，提出
　　　　所謂「邊疆文學」的論調。在中華民國於國際上失去「中國」的代
　　　　表權，而處於「妾身未明」的地位之下，加上中共確立改革開放路
　　　　線之後，於國際舞台漸有崛起之勢，詹氏悲觀地認為，由於在政治
　　　　上無可避免為中國所收編，因此台灣戰後三十年來的文學，終究只
　　　　是中國文學的旁支，是遠離中國中心的邊疆文學。此話一出，刺激
　　　　了反對者開始對「台灣文學」的涵義進行界定，《台灣文藝》因此策
　　　　畫「台灣文學的方向座談會」，以「台灣文學」一詞的正當性為討論
　　　　重心。至此，以台灣為中心的概念，隨著政治、社會運動對於民主、
　　　　人權的追求，亦擴及到文學界，容或當時對於「台灣文學」一詞仍
　　　　有許多質疑與反對的聲音，但不可否認，隨著國府喪失「中國」正
　　　　統的威信，長期以來強行灌輸的中國意識，在台灣逐漸顯露虛浮、
　　　　無根的本質，本土化的潮流已是沛然莫之能禦了。〔註45〕

　　1981年詹宏志發表了〈兩種文學心靈——評兩篇聯合報小說獎得獎作品〉〔註46〕，擔憂未來中國文學史的脈絡之中，臺灣文學只有幾百字的描述，成爲了中國中心以外的「邊疆文學」。「邊疆文學論」令臺灣文學界就「臺灣文學」

〔註43〕張文智：《當代文學的臺灣意識》，臺北：自立晚報，1993年，頁44。
〔註44〕陳芳明：《台灣新文學史》，臺北：聯經，2011年，頁478。
〔註45〕吳孟昌：《八〇年代年度散文選作品中的台灣意識與雜語性》，東海大學中國文學系博士論文，2013年，頁4。
〔註46〕詹宏志：〈兩種文學心靈——評兩篇聯合報小說獎得獎作品〉，《兩種文學心靈》，臺北：皇冠，1986年，頁44～45。

的本質、定義加以爭論，形成統獨兩派的對立。吳孟昌就此指出，以臺灣爲中心的概念，在政治社會的運動催生之下，直接影響了臺灣文學界。可以說，五〇、六〇年代以「中國意識」爲核心的美文傳統書寫典範，也因此而受到「臺灣意識」浪潮之下，散文家關注本土社會而創作的挑戰了。

　　「美麗島事件」之後，國際社會、黨外人士的壓力衝擊戒嚴體制，促使1987年國民黨政府宣告解嚴，對文學發展有關鍵影響。這方面的現代散文相關論述頗多，諸如蕭蕭在《七十六年散文選》談到政治開放、出版和文學之間的緊密關係：

> 以臺灣地區而言，民國七十六年政府解除了四十年的戒嚴，開放大
> 陸探親，准許大陸出版品在臺灣印行，報禁也宣布解除，政治的開
> 放呈現了文學的多種可能。〔註47〕

　　1987年7月14日，蔣經國總統正式宣告自1987年7月15日起，解除台灣本島、澎湖與金門、馬祖等附屬島嶼實施的戒嚴令。同年，開放大陸探親。1988年1月解除報禁。1991年4月30日李登輝總統廢止「動員戡亂時期臨時條款」。規定總統在動員戡亂時期，爲避免國家或人民遭遇緊急危難，或應付財政經濟上重大變故，得經行政院會議之決議，爲緊急處分，不受《憲法》第39條或第43條所規定程序之限制。1996年進行首次民選總統。隨著臺灣社會走向自由民主，社會各層面也逐漸鬆綁，思想、言論、文化也同時多元發展。當初禁止談論的政治、社會等現實層面的問題，自然也成爲作家的寫作題材，作家紛紛以文字干涉、批判種種不公的事情。

　　其實，臺灣本土民主化運動，政治變化，並不是獨立存在的社會情況。社會作爲有機體的結構存在，各種因素環環相扣，其社會文化、經濟也必然有所關連，不容忽視：

> 一九七〇年代的現代化與民主化運動，同時構成文學本土化的重要
> 基石。作家書寫的議題觸及農民、勞工、女性、環保所面臨的危機，
> 同時也深入探索外資挾帶而來不公平、不公義的文化。跨國公司進
> 駐台灣是為了創造巨大利潤、完全不會在意低廉工資的不合理，也
> 不在意環境污染所付出的代價，更不在意台灣住民是否享有言論自
> 由。因此，多國企業的存在已不純然是屬於經濟問題，而是相當深

―――――――――――

〔註47〕蕭蕭編著：〈序言〉，《七十六年散文選》，臺北：九歌，1988年，頁319～321。

刻地牽涉到台灣社會的政治與文化。鄉土文學崛起時，一方面挑戰外來資本主義侵襲，從而也引發高漲的民族主義情緒；一方面也批判國內威權體制對農民、勞工、女性的貶抑與剝削，因此強化了追求政治發言權的黨外民主運動。〔註48〕

除了臺灣重大的政治事件，臺灣的社會經濟問題，也深刻地影響了作家書寫的題材。全球化與資本主義結合的時代洪流，臺灣外資的跨國公司為求最大化利潤，以低廉工資、破壞生態環境為代價，對於臺灣居民的生活，它們並不負起應有的企業責任、道德。散文家劉克襄曾以自身陳述這種時代經驗，怎樣對他的文學創作帶來影響：「當時，整個台灣時空環境迅速轉變，工業科技發展伴隨而來的土地污染和破壞，讓我無法耽溺於古典詞藻的情境裡，或者嚮往傳統知識分子的隱逸角色。」〔註49〕臺灣1980年「報導文學」的盛行，以及其後興起的「自然書寫」（The nature writing），正和自然生態環境受到外來人為的侵害有直接關係。

至於鄉土文學的崛起，和「農民、勞工、女性的貶抑與剝削」有直接的關係，其外部社會因素影響，相對文學內部之論戰是更加重要的助力：

> 八十年代臺灣社會結構劇變。農人人口減少，在六十年代中期佔人口的百分之四十，到了八十年代中期減為百分之十七；相對的，勞工人口增到百分之三十八，中產階段人口佔百分之三十六（自以為中產階級的據說有百分之五十六）。雖然臺灣社會已污得不能再染了，有些作者仍用自私的顏色去塗。但希望政治民主，人間安寧的作家，抒發人民的聲音，批判政治、經濟、文化權霸。寫下從前想不到與不敢想的，正是一九八〇年代散文的可愛處。〔註50〕

許達然由臺灣社會農民、勞工及中產人口的增減，論及散文家怎樣受到社會結構劇變而生出相對以往不同，批判政治、經濟、文化的作品。其實臺灣社會結構的變化，和國民黨的統治息息相關，楊照即曾說過臺灣六〇、七〇年代「經濟奇蹟」，由農業經濟轉型至工業經濟，擠榨農民的利益，使青壯年人口被迫離開農村到城市謀生，農村附近設立女工工廠，形成「農工同源」

〔註48〕陳芳明：《台灣新文學史》，臺北：聯經，2011年10月，頁522～523。

〔註49〕劉克襄：〈一個自然作家在台灣〉，《台灣的自然書寫》，臺中：晨星，2006年，頁13。

〔註50〕許達然：〈散文台灣　台灣散文——台灣當代散文精選序〉，《台灣當代散文精選》，頁10。

的特殊現象。〔註51〕「這二十年中，隨著這種農村破產過程成長的一代，當然不可能沒有感受，當然有許多想要表達的意見，想要發洩的情緒。」〔註52〕在這種以擠榨農村為臺灣現代工業化發展代價的不公現實，引爆了「鄉土文學論戰」中鄉土派的悲情，放在散文流變之中，也在更深層次地呼應了鄉土、生態以至社會批判等題材作品的出現。

臺灣社會人口結構轉變的影響，不止導出了農村的悲慘，許多在現代化社會，在資本主義發達都市中生活的人，也面臨著心靈困境。袁保新曾引唐君毅的演講論及現代人生活的精神問題，「上不在天」（失去宗教信仰）、「下不在地」（視自然世界為工具）、「外不在人」（難以與他人真切交流）、「內不在己」（欠缺獨立思考）。〔註53〕雖則，范銘如在討論八○年代臺灣都市的小說書寫時提及，新派社會學實證研究，已對都市決定論引致社會失序、人格失常有許多反駁，但文學創作的再現卻是「在臺灣小說的脈絡裡，撻伐都市、歌頌鄉村的聲浪從來个曾停止」。〔註54〕這種現代化都市的心靈影響之下，臺灣文學家形成了批判都市生活、文化的創作脈絡，散文自然也受到影響，因而產生了不同昔日的文學創作。林錫嘉即曾指出：

> ……到了七○年代以後，當人們生活在現代化社會的繁忙緊張裡，以及內心對功名的過分追求，造成了「自我」意識過分的強調。隨著社會的脈動，如機器運轉般把自己的精神緊繃起來，終而陷入了茫然不知的渾噩世界，「自我」的影子於是愈來愈明晰的投射在日漸模糊的周圍環境上，作品精神於是從人與自然的和諧中出走，代之而來的是太多的自我意識，語言充滿批判性，描寫更見細微辭詳，使整個七○年代以後的文學精神起了極大的改變，也影響了現代散文的表現形式。而台灣近年社會的變遷，使台灣成為一個比較容許自我自由表現的社會，也形成了現代散文多元化寫作的可能性。〔註55〕

〔註51〕楊照：〈為什麼會有「鄉土文學論戰」──一個政治經濟史的解釋〉，《霧與畫：戰後台灣文學史散論》，臺北：麥田，2010 年，頁 198～214。

〔註52〕楊照：〈為什麼會有「鄉土文學論戰」──一個政治經濟史的解釋〉，《霧與畫：戰後台灣文學史散論》，臺北：麥田，2010 年，頁 209。

〔註53〕袁保新：〈先秦儒學成德之教的現代詮釋與商榷──兼論儒學如何與廿一世紀人類文明接榫〉，《東亞漢學研究》創刊號，長崎：東亞漢學研究學會，2011 年，頁 9。

〔註54〕范銘如：《文學地理：臺灣小說的空間閱讀》，臺北：麥田，2008 年，頁 179。

〔註55〕林錫嘉編：《八十三年散文選》，臺北：九歌，1995 年，頁 39。

　　1988 年，臺灣平均個人 GNP 達六千三百三十三美元，成爲亞洲僅次於日本的資本輸出國，國際上普遍開始把臺灣視爲「新興工業化國家」（Newly Industrializing Countries , NICs）。〔註 56〕台灣經濟繁榮，加工出口區需要大量人口，令到許多農村人口遷入都市，加上工商業蓬勃發展，人口往都市集中，形成都市化現象。〔註 57〕林錫嘉看出了都市化社會對人類生活的影響，社會變化急速，「功利主義」掛帥、人與人之間情感疏離，「自我」遂成爲唯一的依賴。這種普遍都市人的「存在困境」，導致散文書寫有極大的轉變，在多元文化並存的環境中人人各求出路，既有從內在精神層面尋找出路，亦有視外在社會批判、改革爲解決良方，散文創作自然也呈現出不同的面向。

　　臺灣現代散文創作在七〇、八〇年代在政經變化影響，已非五〇、六〇年代建構主流美文傳統書寫典範的年代可比，其情況堪比朝代更替，邁入全新的時代。顏崑陽曾對此外部社會條件，促使臺灣散文書寫步入「軟性戰國時代」、「消費時代」與「資訊時代」，有一精闢的論述：

> 七〇年代以來，尤其八〇年代後期，政治解嚴、工商高度發達、社會環境劇烈而急速變遷，經過九〇年代以至於今，政治上兵不血刃而以選票進行權力鬥爭的「軟性戰國時代」來臨了，經濟結合科技及社會文化所型塑的「消費時代」、「資訊時代」來臨了。一切都在變，幾乎變到已失其「常」，什麼都不確定。在這樣的社會情境中，「文士階層」早已流動得如雲霧飄散，大約只有少數出身於人文、社會科學領域的菁英分子，還抱持著「士」以「文」爲志業的傳統精神。因此，文學創作從主體人格、情志而來的「神聖性」，雖然還沒完全消失，卻也僅是表現在以自然生態、社會文化論述與抒發人生理想爲題的作家身上。但是，爲數更多的寫作者，已輕鬆地將寫作「常業化」了。常，是平常，因此寫作並沒有那麼神聖、那麼沈重的社會責任。它和一般工商生產業沒什麼兩樣，只不過生產工

〔註 56〕須文蔚：〈繁花似錦的文學年代——八〇年代以降的台灣文學〉，《文學@台灣》，臺南：臺灣文學館，2008 年，頁 181。

〔註 57〕都市化的定義，由各種都市現象及特徵中，可歸納爲下列各項：（一）人口聚集的過程。（二）產業型態轉變的過程。（三）都市行政管理制度形成的過程。（四）土地使用密集化的過程。見張偉斌編著，《都市計畫學》，臺北：旭營，2000 年。

具，並非五金機械，而是語言文字；材料不是有形的物質，而是無
形的情意、知識與資訊。常，也是經常，因此寫作可以是一種經常
性的工作，依靠市場利益以維生。寫作，就是一種企劃生產的文字
手工業，正好與文學副刊形成產銷連線的關係，尤其是「散文」的
書寫。〔註58〕

　　在政治權力鬥爭的「軟性戰國時代」，科技結合社會文化建構的「消費時
代」與「資訊時代」，大多數的文學創作者早已不再堅守舊日傳統「神聖性」。
文學創作只是一件「常業化」，與其他商業性並無差別，也就是文學商品化，
「文字手工業」罷了。顏崑陽曾經批評：「這種將文學視爲商品的心理之下，
現世不少文學作品出現了三種傾向：（一）只求用最淺露的方式，將事物說明
白，讓大家瞭解。（二）只求情緒的浮現傾洩。（三）只顧戲謔哄鬧，以取悅大
眾。」〔註59〕不過，也必須留意，這種「神聖性」從未消失，仍然有散文家堅
持文學關心、反映社會的理想。在政治開放、經濟蓬勃、多元文化並存的環
境，當有現代散文家以關懷社會現實爲己任，也可以沒有限制地寫出具有「批
判精神」的散文了。

　　實例論之，鄭明娳在〈當代台灣散文現象觀測〉一文中，從社會外部因
素變化出發，回顧臺灣八〇年代的散文書寫特色，雖則點出了臺灣因爲經濟
起飛、資訊發達、商業繁榮，促使讀者、散文的消費性格顯現，市面充斥「短
短的篇章、甜甜的語言、淺淺的哲學、淡淡的哀愁和帥帥的作者」。〔註60〕但
她提及「台灣自八〇年代末期政府解嚴後，言論尺度大爲開放，文學的表呈
內容也相對擴大許多，散文中意識形態的雜然並呈，實爲七十年來所未見」
〔註61〕，並列舉了洪素麗、林文義由早期注重個人抒情，前者轉而生態散文，
後者則關注政治、鄉土。都市現代化的更變，亦使臺灣都市散文興起，是爲
知性散文的異軍突起。鄭明娳就此即言：「都市散文的興起，不僅是社會急遽
驟變造成舊社會及舊觀念解體的結果，同時也因過去社會從來不曾有過時空

〔註58〕顏崑陽編著：〈現代散文長河中的一段風景〉，《九十二年散文選》，頁16～
　　　　17。
〔註59〕顏崑陽：《傳燈者・暫立一座里程碑》，臺北：漢藝色研，1991年，頁17。
〔註60〕鄭明娳：〈當代台灣散文現象觀測〉，《當代臺灣文學評論大系（2）文學現象
　　　　卷大系・文學現象卷》，臺北：正中，1993年，頁409。
〔註61〕鄭明娳：〈當代台灣散文現象觀測〉，《當代臺灣文學評論大系（2）文學現象
　　　　卷大系・文學現象卷》，頁445。

以外四度空間的變革，資訊社會帶來新世代嶄新的角度來重新認知世界。」
〔註62〕臺灣八〇年代社會因素的影響，與文學書寫內容的鉅變，間接動搖了
以往美文傳統書寫典範的地位。

第三節　臺灣戰後文學流變對美文傳統書寫典範的鬆動

　　一九七〇年代至一九八〇年代，除了社會外部因素影響，文學內部因素
也不容忽視，兩者在陳述時雖可分而論之，實則彼此互為表裡，關係緊密。
本節主要論及四大內部因素，其文學流變導致「美文傳統」散文書寫典範的
鬆動。第一，一九七〇年代，由七〇年代許達然提倡「參與文學」，以至八〇
年代苦苓形容主流美文為「軟骨文學」〔註63〕，林文義亦以「臨照水仙」〔註64〕
批判散文家在鄉土文學論戰中袖手旁觀，這些都是散文家就文學現象的觀察、
反省戰後以來臺灣散文欠缺對於土地、社會和人群的關注。第二，鄉土文學
論戰中，現代散文雖非主角，但並不是完全沒有受到影響，其主義的提倡可
視為此一逆反、解構「美文傳統」書寫典範的伏流。其三、四為副刊雜誌的興
盛，以及各種文學獎的設立，則是令文學的發表平台開放和增加，有助文學
多元的創作。當中《中國時報‧人間副刊》更是對社會現實有一批判性，推動
了「批評精神」散文的書寫。

一、臺灣散文家的自省

　　首先，第一點為散文家針對臺灣散文創作無關現實、本土，而作出的提
倡與批評：

> 如果我們要肯定現代意識標榜現代散文，就落實本土，落實人間；
> 感到，敢到，趕到，趕盜。少戀心境，多寫現象，合唱大家的歌。
> 我想起「參與文學」（littérature engagée）。我們是社會人卻不見得都

〔註62〕鄭明娳：〈當代台灣散文現象觀測〉，《當代臺灣文學評論大系（2）文學現象
　　　　卷大系‧文學現象卷》，頁457。
〔註63〕苦苓：〈再見吧！軟骨文學——寫出「人的散文」（代編序）〉，《紅塵煙火》，
　　　　高雄：敦理，1985年。
〔註64〕林文義：〈不做臨照水仙——八〇年以後台灣散文的社會參與〉，《自立晚報》
　　　　第14版，1989年6月20日。

有社會意識。有人想脫離社會自耕自食，是他個人的決定，但一旦
與別人發生關係，就有責任與義務。我相信社會意識滋潤人性，知
識份子無社會良心像個什麼樣子？〔註65〕

文學家許達然早在七〇年代，已經提出了對其時臺灣散文界「美文傳統」
的質疑、批判，許達然借助法國存在主義作家沙特提倡的「參與文學」〔註66〕
一說，主張散文創作不可無視社會現實，要有社會意識，以文學實踐知識分
子的責任與義務。

許達然的批評並非孤明獨照，其後苦苓亦言：

有時候，我會說一句比較偏激的話：「三十年來台灣散文，總而言
之，都是——目中無人的散文」。

我說的「目中無人」，是指這些散文作者的心裏、眼裏：他們會費盡
筆墨去寫一朵小花如何發芽、生長、開放以至凋謝，去寫一片浮雲
如何出現、聚攏、分散又消失，美麗的蝴蝶飛呀飛，漂亮的葉子落
呀落，山中雲霧氤氳（文中也是），天上星月朦朧（筆下也是）……
可是人呢？人在什麼地方，除了他心愛的人，心愛的「那一個人」，
他們的作品裏再看不到一個人影。〔註67〕

苦苓回顧戰後三十年來臺灣的現代散文創作，直接批評都是「目中無人」之
作。這種文學批評，當是意指戰後三十年臺灣散文所形成的、主流的「美文
傳統」，散文家一概以軟性、抒情為主，內容皆為私我獨白，而與社會現實之
對話、批判無關。五四文學傳統提倡「人的文學」，而在苦苓眼中，戰後三十
年的臺灣現代散文都沒有了「人」，只有一些美麗的修辭而已。

苦苓之後，林文義以「老一輩作家帶著回憶的感觸描繪彼時仍無以歸去
的中國故鄉；年輕一代的則不免風花雪月，傷春悲秋。或有精緻文采也儘在
抒發個人心情以及虛幻的中國之夢，台灣的土地及人民，離他們很遠，很陌

〔註65〕許達然：〈感到，趕到，敢到——散談台灣的散文〉，《吐》，臺北：林白，1984
年，頁144。

〔註66〕Sartre, Jean-Paul.（1947），Qu"est-ce que la littérature?, Paris: Gallimard, 1985.；
英譯本見：Jean-Paul Sartre, "What Is Literature?" and other Essays, tran. by
Steven Ungar, Cambridge, Mass.: Harvard University Press, 1988.；中譯本見：
讓保爾·薩特，〈什麼是文學？〉，施康強譯，收錄於艾珉選編：《薩特讀本》，
北京：人民文學，2005年。

〔註67〕苦苓：〈再見吧！軟骨文學——寫出「人的散文」（代編序）〉，《紅塵煙火》，
高雄：敦理，1985年，頁1～2。

生」〔註68〕，批判臺灣散文家在鄉土文學論戰中袖手旁觀，但也間接證明了此一論戰，刺激了部份臺灣散文家的文學創作、批評觀念。鄉土文學思潮的出現，主要由於一系列島外事件和對現代主義的不滿而成。1970年11月，發生「釣魚島事件」，引起了臺灣的「保釣運動」。1971年10月25日，「中華民國」被迫退出聯合國，失去了國際的合法地位。臺灣面臨到國際孤立的困境，致使大眾關心臺灣現實的困境，知識分子開始以各種方法干涉社會現實。在這種情況之下，現代主義唯美、重技巧的經營，未能回應這一時代的問題、需求。新的歷史條件之下，鄉土文學思潮的興起可謂大勢所趨。

二、鄉土文學論戰對臺灣散文的影響

其次，從臺灣文學史流變來說，七○年代最注目的事件是「鄉土文學論戰」。臺灣鄉土派和現代派作家的決裂、對立，鄉土文學的主張、創作，令臺灣文學出現更多反映政治現實的作品。陳芳明如此形容參與鄉土文學運動的作家：「他們介入社會的精神，比起任何時期還龐沛而飽滿。他們與一九六○年代現代主義作家最大不同的地方，便是對藝術的追求沒有特別熱烈，反而是對政治現實的關懷極為積極。」〔註69〕張瑞芬亦言：

如果說五○年代臺灣文壇主流價值被定位為官方文藝、反共文學，六○年代是挾歐風美雨而來的現代主義（modernism）、存在主義（existentialism）思潮，一九七一年的保釣運動，與一九七九年的鄉土文學論戰，則恰好標示了七○年代的序幕與主軸。「中國」路線、「西方」路線之後的七○年代，臺灣社會與文化發展開始呈現出中國、西方與本土三者分立，終而相互混融的屬性。表面上看來，六○年代是「無根的、自我放逐的、形式主義的」，七○年代是「鄉土、民族認同、現實主義」。事實上在退出聯合國等政治失利的黑暗時刻，如施淑所言，政府官方失去諸多合法性，「卻剩下了臺灣，一個等待定位的臺灣」。七○年代的臺灣文學，見證著本土論述的興起，一方面承繼著「無根的」現代主義，一方面體現著「回歸現實」的鄉土文學，在黑暗時代中，清除歷史的殘渣後，發展出一個不妥協

〔註68〕林文義：〈不做臨照水仙——八○年以後台灣散文的社會參與〉，《自立晚報》第14版，1989年6月20日。

〔註69〕陳芳明：《台灣新文學史》，臺北：聯經，2011年10月，頁525。

的文學傳統。〔註70〕

　　不少臺灣文學研究者都忽視了散文在此一論戰所受到的影響，就此，張瑞芬則論：「在這一股時代的奔流之中，『散文』其實並未在文壇缺席。」〔註71〕按張瑞芬就臺灣女性散文的研究，七〇年代臺灣不止「古典派」的女性散文，在此一主流之中，仍然可見「鄉土派」女性散文的創作，其代表者包括丘秀芷、劉靜娟、季季等人，呼應了其時鄉土文學主張的寫實主義。徐學亦指出，鄉土文學論戰導致「八〇年代以台灣經驗爲題材的散文遠遠超過前此任何一個年代」〔註72〕，並舉出男性散文家如吳晟、阿盛、林文義、陳列等爲例。由此可見，臺灣鄉土文學論戰確實對散文書寫有直接之影響，關注臺灣現實社會的散文創作出現，也鬆動了昔日美文傳統書寫典範的主流。

　　根據趙遐秋、呂正惠主編的《台灣新文學思潮史綱》中歸納出鄉土文學思潮的四點特質。第一，鄉土文學理論張揚台灣新文學的民族性，自始至終貫穿了反帝反封建的愛國精神。第二，鄉土文學張揚台灣新文學的社會性，強調文學反映社會，服務於社會。第三，鄉土文學張揚台灣新文學的寫實性，認爲現實主義創作是鄉土文學的本質所在。第四，鄉土文學張揚台灣新文學的民眾性，把關懷民間、表現民眾疾苦的人生態度與文學觀，當做自己的題中要義。〔註73〕

　　以上四點，明顯與「美文傳統」的書寫典範相異，尤其當中「社會性」，強調文學反映社會問題，關懷民眾疾苦。雖然臺灣在一九九〇年代進入了「消費時代」、「資訊時代」，大多散文書寫商品化，但並不代表鄉土文學思潮的提倡就此消失，其對文壇的深刻影響依舊存在，許多散文家都承襲了關心土地、社會的關懷，也促成「批判精神」散文的出現。

三、文學平台及文學獎的助力

　　再者，副刊雜誌的興盛，以及各種文學獎的設立，深刻改變臺灣的文學

〔註70〕張瑞芬：〈「古典派」與「鄉土派」──崛起於七〇年代的兩派臺灣女性散文〉，《臺灣當代女性散文史論》，臺北：麥田，2007 年，頁 315～316。

〔註71〕張瑞芬：〈「古典派」與「鄉土派」──崛起於七〇年代的兩派臺灣女性散文〉，頁 316。

〔註72〕徐學：〈八〇年代台灣政治文化與台灣散文〉，《當代台灣政治文學論》，臺北：時報，1994 年，頁 299。

〔註73〕趙遐秋、呂正惠合編：《台灣新文學思潮史綱》，臺北：人間（2002 年），頁 323～329。

生態。阿盛在《臺灣現代散文精選》中曾言：「探查臺灣的散文發展，必須聚焦在各報紙副刊及各型類文學獎。……一九七〇年末，中國時報與聯合報先後設立文學獎，更具有極重要的指標意義。」又指出：「以數十年來的年度散文選作例，幾乎全部的選文來自副刊。而兩報文學獎，其正面價值亦早已受到肯定，經由得獎走上寫作路的作者，年年出現。」〔註74〕由此可見，報章副刊的興盛、各種文學獎的設立，確實直接影響到臺灣散文書寫的發展。

　　一九七〇年代是臺灣文學多元創作的起始，但由於當時受到報禁張數的限制下，每天只能刊出三大張。當中的副刊具有傳承和推廣文化的使命和責任感，高信疆的〈人間副刊〉、瘂弦的〈聯合副刊〉，催生了報導文學的出現。1975年，《中國時報》的〈人間副刊〉開闢了「現實的邊緣」專欄，高信疆主編率先倡導這種新文體。楊素芬言：「高信疆這般自覺以及實際的實踐行動，使得報導文學在人間副刊崛起之後，同樣獲得其他傳播媒體的響應」〔註75〕。之後，《台灣時報》、《聯合報》、《新生報》、《民生報》，以及《綜合月刊》、《大同半月刊》、《戶外生活》、《新周刊》、《皇冠》等報紙雜誌紛紛響應，新聞界、出版界和文學界還創設報導文學獎來推動創作。1985年，陳映真創辦了「以圖片、文字去記錄、見證、報導和評論」臺灣社會的《人間雜誌》，通過新的文學路徑，不斷關懷社會人生，繼續實踐鄉土文學的人文精神，並產生了重要的社會影響。〔註76〕張堂錡形容此時為：「散文作家們懷抱淑世熱情，一起捲入了翻轉時代下的漩渦中。」〔註77〕林燿德對報導文學的發展，有一總體性的評價：

> 無論如何，台灣十餘年來報導文學的發展，已留下令人無法遺忘的光痕。報導文學一向是危機時代的產物，它不但正面向時代的危機挑戰，於社會多元化的發展中，成為有效的發言和改革工具，同時也背負著自身的危機。即使報導文學在九〇年代無法出現重大突破，但是那一羣英姿勃發的報告者已在七、八〇年代的嘗試中成長、茁壯，古蒙仁、陳銘磻、李利國……，他們已形成文化界中嶄新的中堅力量，也許他們也把握住嶄新的理想和方式來闡揚他們的愛與批

〔註74〕阿盛編著：〈認真的遊戲〉，《臺灣現代散文精選》，臺北：五南，2004年。
〔註75〕楊素芬：《台灣報導文學概論》，臺北：稻田，2001年，頁100。
〔註76〕趙遐秋、呂正惠合編：《台灣新文學思潮史綱》，臺北：人間，2002年，頁337。
〔註77〕張堂錡：〈跨越邊界——臺灣現代散文的裂變與演化〉，《現代文學百年回望》，臺北：萬卷樓，2012年，頁394。

判，從這個角度來看，是否繼續成為一個報告者的堅持已經不再重要。〔註78〕

　　林燿德在 1987 年回顧臺灣報導文學的成長與危機，指出了臺灣報導文學本質論的矛盾，實際書寫的困境，最後導出除了由高信疆培養的第一批報導文學健將，第二代的報告文學寫者面臨難產，後繼無人。雖則如此，林燿德在文末仍然肯定了臺灣第一批報導文學的成就，在於「正面向時代危機的挑戰」，「已形成文化界中嶄新的中堅力量」，這種大異於前人的「批判精神」書寫，不單是時代的反映，也為散文創作的重大突破，向過去建構的美文傳統書寫典範發出挑戰。

　　報導文學因副刊雜誌開闢的發表平台、設立文學獎的推動，從而得以蓬勃發展，成為了散文書寫的重要文體。報導文學呈現了知識分子關懷現實社會的取態，以社會實事作一文學報導式的描述，兼具「藝術性」與「社會性」。不過兼具「藝術性」與「社會性」散文所呈現的面向且多重性，不單局限於報導文學，要等到解嚴之後，才較能觀察到其中的多重面向。

　　1988 年 1 月 1 日報禁解除，當時幾家大報如《聯合報》、《中國時報》、《自由時報》等，都隨之大幅增加版面，臺灣開始走上資訊多元化的時代，意味著臺灣散文發表的平台更加多向，接納不同種類的散文。另外，《聯合報》、《中國時報》設立文學獎，都是臺灣散文發展的一大助力。陳芳明指出這影響了整個臺灣文學生態：

> 整個文學生態的改變，伴隨著兩大報文學獎的設立，而有重大轉變。
> 一九七六年《聯合報》與一九七八年《中國時報》開始競爭新世代
> 作家的挖掘。透過文學獎的角逐，使一九五〇年代出生的作家，在
> 得獎的洗禮下登上文壇。……這個世代（一九八〇年代）對政治演
> 變特別敏感，卻沒有像過去的作家那樣緊張而沉重；反而抱持著一
> 種超越的態度，予以冷嘲熱諷。……在官方還沒有宣佈解嚴之前，
> 新世代作家已經率先解嚴。〔註79〕

　　一九八〇年代的作家，隨著政經轉型、文學生態改變，對政治、社會，自有一番新的體會，對現實「冷嘲熱諷」的作品，也隨之出現了。其中要數

〔註78〕林燿德：〈台灣報導文學的成長與危機〉，《當代臺灣文學評論大系（2）文學現象卷大系・文學現象卷》，臺北：正中，1993 年，頁 239。
〔註79〕陳芳明：《台灣新文學史》，臺北：聯經，2011 年 10 月，頁 600～601。

最為顯著，具有影響力者，「最突出的是龍應台，她的雜文既揭露台灣民眾社會中的各種陋習，也大膽直斥當局，特別指出他們沒有勇氣『面對自己暴力的歷史』，如二・二八事件、雷震事件、孫立人事件…」〔註 80〕龍應台自1985 年 3 月「野火集」專欄開始，同年 12 月出版《野火集》，短時間銷量極高，文壇稱之為「龍應台旋風」文化現象。林雙不指出，正因臺灣是病態社會，龍應台的雜文才會如此受歡迎，「這正是『焦灼的時代需要批判的聲音』，而龍應台的雜文適時地應運而生，表達出人們的心聲。」〔註 81〕這種批判社會類型的散文書寫大受歡迎，無形中鬆動了臺灣美文傳統書寫的典範地位。

另一方面臺灣的「自然書寫」，也因報導文學盛行的潮流中興起，並在之後成為「美文傳統」以外另一重要的散文典範類型。陳昌明指出，七〇年代報導文學所造就的散文家，到了八〇年代幾乎成為首批「自然書寫」的先行者〔註82〕。至今，「自然書寫」已變成了臺灣現代散文研究的顯學，正和「美文傳統」典範的鬆動有緊密關係。

四、「美文傳統」典範鬆動的省思與批評

其實，「美文傳統」的感性散文受到社會大眾歡迎，成為主流，自是因為此種文章最易打動人類與生俱來的感性本能而得到共鳴。感性散文遠比知性散文受歡迎，致使普遍主流以為美文之文學價值遠高於其他類型的散文創作。其實散文創作題材可謂「無事不入」，作家、讀者若是自我設限，忽視其他文學之美，只把感性散文推至最高，長期獨佔文壇地位，對整體散文書寫必定有偏僻之流弊，也必引起文學家挑戰此一「美文傳統」，鬆動其典範地位，解構以至逆反其「詮釋典範」。一如向陽批評：

> 台灣的整體感覺結構是多面多向的，散文書寫絕不可能只有文人的、個人的閒適（這當然也是散文的一部分），還必須（或最少接納）那些書寫階級、族群、性別，以及觸及歷史、政治、文化乃至人類

〔註80〕徐學：〈八〇年代台灣政治文化與台灣散文〉，《當代台灣政治文學論》，臺北：時報，1994 年，頁 296。

〔註81〕林雙不：《戰後台灣新世代文學論》，臺北：揚智文化，2002 年，頁 130。

〔註82〕陳昌明：〈人與土地：台灣自然寫作與社會變遷〉，何寄澎編《文化、認同、社會變遷——戰後五十年台灣文學國際學術研討會論文集》，臺北：行政院文化建設委員會，2000 年，頁 47。

活動內容的佳作。〔註83〕

　　臺灣現代散文創作，實有不止著重私我、抒情、小品的作品，對思辨性別、關注生態、批判政治、同情弱勢社群、回顧歷史文化、洞察人生哲理等，都是不少臺灣散文家關注的區域。由此，七〇、八〇年代已有星星之火，解嚴之後，更是有許多文學家省思此一詮釋限制的弊病。如上引向陽之言，他並非否定臺灣散文欠缺知性散文，實則是對臺灣散文界重感性而輕知性有所批判，針對的是「美文傳統」所造成的偏差。我們必須反思此一詮釋限制的原則性問題，即不再把「藝術性」和「實用性」的散文二分對立，方能從根本突破這種「詮釋典範」。

　　但到底如何爲臺灣文學界長期以「藝術性」和「實用性」的二分對立視域評價散文創作？這則回到本文所使用的理論基礎，「文體論」的詮釋視域。顏崑陽在〈論「文類體裁」的「藝術性向」與「社會性向」及其「雙向成體」的關係〉一文，由清末到當代把「藝術性文類」和「實用性文類」二分，即「純文學」和與「雜文學」二分的二元本質論說起，指出當中的謬誤：

　　　　「藝術性」與「實用性」並非先於創作實踐，而完由類體所客觀
　　　　決定；必須在創作實踐之後，由作者的性情、學養、創作動機與目
　　　　的以及語言表現技法的效果，才能判定。一般學者都將創作成果誤
　　　　植爲文類體裁的先驗性本質。〔註84〕

　　換言之，文類體裁並非具有「藝術性」與「實用性」之本質，而是有「藝術審美的向度」與「社會實用的向度」的可能。向度，是事物所徵示一種藉它實現主觀目的可能的方向，是在尚未表現完成之前的潛能，因此不是既成、恆定的屬性。若以近代作家爲例，如徐志摩乃五四文學的美文代表，他曾寫出一系列的情信予陸小曼，出版爲《愛眉小札》〔註85〕。用二元本質論的看法，書信體本是實用之目的，欠缺藝術美感。事實並不如此，因爲徐志摩的性情、學養、創作動機與目的以及語言表現技法，才是取決這一系列作品有否「藝術性」的關鍵。《愛眉小札》正是呈現了兩種向度並存的散文。此一例子當然不是說《愛眉小札》具「批判精神」，而是指出「文類體裁」本身只涵具「藝

〔註83〕林淇瀁：〈重返與跨越——台灣當代散文的未竟之路〉，《新地文學》，第 23 期，
　　　　2013 年，頁 42。

〔註84〕顏崑陽：〈論「文類體裁」的「藝術性向」與「社會性向」及其「雙向成體」
　　　　的關係〉，《清華學報》第 35 期，2005 年 1 月，頁 318。

〔註85〕徐志摩：《愛眉小札》，北京：中國計量，2013 年。

術性向」與「社會性向」的潛能，並形成「雙向成體」，隨使用者調節的動態關係。

　　綜上而論，由第一節「臺灣戰後文藝政策及其五四書寫傳統之選擇性承接」，從臺灣戰後國民政府遷臺後所推行的文藝政策，既斷絕了「日治時期散文」的多元典範，選擇性繼承「五四美文書寫傳統」，配合市場主流，從而建講出美文傳統書寫之典範。第二節「臺灣戰後社會因素對美文傳統書寫典範的影響」，則論及臺灣一九七〇、八〇年代的政治變化、社會經濟，直接催生了美文傳統書寫典範之外的創作題材，諸如生態、鄉土、都市等關係社會，具批判性的內容。第三節「臺灣戰後文學流變對美文傳統書寫典範的鬆動」，旨在從臺灣文學四大內部因素討論，分別為散文家就散文體式之提倡、批評；鄉土文學論戰對散文家之影響；副刊雜誌的興盛，以及各種文學獎的設立。這四大內部因素，促使臺灣散文書寫出現許多美文傳統書寫典範以外的創作，相對以往的主流更為多元，直接鬆動了美文傳統書寫的主流典範。

第三章 《現代中國散文選》與《現代散文選續編》的立與破

第一節 再造現代散文：從文體規範論楊牧編選《現代中國散文選》的典範建構與影響〔註1〕

　　楊牧為臺灣當代出色的文學家，在詩、散文、翻譯、研究等領域皆有極高的地位，其文學產出歷年來已有許多人關注、研究，其中以須文蔚在〈楊牧學體系的建構與開展研究〉〔註2〕梳理得最為清楚：

> 楊牧既是詩人，散文家、翻譯家與評論家，又兼擅編輯與出版，作為文壇典律化的守門人，楊牧在文學社會學上的影響力，還有待更進一步發掘與探索……對每一個進入他浪漫世界的評論者而言，固然會迂迴在他孤獨而深刻的心靈旅程，也會隨著深入旅程，更體會到真與美的極致，這是「楊牧學」建構上最迷人的風景。〔註3〕

須文蔚以後設研究方法論，從四個部分考察華文界對楊牧研究的成果，分別

〔註1〕本節內容主要修改自我在《輔大中研所學刊》刊登的論文，感謝評審教授黃培青用心評點，讓此文內容更加詳實。見袁仁健著：〈再造現代散文：從文體規範論楊牧編選《現代中國散文選》的典範建構與影響〉，《輔大中研所學刊》第40期，2019年5月，頁127～144。

〔註2〕須文蔚著：〈楊牧學體系的建構與開展研究〉，《東華漢學》第26期，2017年12月，頁209～230。

〔註3〕須文蔚著：〈楊牧學體系的建構與開展研究〉，《東華漢學》第26期，2017年12月，頁209～230。

爲楊牧的生平研究、楊牧詩中浪漫主義精神研究、楊牧詩中抒情傳統展現與
變革研究、楊牧散文研究。此文旨在指出「楊牧學」隱然成形，總結目前的研
究意涵，並展望未來「楊牧學」的其他面向，足見楊牧深受研究者之重視。然
而，須文蔚以「文壇典律化的守門人」稱許楊牧，卻只是一筆帶過，未有作更
進一步之分析，更沒有提及對臺灣現代散文發展頗具影響力的《現代中國散
文選》〔註4〕，其因正是未有針對此一議題之探究。

　　縱觀目前學界對楊牧的散文研究，皆以楊牧的創作實踐爲主體，欠缺針
對其編選之討論，諸如《楊牧散文的藝術風格——崇高與秀美》〔註5〕、《隱喻
的流變——楊牧散文研究（1961～2001）》〔註6〕、《論楊牧的「浪漫」與「台灣
性」》〔註7〕、〈「詩人」散文的典範——論楊牧散文之特殊格調與地位〉〔註8〕等，
談及其藝術風格、主題內涵等面向，並未討論楊牧編選之意義所在。《創作實
踐與主體追尋的融攝：楊牧詩文研究》〔註9〕略爲提及《現代中國散文選》，指
出楊牧賦予了現代散文新的定義。〈探索現代散文的源流——評楊牧《文學的
源流》〉〔註10〕，介紹楊牧對散文文體的相關論述，篇幅不長，僅爲轉述楊牧各
篇文章的內容。《楊牧散文研究》〔註11〕有一節，針對《現代中國散文選》提
及現代散文的七種類型作一介紹，以作探討楊牧散文創作之基礎，並未進一
步分析此一選本，揭示其深層意義。

　　　　一九八一年，楊牧先生編成《現代中國散文選》，選文五十四家，一
　　　　五八篇，起於周作人，終於童大龍；從大陸新文學運動時期開始，
　　　　跨海以至臺灣一九八〇年代初爲止，六十餘年間，兩岸現代散文名

〔註 4〕楊牧編：《現代中國散文選》，臺北：洪範，1981 年。
〔註 5〕王鴻卿：《楊牧散文的藝術風格——崇高與秀美》，東吳大學中國文學系碩士
　　　　論文，2000 年。
〔註 6〕張依蘋：《隱喻的流變——楊牧散文研究（1961～2001）》，國立臺灣大學中國
　　　　文學研究所碩士論文，2001 年。
〔註 7〕謝旺霖：《論楊牧的「浪漫」與「台灣性」》，國立清華大學台灣文學研究所，
　　　　2009 年。
〔註 8〕須文蔚編選，何寄澎著：〈「詩人」散文的典範——論楊牧散文之特殊格調與
　　　　地位〉，《楊牧》，臺南：臺灣文學館，2013 年。
〔註 9〕何雅雯：《創作實踐與主體追尋的融攝：楊牧詩文研究》，國立臺灣大學中國
　　　　文學研究所碩士論文，2001 年。
〔註10〕沈謙，須文蔚編：〈探索現代散文的源流——評楊牧《文學的源流》〉，《楊牧》，
　　　　臺南：臺灣文學館，2013 年。
〔註11〕張家豪：《楊牧散文研究》，國立政治大學中國文學系碩士論文，1999 年。

　　家及其佳構，大體周備於斯編矣。〔註12〕

楊牧、顏崑陽相隔二十一年後再度出版《現代中國散文選續編》，顏崑陽即在〈前言〉回顧《現代中國散文選》的價值，並指出「楊牧綜論現代散文的品類與源流」，「時為學者所援引」，「以品類、源流的觀念編選文集，縱橫交織而建構體類與歷史，這是中國古來文學實際批評的當行方式」〔註13〕，揭示了楊牧在《現代中國散文選》的編選方法，其「品類」、「源流」之觀念，實與散文的文體規範有直接的關係。

　　準此，本節即欲以文體規範之角度分析楊牧編選《現代中國散文選》所呈現的經緯結構歷程關係。在論述開展前，必須先為「文體規範」及「經緯結構歷程」作一明確之界義。「文體」即文類的「形構」與「樣態」，即「文類之體」，簡稱「類體」。〔註14〕「文體規範」則為在「形構」此一規定下其「樣態」受共同接受、模習的典範作品，具有「示範」效用。「經緯結構歷程」，「經」乃貫時性的文學歷史，「緯」指的是並時性的文學社群，文體規範為文學歷史和文學社群關係所產生的成果，不是純抽象概念的理論，而為一共同揀選的動態過程。〔註15〕

　　　　故「文體規範」乃在漫長的「文學歷史」進程中，一方面各個文學
　　　　家對同一文類的創作實踐不斷在發生、演變，而形成「傳統」；另一
　　　　方面又經由「文學社群」在觀念上取得共識，甚至約定，而逐漸「構
　　　　成」。因此，「文體規範」的構成，除了文學創作的歷史經驗之外，
　　　　還必須對此歷史經驗加以反思而抽象化出一些有關「文類」與「文
　　　　體」的概念性知識，而被文學社群所共同認定。〔註16〕

若以《現代中國散文選》觀之，則可視為在各個散文家對散文創作的不斷實踐而形成「傳統」時，楊牧作為臺灣當代「文學社群」的重要成員，對此歷史

〔註12〕顏崑陽，楊牧、顏崑陽合編：〈前言〉，《中國現代散文選續編》，臺北：洪範，
　　　　2002 年，頁 1。
〔註13〕顏崑陽，楊牧、顏崑陽合編：〈前言〉，《中國現代散文選續編》，頁 1。
〔註14〕形構指文類之語言文學規則化的形構，如四言體、五言體。樣態則為文類理
　　　　想性的美感形相，其義近於風格。參見顏崑陽：〈論「文體」與「文類」的涵
　　　　義及其關係〉，《清華中文學報》第 1 期，2006 年 12 月，頁 59。
〔註15〕顏崑陽：〈文學創作下在文體規範下的經緯結構歷程關係〉，《文與哲》第 22
　　　　期，2013 年 6 月，頁 553。
〔註16〕顏崑陽：〈文學創作下在文體規範下的經緯結構歷程關係〉，《文與哲》第 22
　　　　期，2013 年 6 月，頁 556。

經驗加以反思，提出其對散文「品類」和「源流」的概念性知識，並借編選選本置身於臺灣當代「文學社群」中，從而對現代散文「文體規範」的構成過程產生影響力。

　　本節所欲提出之問題為：《現代中國散文選》的品類和源流編選觀念確實為何？按此一觀念，《現代中國散文選》建立的美文傳統書寫典範呈現了什麼特色，又具何種效用？又，按照以上第一序的梳理，此一散文選本的經緯結構歷程關係是什麼，又具有何種意義？本文即欲先針對以上問題逐一解決，期許能在楊牧眾多研究中針對其編選的《現代中國散文選》有更深入的探究。

一、《現代中國散文選》的品類和源流編選觀念

　　中國自古以來，即有所謂「體源批評」〔註17〕和「辨家數」的文學批評，楊牧在《現代中國散文選》的〈前言〉，即以這兩種文學批評方式，論述了他對現代散文的源流看法，及以散文家為典範辨別各家數之「範式」。以上兩種，實則為「文體論」常見的文學批評形式，可供更進一步揭示其文學批評觀。

> 　所謂「源」，籠統地說是「起源」，但分解地說，也有三種不同的指
> 涉義：（一）指「歷史時程的起點」，也就是某一文體在歷史時程上
> 最早出現的作品，即為此一文體的起源；（二）指「發生原因」，即
> 該文體之所以發生的「原因」。這又分為「內在原因」與「外在原因」。
> 內在原因，是指此「原因」為人之內在情性或心理；外在原因，則
> 是指此「原因」為社會文化之某一事物。（三）指「價值之所本」。
> 這時所謂「源」，指的就不是事實經驗在時程上的「始出」或發生上
> 的「原因」，而是價值判斷上的「優先」或「本原」。〔註18〕

　　顏崑陽指出體源批評中「源」有三種指涉義，第一為「歷史時程的起點」，即論者提出某一文體的始出之作；第二為「發生原因」，「內在原因」為人之內在情性或心理，致使該文體出現。「外在原因」為文體因應社會文化之某一事物而出現；第三為「價值之所本」，即論者把價值判斷的「優先」或「本原」，

〔註17〕體源批評，即追溯某一類體之起源，呈現了該批評者之文學觀念。參見顏崑陽：〈六朝文學「體源批評」的取向與效用〉，國立東華大學《東華人文學報》第 3 期，2001 年，頁 4。
〔註18〕顏崑陽：〈六朝文學「體源批評」的取向與效用〉，國立東華大學《東華人文學報》第 3 期，2001 年，頁 7。

再造爲該文體之起源。

以此觀之，楊牧在《現代中國散文選》追溯現代散文的起源，即具有「發生原因」與「價值之所本」兩義：

> 近代散文的發軔，應當就在二十世紀的初葉，五四運動和白話文倡議前後數年之間，所以至少已經有它七十年的歷史了。我們相信任何文學體式的產生都有其歷史和社會的背景，則近代散文的成型也不能例外。簡言之，近代散文的成型，除了依倚上文所提供的偉大傳統，以古典成績為理想的寄託，隨時不忘一文學藝術命脈的傳承之外，更直接拜受兩股文學風潮所賜，即宋元以來的小說，和晚明以來的小品——前者是近代散文白話面貌之基礎，後者則為近代散文體製的啟發。〔註19〕

楊牧先就「發生原因」中的「外在原因」講解現代散文之出現，直接和五四運動和白話文倡議相關。這種是按照客觀歷史發展之論述，並未具有明顯的價值判斷，楊牧也僅是略爲提及，其後則把重心放於「價值之所本」的起源。現代散文之起源，上追中國古典傳統，即宋元以來的小說和晚明以來的小品，直接影響了現代散文的文體規範建構。

「二十世紀初葉的散文家對於白話文的信心，毋寧悉數來自施耐庵和曹雪芹之輩的輝煌成就」〔註20〕，楊牧非常重視宋元以來的小說，認爲正因有這些相對文言小說的白話小說家，建立了使用白話創作的基礎。現代散文「體製方面則最接近晚明和有清一代的小品和筆記」〔註21〕，列舉了袁氏兄弟、張岱、李漁、隨園、沈復等人。此一體源批評之論述，即可見楊牧在《現代中國散文選》將現代散文的體製，亦即所謂的「基模性形構」〔註22〕之建立歸因於上述兩個古典文體，其中又以晚明小品直接影響到現代散文的「樣態」。

在這種宏觀、大體的體源批評觀，楊牧《現代中國散文選》皆有其預設的理想文學批評觀念，針對不止「形構」，更具「樣態」的應然標準。這種抽象的文體批評，必須落實在針對個別具體的作品，方具詮釋的效力。故此楊牧建基於其體源批評觀，更進一步論及現代散文的七種典型品類，亦即

〔註19〕楊牧編：〈前言〉，《現代中國散文選》，臺北：洪範，1981 年，頁 4～5。
〔註20〕楊牧編：〈前言〉，《現代中國散文選》，頁 5。
〔註21〕楊牧編著：〈前言〉，《現代中國散文選》，頁 5。
〔註22〕基模性形構，即為一種文類之基本模型的形構。參見顏崑陽：〈論「文體」與「文類」的涵義及其關係〉，《清華中文學報》第 1 期，2006 年 12 月，頁 16。

「辨家數」：

> 二十世紀初葉的散文家轉折崛起，波瀾壯闊，為近代散文建立了不
> 可顛撲的典型品類。所謂散文，歸納起來，不過以下七類：一曰小
> 品，周作人奠定其基礎；二曰記述，以夏丏尊為前驅；三曰寓言，
> 許地山最稱淋漓盡致；四曰抒情，徐志摩為之宣洩無遺；五曰議論，
> 趣味多得之於林語堂；六曰說理，胡適文體影響至深；七曰雜文，
> 魯迅摠其體例語氣及神情。〔註23〕

此乃建立現代散文的七種典範類型，並以某一散文家之散文為「範式」，也可以
說是辨別了七位散文家作品的個殊面貌，依此建構現代散文源流的文學譜系。
若以「辨家數」觀之，則有「能構成『一家之言』者，必有其本具的法則、規
範，而且可相沿為傳統」〔註24〕，這七種現代散文類型的建構即有「示範」效用。

據鄭明娳《現代散文類型論》整理歸納，除楊牧建立此七種現代散文類
型的論述，前後計有羅青、曾昭旭、余光中的散文分類具代表性。羅青把小
品文分作五類，純說理或敘事的、純抒情的、偏重說理或敘事的、偏重抒情
的、說理敘事和抒情並重的；曾昭旭把散文分作抒情、敘事、論理；余光中先
分散文為廣狹兩義，狹義散文指個人抒情的小品文，廣義散文則是「凡韻文
不到之處，都是它的領土」，另又依功能分作抒情、說理、表意、敘事、寫景、
狀物。〔註25〕單就分類而言，唯獨楊牧分有記述、寓言、雜文，為其殊相，雖
則鄭明娳指出楊牧分類標準不一〔註26〕，此七類型卻能以名家統率《現代中國
散文選》，建構其現代散文之譜系，才是真正獨特於他人的特徵。

必須注意的是，楊牧判斷魯迅之雜文體、胡適的說理文重實用，不重文
學藝術性，故不論之。這種對現代散文的價值判斷，若以其體源批評觀合併
分析，即可見以晚明小品的「樣態」標準，建構美文傳統書寫典範，把雜文
體、說理文割除於現代散文的藝術領域，並不屬於他眼中現代散文應有的理
想範式。如此，該能了解楊牧《現代中國散文選》源流和品類彼此相連，反映
了當中「文體規範」的建構。按此理解，則能往下分析其建立典範的特色，探

〔註23〕楊牧編著：〈前言〉，《現代中國散文選》，頁5。

〔註24〕顏崑陽：〈文學創作下在文體規範下的經緯結構歷程關係〉，《文與哲》第 22
期，2013 年 6 月，頁 571。

〔註25〕鄭明娳：《現代散文類型論》，臺北：大安，1987 年，頁 38～41。

〔註26〕單以「小品」而論，記述、寓言、抒情、議論、說理，已可合併之。鄭明娳：
《現代散文類型論》，頁 40。

討背後的深層意義。

二、《現代中國散文選》典範模習的特色和效用

　　楊牧《現代中國散文選》列舉了七個品類，但真正在選人、選文時只確立五個典範，分別是周作人、夏丏尊、許地山、徐志摩及林語堂，並條列其影響所及之後代散文家，而不論、不選魯迅和胡適。沈謙就其對現代散文之分類即言：「將五四以後卓然成家的散文作者，以及二十年來在臺灣脫穎而出的新銳，以七種品類予以縷述，儘管難以周延圓融，仍有待斟酌之處，但確乎是頗具瞻識與氣魄的大手筆。」〔註27〕這種大手筆之論述，無礙呈現了楊牧對現代散文分類的創造之功，並有別於他人以具體的文學譜系呈現，再造其現代散文之「範式」。

　　《現代中國散文選》建立了五個典範，不止於抽象的概念論述，而是將理論落實在歷史經驗基礎上，經由其選文的示現，而被確切感知得到，此則為概念和作品之間的辯證融合。誠如顏崑陽所言，這種文學譜系的論述，實是建構文學史：

> 任何一種「文類」之「名理相因」的「有常之體」，是群體的產物，是普遍的規範，應該去遵循。而作者個己的「文辭氣力」則是在「有常之體」的規範下，能通而變之的要素，也是自由創新之憑藉。那麼，「常體」的規範存在於何處？曰：「故實」；「故實」指的當然是前行理想的「典範」之作。因此文學創作，應以「望今制奇」的「創新」為終極目的，然而其過程卻必須「參古定法」，才能使「創作」不致詭而失常，這就是「典範模習」或說「學古」的理論依據。同時，依藉這種群與己、古與今的辯證關係，也才得以在個體與個體之間，一代與一代之間形成「循環相因」、「參伍因革」的文學歷史建構。〔註28〕

若以楊牧所論現代散文視之，即經由現代散文之起源，談及白話文興起、古典文學制定了現代散文的「有常之體」，為一群眾認定的產物，必須遵循此一規範。而散文家的「文辭氣力」即在此「有常之體」之下創作，其中「典範」

〔註27〕須文蔚編選，沈謙著：〈探索現代散文的源流──評楊牧《文學的源流》〉，《楊牧》，臺南：臺灣文學館，2013年，頁290。

〔註28〕顏崑陽：〈論「典範模習」在文學史建構上的「連游效用」與「鍊接效用」〉，《建構與反思》，頁812。

之作爲周作人、夏丏尊、許地山、徐志摩、林語堂五位散文家，後代散文家受其影響而模習之。此一「典範模習」之關係，必須經過後人向前人學習，一代與一代之間的動態歷程方可成立。

此外，此節不以「典律」（canon）一詞爲核心概念，乃因「典律」偏指語言文字所構成之作品，而本文「典範」則兼指作品中所涵作者的性情人格。「從『文體』的觀念來說，『典範』所指稱之『文體』，不是偏從作品語言要素所構成的文體，而更強調由作者性情要素所構成的文體」〔註29〕，此一定義不止合乎楊牧論及現代散文「典範模習」的內涵，即不止於文字結構，而指涉於散文家的性情人格，也與現代散文創作強調作者本真，直抒性情的特質契合。

由此，則能以「典範模習」分析《現代中國散文選》的個殊意義。舉例言之，楊牧選入周作人〈故鄉的野菜〉、〈水裡的東西〉、〈蒼蠅〉和〈死法〉四篇散文，並將其放爲選集之首，說其散文上承晚明遺風，又「注入他的日本經驗，增加了一份壓抑的激情」，「中外學識掌故知之最詳，下筆閑散，餘味無窮」〔註30〕，既言源流，也談作者的性情人格，化成其散文的「樣態」。楊牧把豐子愷、梁實秋、思果、莊因、顏元叔、亮軒、也斯及舒國治八人視作同屬周作人一派的小品散文家。

除了周作人之外，其他四個典範性散文家順序編於周作人後的位置，亦分別統領其他選入選本的散文家，若按照楊牧之論述，《現代中國散文選》實可分爲典範性作家、代表作家群及其後世受影響之作家群：

品　類	典範性作家	代表作家群	後世受影響之作家群
小品	周作人	豐子愷、梁實秋、思果	莊因、顏元叔、亮軒、也斯、舒國治
記述	夏丏尊	朱自清、郁達夫、俞平伯、方令儒、朱湘、徐訏、琦君、林海音、張拓蕪	林文月、叢甦、許達然、王孝廉
寓言	許地山	沈從文、梁遇春、李廣田、陸蠡、王鼎鈞	司馬中原、王尙義、林冷、羅青、童大龍
抒情	徐志摩	蘇雪林、何其芳、張秀亞、胡品清、陳之藩、蕭白、余光中	逯耀東、張菱舲、白辛、張曉風、季季、陳芳明、渡也
議論	林語堂	言曦、吳魯芹、夏菁	無

〔註29〕顏崑陽：〈論「典範模習」在文學史建構上的「涎溯效用」與「鍊接效用」〉，《建構與反思》，頁 807。

〔註30〕楊牧編著：〈前言〉，《現代中國散文選》，頁 6～7。

　　此一分類有三點可供留意：第一，楊牧《現代中國散文選》選進自己的散文，但並沒有把自己列於品類分類之中，成爲全書唯一的例外。這或許涉及編者避諱的倫理問題，非本文欲討論之焦點，故不論。第二，夏丏尊單以〈白馬湖之冬〉一文成爲白話記述文的典範，楊牧並在《現代中國散文選》前言點出夏丏尊爲首所形成的「白馬湖風格」〔註31〕，而把朱自清排於其後。此中即是楊牧具主觀價值判斷的顯著例子，他讚揚〈白馬湖之冬〉的樸實無華，視其爲記述文之創體，依此單一篇章作記述文的最高範式，建構了「白馬湖風格」的文學譜系，且下開其相關學術研究〔註32〕。第三，楊牧雖在《現代中國散文選》分了五個典範及其相關作家群，但亦明言「有些人便能兼容並包，博採眾體；更有幾位早在題材的處理，風格的轉化，和境界的開拓諸方面，超越了他們的先驅」〔註33〕，這種源流之概括具有一定的彈性，並非僵固不變。

　　由上述的「代表作家群」與「後世受影響之作家群」，可以分析出這是在「典範模習」中所產生的兩種效用：「漣漪」和「鍊接」。所謂「漣漪」即爲「某一新的文體被一典範性作家創始之後，同代作家群起模習擬作而蔚然成風的一種並時性擴散的現象」〔註34〕，以此觀之，《現代中國散文選》由「典範性作家」創立了現代散文中小品、記述、寓言、抒情、議論的類型，同代的「代表作家群」模習擬作其作品範式，形成一種群體性、並時性的擴散現象。

　　「鍊接」則是「某一新的文體被一典範性作家創始，而並世『漣漪』競作之後，異代作家因承其體而繼作，形成歷時性接續的現象」〔註35〕，《現代中國散文選》經由「典範性作家」創立五種類型，經過同代並時性的「漣漪現象」，「後世受影響之作家群」則依循以上五種類型創作之。一如楊牧之言，不少散文家並非單受一類典範之影響，實際上更可能是兼容並蓄，對這五種

〔註31〕楊牧編著：〈前言〉，《現代中國散文選》，頁 6。
〔註32〕楊牧爲最早點出「白馬湖風格」之論者，其後論者據此有各種論述，如朱惠民稱「白馬湖派」散文作家，陳星言「白馬湖作家群」，其中相關研究以張堂錡《清靜的熱鬧：白馬湖作家群論》最爲豐富。參見張堂錡：《清靜的熱鬧：白馬湖作家群論》，台北：東大圖書，1999 年。
〔註33〕楊牧編著：〈前言〉，《現代中國散文選》，頁 7。
〔註34〕顏崑陽：〈論「典範模習」在文學史建構上的「漣漪效用」與「鍊接效用」〉，《建構與反思》，頁 814。
〔註35〕顏崑陽：〈論「典範模習」在文學史建構上的「漣漪效用」與「鍊接效用」〉，《建構與反思》，頁 815。

類型皆有繼作模習，使現代散文的創作既有因襲，也有創變，實為一創作論的辯證過程。

> 從「創作型文學史建構」來說，文學史之所以能成為文學史，除了以「人」為主的「名家」輩出之外，「文類」不斷的創新，也是主要因素。然而，任何一種創新的「文類」，其「體製」之「穩定」為「形式特徵」顯明的「常模」，而能與其他「類體」區隔並供眾多作者之依循，實非一蹴可幾；也絕非靠「創始者」一人可以為功，而必然要經「典範模習」的「漣漪」與「鍊接」現象，群起競作而產生「趨定效用」，才能逐漸完成。〔註36〕

現代散文的「體製」雖不如現代詩、現代小說等具有較明顯的「形式特徵」，但既能自成一體，仍然是具有能與其他「類體」區隔之「常模」。此即必須由現代散文始創之後，經過典範性作家、代表作家群及其後世受影響之作家群的創作，才能有「趨定效用」，使現代散文「穩定」為一特定的文類體製。同時間，這種「典範模習」亦「並時性地形成一代文風，歷時性地構成源流統緒」〔註37〕，並使其得到文學史書寫的關注，更具被寫進文學史的價值。

準此，該能看出《現代中國散文選》隱含了「文體規範」經由「典範模習」而逐漸成型之文學批評觀。楊牧由源流、品類的抽象論述，以至實存歷史經驗的作家、作品，在此一選本明確建構了其對現代散文「文體規範」的內涵，亦即臺灣美文書寫之典範。依照上述初步研究成果，必須更進一步探討《現代中國散文選》置於臺灣文學歷史發展之中有何意義？

三、《現代中國散文選》經緯結構歷程關係的意義

不論是楊牧編選《現代中國散文選》，眾多散文家的「典範模習」，抑或《現代中國散文選》所建構「文體規範」的意義內涵，都離不開文學的經緯結構歷程，即貫時性的文學歷史，和並時性的文學社群影響。因為這是文學家當下「歷史存在」，不斷實踐著此一經緯結構歷程的因變關係：

> 在這種「歷史性」（historicality）的實存中，文學歷史的時間三維無

〔註36〕顏崑陽：〈論「典範模習」在文學史建構上的「漣漪效用」與「鍊接效用」〉，《建構與反思》，頁818。

〔註37〕顏崑陽：〈論「典範模習」在文學史建構上的「漣漪效用」與「鍊接效用」〉，《建構與反思》，頁818。

法做抽象概念認知的切割;「傳統」是一種「有機性」而連綿不斷的
文化存在情境,各種已在文學歷史中存在,包括文學觀念、文體知
識、作家、作品等,都自覺或不自覺對他們的文學活動產生「影響
效果」。復古或格調之流固然如此;公安者流之反對「文體典範」的
建立及模習,他們焦慮地企圖掙脫文學歷史傳統的圍困,當然也是
受文學歷史傳統之「影響」的「效果」。因此,文學歷史對古代文學
家而言,都不是純為知識客體,而與他們的文學歷史存在情境不能
切割,這就是所謂的「效果歷史」(Wirkungsgeschichte)。〔註38〕

顏崑陽此論雖是針對古代文學家,但套之於現代文學家論述現代文學,都仍
然是在創作實踐的現場,必然受到過往文學歷史諸種存在的影響。如此觀之,
即楊牧的現代散文論述不止是純為知識客體,整合了「文學歷史」和「文體
知識」的基礎,通過「實際批評」和「理論建構」的操作,指向「文學創作」
的典範。這種「文體典範」即具有「示範效用」,對後世現代散文的批評標準、
創作向度,具有一定程度的「規範效力」。

　　若從文學歷史追溯楊牧編選《現代中國散文選》的文學批評觀,則可由
周作人上追明清散文,主張自由抒寫個性的美文為其影響〔註39〕,甚至能說
國民黨在臺灣施行專制和白色恐怖的文藝政策,現代主義式美學的興起、流
行,以至朱光潛早期引介純粹審美的美學,都對楊牧產生了「效果」。《現代
中國散文選》之不論魯迅、胡適,實為此一「效果歷史」(Wirkungsgeschichte)
〔註40〕的影響。楊牧〈前言〉共列五條編選原則,其中「第三:作品須大體
屬於文學感性,知識體悟,和社會觀察的範疇。以實用為功能的說理文章(如
胡適)和偏重刺激反應的時論雜文(如魯迅)不錄」〔註41〕,這種現代散文範
式觀念,絕非楊牧一人獨創,乃因上世代的文學歷史、文學社群所共同約定、
建構而成。

　　在此之前,著名且具影響力的散文選本,該舉周作人編選《中國新文學

〔註38〕顏崑陽:〈文學創作下在文體規範下的經緯結構歷程關係〉,《文與哲》第 22
　　　　期,2013 年 6 月,頁 579～580。
〔註39〕徐舒虹:《五四時期周作人的文學理論》,上海:學林,1999 年,頁 68～69。
〔註40〕「效果歷史」(Wirkungsgeschichte),其義為所有歷史現象或流傳之作品,都
　　　　不可只視為純歷史研究的客觀,應注意它在人類歷史性的存在及其意義的理
　　　　解過程中,所產生的影響效果。參見加達默爾,洪漢鼎譯:《真理與方法》,
　　　　臺北:時報,2007 年,頁 394～401。
〔註41〕楊牧編著:〈前言〉,《現代中國散文選》,頁 8。

大系·散文一集》〔註 42〕、郁達夫編選《中國新文學大系·散文二集》〔註 43〕，在導言中周作人主張小品文的知識和趣味，郁達夫則言散文之個性，可視作散文範式之初步建立。尤可注意者，乃郁達夫在《中國新文學大系·散文二集》選進大量魯迅和周作人的散文，加上對兩人散文風格的推崇，實可說是視魯迅和周作人為現代散文之兩個最高典範。而楊牧《現代中國散文選》既有因襲，亦有更替，再造現代散文之範式。

　　《現代中國散文選》所建構「文體規範」的內涵，若以經緯結構歷程分析，即不止其上承文學歷史的影響，亦成為文學歷史的共構之一。既有因襲，也具再造之能，使這種非關社會介入、遠離公共的抒情、私我式散文，得到更強的「規範效力」，不論後人是承接抑或反對，都已產生了更多的影響和「效果」。例如，鍾怡雯曾說：

> 散文歷經從雜文、美文到純散文的變化進程，事實上，就現代散文史的發展脈絡來看，散文，並沒有所謂「純散文」，或者被誤讀的「美」文——一種獨立於時代之外的文學範式，被視為純粹的審美客體——散文從來就和時代有密切的關係，以現代散文史的角度觀之，它跟直面現實的雜文始終暗通款曲……然而我總以為散文可以不必那麼「純」，周作人建立的抒情傳統早已成為散文的主流，我希望散文可以更原始一些，更駁雜一點，更「不像」散文，修辭技術層面之外，它可以像論文具有論述和批判的功能。〔註 44〕

相隔三十一年，鍾怡雯在《九歌一○○年散文選》仍然在回應此一「文體典範」的內涵，並加以反思、拓展現代散文的不同面向。她雖然只針對周作人建立的美文範式，實際上乃暗指整個臺灣散主流的文學創作、批評觀，提倡楊牧《現代中國散文選》所存而不論的論述、批判功能，亦即說理、雜文兩種類型。相近之說，亦見於向陽主編聯合文學《二十世紀台灣文學金典》（散文卷）。散文與非散文之別，實可上追楊牧《現代中國散文選》取藝術而棄實用的論述。由此可見，《現代中國散文選》經緯結構歷程所產生的關係，確是

〔註 42〕周作人編選：《中國新文學大系·散文一集》，香港：香港文學研究社，1962年。

〔註 43〕郁達夫編選：《中國新文學大系·散文二集》，香港：香港文學研究社，1962年。

〔註 44〕鍾怡雯編著：〈逆時之流而上〉，《九歌一○○年散文選》，臺北：九歌，2012年，頁 11～12。

對後世存在「效果歷史」。

其他例子包括張曉風編《中華現代文學大系散文卷》言：「有些作家則因作品雜文性質太強（如孫如陵）或論述性質太明顯（如黃永武、康來新）而不得不放棄。」〔註45〕焦桐主編的《八十八年散文選》提及：「散文在台灣的發展，一直較缺乏批判精神，魯迅所謂的『匕首』和『投槍』。」〔註46〕柯裕棻主編的《九歌一〇二年散文選》序言〈寫入時代的風雨〉指出「知識分子必須面對權勢說出真話，提出質疑和批判，百餘年來文章之士一直都如此在最前線吶喊。我實在不願承認『國家不幸詩家幸』這樣的大時代的說法，我也從不覺得散文只是寫小確幸小清新的文體。」〔註47〕不論因循、批判，皆是文學歷史傳統影響而及的「效果」。

這種文學歷史傳統影響的「效果」，單就楊牧《現代中國散文選》此一現代散文選本的編選方式，先立其類而選文，並強調家數之重要，實是上接「文學大系」之論述而新變，確立「文學史式選本」〔註48〕依各種重要主題類型選文，下開「名家精選」〔註49〕以名家作典範，以供模習，影響深遠。然而現當代散文選本的編選方法，早不止於「文學大系」、「年度選」、「名家精選」、「文學史式選本」，各種「教學讀本」、「主題式」的散文選本，充斥市面，並具有其獨特的編選標準。〔註50〕顏崑陽在《中國現代散文選續編》所寫的〈前言〉，亦明顯就楊牧所提倡的七個品類談之，「楊牧二十年前所歸約的七類，如今也難以包括周延了」〔註51〕，故因應時代改變而提出對現代散文新的看法。這恰恰是反映了文體的「創變」乃立基於既有的文學歷史經驗，在其「規範」的影響「再創」，實為經緯結構歷程關係的動態發展。

〔註45〕張曉風編：《中華現代文學大系散文卷》，臺北：九歌，1989 年，頁 16。

〔註46〕焦桐編：《八十八年散文選》，臺北：九歌，2000 年，頁 10。

〔註47〕柯裕棻編：《102 年散文選》，臺北：九歌，2014 年，頁 16。

〔註48〕如鍾怡雯、陳大為合編：《天下散文選I 1970～2010》、《台灣天下散文選II 1970～2010》、《天下散文選III 1970～2010 大陸及海外》，臺北：天下文化，2010 年。

〔註49〕如阿盛編：《台灣文學 30 年菁英選 2：散文 30 家（上冊）》、《台灣文學 30 年菁英選 2：散文 30 家（下冊）》，臺北：九歌，2008 年。

〔註50〕有關臺灣現當代「教學讀本」、「主題式」散文選本的選文標準，可參黃如焄著：〈當代散文選本與文學書寫之考察——以 2000～2006 為範圍〉，花大中文學報第 1 期，2006 年 12 月。

〔註51〕顏崑陽著，顏崑陽、楊牧合編：〈前言〉，《現代散文選續編》，臺北：洪範，2002 年，頁 3。

此外，黃錦樹在〈論嘗試文〉中明確批判楊牧此一現代散文的論述：

> 然而這樣的排列，以知堂老人為第一、其兄周樹人殿後，只怕並非
> 沒有楊牧個人的審美判斷品味好惡在內；尤其說明時對最後二類——
> ——「此二典型的散文重實用，不重文學藝術性的拓殖，茲不論」——
> ——仍可見到隱然的規範詩學預設：散文的美學自主性——那是前六
> 種類型的主導性。被楊牧存而不論的兩類，恰恰是對社會介入最深
> 的兩種類型，總其七類，才可見嘗試文全貌。〔註52〕

黃錦樹點出了楊牧主觀的審美判斷，而其言「隱然的規範詩學預設」，即為楊
牧置身於文學情境的經緯結構歷程之被影響與影響。他更不滿楊牧對魯迅的
存而不論，指出魯迅除了雜文，亦有散文詩、抒情散文的兩個現代共源，並
認為「楊牧所肯定的六種恰恰可能朝向美學上的形式化——和公共的經驗空
間的隔離——甚至和主流的意識形態妥協」〔註53〕。由此觀之，黃錦樹即顯然
視楊牧及其編選《現代中國散文選》為此一現代散文主流範式，美文書寫傳
統典範的共同建構者了。

　　文學固有新變，但傳統的力量往往影響非常深遠。一如陳芳明言：「即使
到今天，現代主義美學仍然存留於新世紀書寫之中。」〔註54〕《現代中國散文
選》距今已經三十九年，但卻不代表此一選本的影響力已經完全消退，在文
學的經緯結構歷程關係中，不同的反思、批判更是顯示了這種共同建構的現
代散文範式，仍然在現代散文選本的選文標準、現代散文評論和創作具有相
當程度之「規範效力」。

四、小結

　　本節發現目前學界針對楊牧之諸多研究，尚未深入揭示其編選《現代中
國散文選》所呈現的文學批評觀，故欲研究此一臺灣重要散文選本，並輔以
「文體論」之相關概念分析，顯現楊牧及其編選《現代中國散文選》在經緯
結構歷程關係的個殊意義。本文先以「體源批評」和「辨家數」考察《現代中
國散文選》的品類和源流編選觀念，就此分析其中「典範模習」的特色和效
用，最後則從「經緯結構歷程關係」觀察此一選本的個殊意義，實為現代散

〔註52〕黃錦樹：〈論嘗試文〉，《論嘗試文》，頁98～99。
〔註53〕黃錦樹：〈論嘗試文〉，《論嘗試文》，頁103。
〔註54〕陳芳明：〈以擦亮每一顆文字刷新歷史〉，《93年散文選》，臺北：九歌，2005
　　　年，頁13。

文範式，亦即美文傳統書寫典範的共同建構者之一。

其實，任何時代，「論述」（discourse）都是一種充滿主觀立場的話語，往往是文化意識形態的投射，或文化霸權的爭奪，故而各據片面之理，很少能虛心傾聽對方的聲音。我們研究古代的文學論述，無須先預設評價立場，而妄斷是非對錯。只須傾聽雙方的「對話」，而將這種「眾聲喧嘩」的現象視為詮釋學的境域，理解進而詮釋其所以發生的文化社會因素、條件及影響後果就可以。「文體典範」的「規範效力」是各自的選擇性問題，並沒有絕對確當的答案。〔註55〕

相對研究古代的文學論述，現代文學之研究者，置身於當下的文學存在情境，則更須小心預設評價立場，不以文化意識形態取代學術之相對客觀判斷。自五四以來，現代文學之提倡、革命充滿了主觀立場，研究當代之文學論述，亦應視作詮釋學的境域，進而客觀地探究其經緯結構歷程之關係。自古至今，文學本應為一開放、流動的自由選擇，從來沒有也不應有標準答案，各有其背後之合理原因，可供研究。

自楊牧編選《現代中國散文選》爾後，隨時代流變，文學家除了因循，更多追求競新創作，自必產生多元、不同的散文類型、風格。此一文學歷史經驗累積下來，有識者就此客觀事實提出新於前人的看法，這當中自必包含了文學歷史對其的影響，個人主觀審美喜好的偏頗，造成各種能見與不見。這本是文學發展的常態，亦為推動文學更變的動力。此種關係，《現代中國散文選》可為明證。

第二節 《現代散文選續編》對《現代中國散文選》典範建構的突破

1981 年，楊牧編選了《現代中國散文選》，其「現代散文」的定義，張瑞芬讚揚「可視為八〇年代臺灣對現代散文較成熟的概念」〔註56〕，影響深遠。1987 年，臺灣宣布解嚴，社會鉅變，散文創作在此歷史階段亦別有創新，大

〔註55〕顏崑陽：〈文學創作下在文體規範下的經緯結構歷程關係〉，《文與哲》第 22 期，2013 年 6 月，頁 590～591。

〔註56〕張瑞芬：〈「女性散文」研究對臺灣文學史的突破〉，《臺灣當代女性散文史論》，臺北：麥田，2007 年，頁 26。

異於「戰後時期散文」。有見及此，楊牧作爲持續筆耕、教學的人，活躍於文學社群，自然不滿足於一本《現代中國散文選》之編著：

> 《散文選》既出二十年後，我雖未能有恆、專注地追踪時代風潮，
> 常常還是感覺到晚近的臺灣散文正在蓬勃地成長，充滿了生氣，而
> 且無論就形態或內涵言，都陸續出現一些不可逆料的新意思，令人
> 欣然。然而，有時想到那本書所收的作品因爲受到時代的限制，僅
> 能略止於那個年份，而擴增重編似乎並不實際，遂也感到些微的悵
> 惘。〔註57〕

顏崑陽得知楊牧對散文編選的悵然、遺憾，提議合作編選《現代散文選續編》，以回應時空的推移迭代。《現代散文選續編》篇幅雖不及前作《現代中國散文選》共選 158 篇散文，「然而以二十年的歲月而臺灣有累積的散文可借我們縱橫選出時代精品都四十餘篇」〔註58〕，填補了《現代中國散文選》的時代限制，更進一步反映解嚴前後臺灣散文創作之更替。

> 這本選集出版到現在，已經二十年。期間，非僅後起名家輩出，作
> 品質量累增如入夜遞現之繁星。甚且，一九八〇年代以來，臺灣漸
> 從眠火山的狀態甦醒，不管外在的政治、經濟與社會文化現象，或
> 內在的認知、價值意識，都產生爆裂性的變化。相較於前幾個內裏
> 騷動而表面穩定的年代，一九八〇之後的臺灣，演變到現在，已幾
> 乎蛻化爲另一個異質的社會了。〔註59〕

按顏崑陽就《現代散文選續編》的社會背景論述，可見這段時期，不論是政治、經濟或社會文化，都出現鉅變，遠超以往幾個年代。臺灣相對昔日，蛻化爲另一個異質社會，文學自不能獨善其身，必然與社會有一動態歷程的互動關係。就此脈絡而論，《現代散文選續編》所呈現的時代意義，確有其獨特之處。

　　楊牧、顏崑陽合編《現代散文選續編》共計二十六位散文家入選，四十四篇選文，起於董橋，終於張惠菁，乃兩位編者反復商略，多次去取之後的決定。文學乃活的、不斷變化的概念，爲《現代中國散文選》昔日主張的散文觀念。

〔註57〕楊牧著，顏崑陽、楊牧合編：〈後記〉，《現代散文選續編》，臺北：洪範，2002
　　　　年，頁 366。
〔註58〕楊牧著，顏崑陽、楊牧合編：〈後記〉，《現代散文選續編》，頁 366。
〔註59〕顏崑陽著，顏崑陽、楊牧合編：〈前言〉，《現代散文選續編》，頁 2。

至《現代散文選續編》編選，顏崑陽在序中已明言：「文體丕變，已非舊有規模所能範概。楊牧二十年前所歸約的七類，如今也難以包括周延了。」〔註60〕顏崑陽之言，即是以文學創作流變而論，指出了《現代散文選續編》選文與前作之不同，可供探討其差異所在。

　　如果要分析《現代中國散文選》與《現代散文選續編》的差異，對照、觀察出其中的文學流變意義，那必須針對《現代散文選續編》作一詳盡的分析。本節所欲探問的是：首先，《現代散文選續編》的編選標準為何，有什麼文學理念？其次，《現代散文選續編》的選文可分作何種題材類型，各種題材的選文特色為何？最後，按以上兩個問題之回答，《現代散文選續編》如何突破《現代中國散文選》的文學體式建構？

一、《現代散文選續編》的選文標準及文學理念

　　顏崑陽在《現代散文選續編》序言中，先點出臺灣解嚴前後社會變化的外部因素，進而談及在諸多紛雜的新社會經驗現象，散文創作有許多前所未有，或固有但另翻新貌的題材。顏崑陽從宏觀文學現象論之，再談及《現代中國散文選》之後的臺灣現代散文演變，總結為三點：「去主流化與神聖化」〔註61〕、「專業知識介入散文的書寫」〔註62〕，及「競相追逐語言形象的『詭變』」〔註63〕。

　　第一，「去主流化與神聖化」，其實意指臺灣散文書寫趨於多向化與俗業化。五四新文學散文傳統，主流不離抒情、言志，如散文大家周作人上追晚明小品、魯迅獨愛魏晉散文。不論載道與否，作家的主體情志論，依然是「莊嚴」而「神聖」的。文學以真、善、美為理想的價值取向，和傳統「文士」階層息息相關。但在一九八○年代以後，臺灣社會高度工商化、資訊化，使文學創作、作品都納入產銷結構之中，寫作因而變成以市場取向生產的商品，視「利益」為價值中心，而非昔日主張理想價值、神聖莊嚴的書寫了。在諸多文類之中，散文因和大眾生活最為接近，尤受此種潮流影響。市場競爭之下，散文寫作著重訊息的敘述、描寫及傳播，出現了許多新奇、勁爆的題材，風格也因而多樣化。

〔註60〕顏崑陽著，顏崑陽、楊牧合編：〈前言〉，《現代散文選續編》，頁3。
〔註61〕顏崑陽著，顏崑陽、楊牧合編：〈前言〉，《現代散文選續編》，頁3。
〔註62〕顏崑陽著，顏崑陽、楊牧合編：〈前言〉，《現代散文選續編》，頁5。
〔註63〕顏崑陽著，顏崑陽、楊牧合編：〈前言〉，《現代散文選續編》，頁6。

　　第二，「專業知識介入散文的書寫」，指出了臺灣散文書寫除了「閒話」、「獨白」兩種話語方式，出現第三種「報導性」或「專論性」的體式。第三種體式著重知識的專業性，非「閒話」的一般見聞，以「知識」而非「情思」為重，作者多具自然科學或社會科學的專家知識訓練。這種臺灣散文書寫之變化，亦是在《現代中國散文選》之後才顯著可見，例如「自然書寫」、「報導文學」等，即為明證。

　　第三，「競相追逐語言形象的『詭變』」，則說明在臺灣社會鉅變，新的社會經驗現象，成為了散文創作的新題材，而這些題材又會要求有新的語言形式作表現。但更關鍵的是，散文家對固有文體規範刻意挑戰，以變體出新；加上文學獎的鼓勵，也是標新立異的助力。所謂詭變者，即是文類的混合、解構性的拼貼、意識流的獨白或文法、修辭的扭曲、怪奇。這些文學現象，前人或許已經曾經嘗試，但大量刻意挑戰、創作，卻為前所未見，是臺灣散文書寫在解嚴後的多元呈現。

　　顏崑陽在論及以上三點，回到一個文學審美的重要問題：散文的「藝術性」還重要嗎？「詭變」怎樣才算既新又好？以上兩者，正是《現代散文選續編》選文標準之關鍵。

> 一本選集的編定，其目的或在宣示編者的文學觀，或在呈顯編者的藝術品味，或在展現編者所建構具體微型的文學史，或者提供讀者的文學教養。選文與編次的行動本身，雖不值接論述，卻已隱涵著編者的文學觀念以及對作家、作品的詮釋與評價。〔註64〕

顏崑陽《現代散文選續編》序言中，有很強烈的編選自覺，企圖以散文選集的實際編選，呈現其理想的散文典範。他指出，與其長篇大論地回答「藝術性」或「詭變」的問題，不如以選集直接具體地展示他們的答案。

　　話雖如此，顏崑陽在序言中已經提出了他們的文學理念，可視作《現代散文選續編》選文標準的定向：

> 我們所構想的是，藉由這些作家作品具體而微地呈現近二十年臺灣現代散文的常體與變貌。反映文學變動的經驗事實與肯定文學理想的常道，二者兼顧是我們基本的編選理念。而不管消費、市場意識如何地支配著很多作者的寫作態度與動機，如何地使現代散文俗業化；莊嚴而自主的創作，仍然是我們所堅持的文學信念，也是我們

〔註64〕顏崑陽著，顏崑陽、楊牧合編：〈前言〉，《現代散文選續編》，頁9。

　　品鑒作家作品的主要尺度；文學不應該淪落為「文字手工業」，而被
　　當作經濟生產的工具。〔註65〕

楊牧、顏崑陽注重的是自《現代中國散文選》之後，二十年來臺灣現代散文
的「常體」與「變貌」。「常體」者，即主流散文的創作、風格，相對符合文學
社群與文學歷史的「文體規範」；「變貌」者，即刻意求新，挑戰傳統「文體規
範」之作。同時，他們站在文學家的理想價值出發，拒絕文學以商品利益為
核心的「文字手工業」，堅持莊嚴而自主的創作主體，為《現代中國散文選》
選入作家作品的主要標準。

二、《現代散文選續編》的實際選文呈現

　　理想價值的「應然」，往往與現實社會的「實然」有所落差。文學選本亦
然，編者序言中所論述的選文標準、文學理念，也未必能夠落實到實際編選
的呈現。因此，本節必須就《現代散文選續編》的實際選文，作一文本分析，
以題材分類，點出它們的特色所在。基於《現代中國散文選》所分七類之類
標準不一，而這七類又難以概括之後二十年的臺灣散文發展，故本節即以散
文題材作一分類，再點出其共相，以彰顯《現代散文選續編》共十一類的選
文特色。

　　第一類，以個人生活經驗為題材，作家主體情志出發，抒情夾以敘事，
是「獨白」或「閒話」的敘述形式。這一類包括董橋〈談園林〉、陳列〈無怨〉、
高大鵬〈清明上河圖〉、廖玉蕙〈當火車走過〉、〈吃葡萄〉、曾麗華〈第二場
雨〉、陳幸蕙〈岸〉、向陽〈歸航賦〉、楊照〈謎與禁忌〉、簡媜〈水問〉、鍾怡
雯〈芝麻開門〉、張惠菁〈先後〉，共十二篇，為《現代散文選續編》所收最多
之類別，實為臺灣現代散文之「常體」。例如，董橋〈讀園林〉一文即為閒話
之常體，旁徵博引，古今中外，從不同角度談論園林的美學。獨白的常體，可
以廖玉蕙〈當火車走過〉為代表，作者由自身成長經驗為基底，談及由童年
至成人對火車的印象，抒發對母親的深厚情感。其中，楊照〈謎與禁忌〉較為
特別，以個人成長經驗為題材，而其焦點「謎」、「禁忌」又涉及了臺灣的戒嚴
社會階段，側面反映臺灣高壓統治下的種種不可解的謎與禁忌。

　　第二類，以記述人物為題材，共收董橋〈暮鴉‧歸燕‧古樹〉、龔鵬程〈懶
妻〉、陳幸蕙〈相聚，是我們對天堂的全部了解──試擬一名新婚妻子的心情〉，

〔註65〕顏崑陽著，顏崑陽、楊牧合編：〈前言〉，《現代散文選續編》，頁 9～10。

三篇。如龔鵬程〈懶妻〉，帶有趣味性的口吻，書寫妻子的懶散；董橋〈暮鴉‧歸燕‧古樹〉，書寫老派文人面對香港九七政治變化的心態，含蓄而又不無諷刺，把這類型人物寫得唯肖唯妙。這三篇，是傳統記人散文的常體。

第三類，以地景、空間為題材，包括黃碧瑞〈西灣散章〉、〈逝日篇〉、林文義〈瑞平海邊〉、向陽〈在沉思的街道〉、龔鵬程〈後院〉、劉克襄〈八通關古道〉、楊照〈繡有蓮花的一方手帕〉、陳大為〈茶樓消瘦〉，共八篇散文，為《現代散文選續編》所收的第二大類。這一大類雖仍有散文的常體，像黃碧瑞〈西灣散章〉、〈逝日篇〉，以作家主體的生活經驗，書寫地景之變化，在空間所起的思辨，又或抒發土地愛戀之情。但這類別的散文有其變貌，像向陽〈在沉思的街道〉，即假想了有一條街道名字叫做「沉思」，實所描寫之街景，是資本主義物慾橫流的象徵，這條街道不斷增殖，入侵了臺灣各地。作者借虛構街道，批判現代文明的企圖，實是強而有力。又如劉克襄〈八通關古道〉篇幅宏大，以日本博物學者鹿野忠雄的經歷，輔以不同歷史典故，書寫八通關古道的過去，其人文、自然知識之密度和深厚，實乃前作選文所未見。

第四類，以城鄉為題材，共收阿盛〈廁所的故事〉、〈六月田水〉、莊裕安〈魔術師的藥包〉三篇。這類題材的共相，是關注臺灣本土社會，反映了鄉村、城市的發展。其中最為顯著者，為阿盛〈六月田水〉作代表，寫作者由農村成長，到都市工作，其間功利和純樸、奢侈與節儉的種種掙扎，大量兩地的描寫、對照，很能呈現城鄉之間的差異。莊裕安〈魔術師的藥包〉，則寫現代藥物進入鄉村，引起騷動而終至平淡的過程，不妨可視作都市文明影響鄉村的見證散文。

第五類，臺灣原住民族群為題材，有陳列〈同胞〉一篇。陳列寫自己和花蓮泰雅族族人的相交，了解到「山胞」不是教科書、傳說般的可怕，並進而思考現代文明對原住民的壓迫，讚揚他們有生之勇氣，並指出我們和他們並不是對立，而是彼此相像的「同胞」。

第六類，以佛學為題材，有蔣勳〈緣起〉、林文義〈煉獄〉兩篇。蔣勳〈緣起〉，寫自身在日本東大谷寺參加「萬燈會」的經歷，談「怨憎會」、「愛別離」，以敘事隱喻佛學哲理。林文義〈煉獄〉，則以佛學中「煉獄」的概念，書寫人世間各種苦難，以至人性的陰暗，如幻如真。

第七類，以物件為題材，包括蔣勳〈石頭〉、顏崑陽〈被拋棄的東西也有

他的意見〉、高大鵬〈春日屏〉、龍應台〈一株湖北的竹子〉,共四篇。寫物的常體,如蔣勳〈石頭〉,深入物性物理,思辨中西文化對石頭的不同美學,體物入神。而其變貌,則可以顏崑陽〈被拋棄的東西也有他的意見〉為例,此文以魔幻寫實的手法,極力描繪都市人的物慾,物件擬人的眾聲喧嘩,深刻反映了現代人面對現代物慾橫流的存在困境。

第八類,以自然生態、動物為題材,阿盛〈人鼠千秋誌〉、凌拂〈絡草經綸〉、劉克襄〈磯鷸〉、廖鴻基〈丁挽〉、王家祥〈秋日疏林〉,共五篇。阿盛〈人鼠千秋誌〉借老鼠諷刺人性醜惡,尚是早期以自然動物為題材之常體。及至凌拂〈絡草經綸〉、劉克襄〈磯鷸〉,則可見專業的自然知識書寫;廖鴻基〈丁挽〉的海洋書寫,實為創新之題材;王家祥〈秋日疏林〉,書寫自然生態,更具對工業文明之批判,已是散文創作之變貌。

第九類,以女性性別為題材,計有周芬伶〈汝身〉、簡媜〈母者〉兩篇。周芬伶〈汝身〉書寫女性身體、生命的動態歷程,描述了一種切膚的想像,也涉及了性別認同的議題。簡媜〈母者〉,書寫母愛之堅貞,寡婦面對社會之壓迫,如同戰士一樣奮鬥,讚歎「母者精神」,也心痛母者面對的種種痛苦。

第十類,以都市文明為題材,選入簡媜〈發燒夜〉、林燿德〈房間〉兩篇,反映臺灣都市人的生活。簡媜〈發燒夜〉詳盡地描繪了臺北不夜城的繁榮景象,如夜市買賣、飲食文化等;林燿德〈房間〉,寫下都市文明的寓言,房間是每個都市人的蛹,各有秘密,以文字折開房間的象徵意義。

第十一類,以神話為題材,有顏崑陽〈山鬼戀〉、林燿德〈魚夢〉兩篇。顏崑陽〈山鬼戀〉以《九歌》的女神為基底作敘事,借古代的專一,對比現代的濫情,書寫現代愛情追求的存在狀態;林燿德〈魚夢〉則以秦始皇夢海神的神話,書寫時間、歷史,由古文明至現代社會,關於生殖和死亡的慾望。

以上十一類題材,既有傳統散文的常體,也可見散文新創的變貌,各具時代特色,合乎顏崑陽序言的選文標準、文學理念。準此,即能討論《現代散文選續編》之於《現代中國散文選》的突破,及其文學意義所在。

三、《現代散文選續編》突破美文傳統的文學意義

楊牧、顏崑陽合編《現代散文選續編》,固有上承《現代中國散文選》主張莊嚴而自主的創作,呈現了散文的常體,但從選文標準、文學理念,到實

際選文的呈現，已與前作《現代中國散文選》多有分別。本節即聚焦於《現代散文選續編》和前作之差異，彰顯了其突破昔日臺灣美文傳統選文視域的文學意義。

> 一篇文學作品的評價，可以有三種不同層面的價值判準：一是文學史的；二是藝術的；三是社會的。第一種指的是一篇作品在文學發展歷程中，於題材、主題、形製、風格各方面，是否具有開拓、創造之功；第二種指的是一篇作品，其本身不管形式或內容是否具有藝術上的價值；第三種指的是一篇作品對於反映或改造時代社會是否具有影響效用。一篇散文假如能兼顧這三種價值，當然是最理想的作品了。然而，理想的作品並不多，能具其中一種價值，已值得肯定。〔註66〕

顏崑陽序言中，已提及了評價文學作品的三種層面。第一是文學史的，諸如蘇東坡在詞史上以豪放風格的創體，單就開創之功而言，已足以入史。第二是藝術的，即其獨特的文學之美，把該主題表達得淋漓盡致，如林燿德〈房間〉一文，成為都市文學的名篇。第三是社會的，文學作品在反映或改造社會提供了影響效用，諸如魯迅筆下的雜文，針砭時事，其影響力不容忽視。按顏崑陽的論述，散文評價判準亦是如此。

如果拿楊牧《現代中國散文選》中，不論胡適「說理」、魯迅「雜文」來看，顯而易見，顏崑陽之論，相對關注社會的影響效用，而並非全然單就文學之美來作評論標準。換言之，《現代散文選續編》在此一選文標準上，已經突破了《現代中國散文選》中排除「社會性」的偏頗，而將「社會性」放置與「藝術性」相對，或至少佔有一定比重的地位了。

審視《現代散文選續編》的選文類型，可見兩位編者確如〈前言〉、〈後記〉所強調，希望反映出《現代中國散文選》所未能選入，在臺灣解嚴前後所新變的散文創作。舉例而言，都市文明類型，顯然是由於臺灣社會經濟發達，臺北等地高度都市化，活在其中的散文家，自然對都市文明有不一樣的觀察。像林燿德即為其中代表，一反昔日高唱田園牧歌，批判都市文明，這類型的創作，回歸到都市的日常生活，較為客觀地反映都市文化的種種。女性性別為題材者，則受女性主義思潮之影響，反思女性在社會之地位，所受到的不公、壓迫，也非《現代中國散文選》所見。散文家又有以自然生態、

〔註66〕顏崑陽著，顏崑陽、楊牧合編：〈前言〉，《現代散文選續編》，頁8～9。

動物為題材，諸如凌拂、劉克襄、廖鴻基、王家祥者，已是「自然書寫」的名家，關愛自然環境，亦不乏對工業污染的批判，具有相當程度的社會影響效用。

除了因應時代轉變，新社會經驗現象所提供的新題材，許多已有的傳統題材，亦在書寫主題、風格上有明顯的變貌。像以地景、空間為題材的散文，自五四以來皆有之，楊牧即上追夏丏尊〈白馬湖之冬〉為記述之首。然則，諸如向陽〈在沉思的街道〉，借虛構地景批判現代文明的企圖；劉克襄〈八通關古道〉篇幅宏大，人文、自然知識之密度和深厚，皆和這種傳統題材之書寫頗有差異。又像以物件為題材者，顏崑陽〈被拋棄的東西也有他的意見〉，不論創作手法、主題，也遠非前人所有。

散文家因應時代轉變，把過去已有但不被重視的題材，如原住民題材，寫成優美的散文。陳列〈同胞〉一文，寫個己和原住民交住的經歷，正視原住民文化的價值，指出不應以他們的身分有差異待遇，因為原住民和其他人一樣，都是相像的同胞。這種尊重、平視原住民的觀念，亦對社會有一定程度的影響效用。又如阿盛書寫城鄉題材，《現代散文選續編》作者小傳提及「不論鄉村與都市的種種現象，皆可牢籠於筆端」，又指「近期則傾向對於現實社會冷峻的批判」〔註67〕，這種書寫特色亦可見於收入的兩篇散文。

縱觀《現代散文選續編》的作者小傳，除了如前作《現代中國散文選》列有基本資料，最重要的是，編者歸納了作者的不同風格，頗能見其選人之考量，其中提及社會「批判」、「關懷」等字眼者，實不為少數。諸如陳列「除描寫個人切身生活經驗外，更關懷自然生態、弱勢族群及其他社會、文化問題」〔註68〕；顏崑陽「轉向對現實社會文化的感思與批判」〔註69〕；高大鵬「關懷外在的歷史文化及時代社會」〔註70〕；龍應台「她不刻意於純藝術性散文的創作，卻在社會、文化關懷、批判的書寫中，貫注獨見與情采，而自具散文的藝術性」〔註71〕；陳幸蕙「轉向對文化、社會，尤其女性與青少年問題的省思」〔註72〕；林文義「近期轉而關懷臺灣本土的歷史文化、現實社會，展現深廣的

〔註67〕楊牧、顏崑陽合編：《現代散文選續編》，頁117。
〔註68〕楊牧、顏崑陽合編：《現代散文選續編》，頁33。
〔註69〕楊牧、顏崑陽合編：《現代散文選續編》，頁67。
〔註70〕楊牧、顏崑陽合編：《現代散文選續編》，頁85。
〔註71〕楊牧、顏崑陽合編：《現代散文選續編》，頁148。
〔註72〕楊牧、顏崑陽合編：《現代散文選續編》，頁161。

寫作幅度，甚具批判性」〔註73〕；向陽「更充分展現知識分子對社會、文化的關懷與批判」〔註74〕；龔鵬程「其後則充分展現知理之批判，而多出以議論之體」〔註75〕；劉克襄「熱愛自然，關懷生態」，「散文多屬報導性質，自然曉暢，兼具感性與知性」〔註76〕；簡媜「她所關懷的層面，從鄉村到都市，從兒童到女性，從心理經驗到現實生活」〔註77〕；楊照「他以知識分子關懷當代文化、社會自期」，「自我生命經驗的反思與時代性的探索，是楊照散文不能斷開的兩個面向。個人抒情、敘事與文化社會批判也就成爲融整而難以分割的內容成素了」〔註78〕。

這種作者小傳的風格歸納，恰恰與楊牧《現代中國散文選》割捨「社會性」的，美文傳統書寫的散文體式相反。《現代散文選續編》不把「藝術性」、「社會性」二元對立，而是把其視爲可以融整的兩個向度，視乎文學家的文心怎樣書寫呈現，具「社會性」向度的散文，一樣可以充分具有「藝術性」之美。在《現代散文選續編》的選人、選文視域之中，「社會性」從來不是扣分、負面的評價標準，不單要論之，更要重視這種價值，從而成爲重要的文學價值判準。

綜上而言，楊牧、顏崑陽合編的《現代散文選續編》，在選人、選文方面，皆有突破前作，楊牧編《現代中國散文選》所建構的重「藝術性」而非「社會性」的散文體式。《現代散文選續編》視「社會性」爲評價散文創作的重要判準之一，就正視臺灣散文的多面，以及觀照散文隨時代的變貌而言，具有正面的文學意義。

四、小結

楊牧編《現代中國散文選》於一九八〇年代初出版，選文五十四家，一五八篇。其選文起於周作人，終於童大龍，反映從大陸新文學運動時期開始，跨海以至臺灣一九八〇年代初爲止之現代散文流變，未有涉及解嚴後臺灣散文的鉅變。楊牧、顏崑陽合編《現代散文選續編》，選文二十六家，四十四篇，由董橋始，張惠菁結，篇幅雖小於前者，但頗能具體而微地呈現 1981 年至

〔註73〕楊牧、顏崑陽合編：《現代散文選續編》，頁 178。
〔註74〕楊牧、顏崑陽合編：《現代散文選續編》，頁 193。
〔註75〕楊牧、顏崑陽合編：《現代散文選續編》，頁 215。
〔註76〕楊牧、顏崑陽合編：《現代散文選續編》，頁 228。
〔註77〕楊牧、顏崑陽合編：《現代散文選續編》，頁 265。
〔註78〕楊牧、顏崑陽合編：《現代散文選續編》，頁 311。

2002 年臺灣現代散文的常體與變貌，並在〈前言〉提出「莊嚴而自主的創作，仍然是我們所堅持的文學理念，也是我們品鑒作家作品的主要尺度」〔註 79〕的文學批評觀念。

> 然而，認識它之為一種文類，同時也就使我們覺悟到，原來散文和
> 其餘文類如詩，戲劇，和小說一樣，是不能自我躓阻於新的探索和
> 新發現的；在一持續的遞嬗過程中，能突破舊的法相以求變化，無
> 寧是任何文類必須的考驗，所以它允許或甚至鼓勵我們在那場域範
> 圍裏大膽地實驗，謹慎調整。為了不遏止它藝術生命的發展，為了
> 在那與生俱來的有機自然而非駢儷的氣勢裏成長，散文之散正是它
> 常新乃至於不死的動力。反之，則文學史裏或類次要文體之所以在
> 時間之大江裏先後淘盡，原因自明。〔註 80〕

楊牧、顏崑陽合編《現代散文選續編》，具有高度的文體自覺。楊牧作為文學批評者在〈後記〉中的省思，尤為令人動容。楊牧由編《現代中國散文選》至二十年後，再度參與編選《現代散文選續編》，其對散文體式的看法，亦與過去不同。楊牧沒有堅守過去的己見，坦承時代之流變，散文的創新，並對此文學現象加以鼓勵。這種鼓勵，未嘗不可視《現代散文選續編》之選文，為正面推動散文體式的多樣化。

　　《現代散文選續編》以選本回應了時代，也回答了「藝術性」、「社會性」，散文常體與變貌的問題。《現代散文選續編》上承《現代中國散文選》，而又突破其所建構的美文體式，重視散文的「社會性」，呈現了散文多種體式，就這層散文批評脈絡來看，《現代散文選續編》借選人、選文展示的文學批評觀念，極具意義。

第三節　從以上比較觀察解嚴後臺灣現代散文的變貌

　　由楊牧在 1981 年編《現代中國散文選》，以綜論現代散文的品類與源流，可謂八〇年代臺灣散文觀念的一個重要里程碑。及至 2002 年，楊牧、顏崑陽合編《現代散文選續編》，以選集編選的延續，回應解嚴前後臺灣散文之變貌，

〔註 79〕顏崑陽著，顏崑陽、楊牧合編：〈前言〉，《現代散文選續編》，頁 9。
〔註 80〕楊牧著，顏崑陽、楊牧合編：〈後記〉，《現代散文選續編》，頁 365～366。

突破前作的散文體式，其選人、選文，皆呈現解嚴後臺灣現代散文的多元面向。本節即借此比對之突破，以小觀大的視角，縱論解嚴後臺灣現代散文的重要變貌。楊牧在〈後記〉中談及：

> 客觀的因素決定了此《續篇》的篇幅大抵只能如此，然而以二十年的歲月而臺灣累積的散文可借我們縱橫選出時代精品都四十餘篇，我個人不得不感到份外高興。這裏的文章大半以上都是臺灣戒嚴令解除之產生的，其中或許帶有某種可供「文化研究」探索的訊息。同時，認真的讀者可能會看到若干健筆都繞著自然與環保的主題在追究，其敘述和議論、對土地，對我們的土地之擁抱，投入，實令人動容，則二十世紀的末葉既然容許我們如此誠實地進出思維，表現，這當中必然就有許多共同經驗是非常值得我們珍惜的。〔註81〕

楊牧《現代散文選續編》〈後記〉中指出，所選入的四十八篇文章，大半都是在臺灣解嚴之後創作的散文。散文本是和時代關係最能切身反映的文類，這些選文自然多少能成為「文化研究」的材料，探究時代脈動。楊牧特別點出自然與環保的主題，可見於選集收入凌拂、劉克襄、廖鴻基，和王家祥的作品，正和「自然書寫」在臺灣解嚴後大行其道的背景相契合。

　　就臺灣解嚴後，社會對自然、生態及環保等議題關注意識提高，正如吳明益所言：「臺灣社會縱使還稱不上邁入凡事均能考量到生態的運作型態，法制的腳步也尚遠遠落後，但客觀地來說，生態議題已不再被貼上『前衛』、『驚世駭俗』等標籤，而成為可以冷靜對待的對象，甚至是一種普遍『隱在』民眾心理的新價值。」〔註82〕自然書寫興起，和社會因工業文明造成土地種種污染，大眾對生態議題的接受程度提高息息相關。文學之社會效用，恰在此類散文可見，鍾怡雯即曾形容：「自然寫作一方面體現／落實了作者的保育意識，同時也驅動／教育了廣大讀者的保育行為，在散文領域當中算是最具社教功能的一支。」〔註83〕就臺灣解嚴後自然書寫創作、論述之興盛，不少作品都進入了主流視域，形成典範之作，實為此一階段的重要特色。

〔註81〕楊牧著，顏崑陽、楊牧合編：〈後記〉，《現代散文選續編》，頁366～367。
〔註82〕吳明益著，國立臺灣師範國文系主編：〈「宰制」與「實現」的範型交替？——試以生態觀點刺探臺灣出版文化中的消費現象〉，《解嚴以來臺灣文學國際學術研討論論文集》，臺北：萬卷樓，2000年，頁75。
〔註83〕鍾怡雯：〈台灣現代散文史縱論（1949～2015）〉，《后土繪測：當代散文論Ⅱ》，臺北：聯經，2016年，頁144。

　　張堂錡在《現代散文概論》論及臺灣解嚴前後，散文家對現代散文題材的深度開發，列出了七類的新題材，分別爲環保散文、山林散文、都市散文、旅遊散文、運動散文、女性散文、佛理散文和族群散文。其中，他如此論述都市散文的出現：

> 都市散文的興起，是八〇年代以後的事，有意識創作的人並不多。鄭明娳認爲它是「知性散文中一支突起的異軍」。這裡所謂的「都市」，並不是指具體的城市，而是一種現代社會情境的象徵。它關心人類整體的處境，作者的思考方式不再侷限於以抒情爲主流的敘述模式，而是以知性的角度觀察人生的感官世界，發掘其背後的潛在意義。有意識地以此題材創作者，可以林燿德與簡媜二人爲代表。〔註84〕

張堂錡列舉的兩位典範性作家，簡媜和林燿德。這兩位典範性作家，恰恰也是《現代散文選續編》收入都市文明題材類別的兩位散文家。隨著臺灣都市文明普遍化，很多出身在都市的散文家，自然會書寫出過去所沒有的，以都市文明爲題材的作品，成爲歷年散文創作新的常態。另一方面，都市發達而漸趨普遍化，也因而出現了愈益強烈的城鄉差異，像《現代散文選續編》收入阿盛兩篇散文，皆著力書寫這種境況，實爲明證。

　　此外，張堂錡亦提及一九八〇年代散文變貌，「佛理散文」是大受歡迎。以林清玄爲首生活化的佛法散文，其菩提系列佔據了各大書店的排行榜，成爲一時風尚。〔註85〕雖《現代散文選續編》所選的佛學散文，所選入蔣勳〈緣起〉、林文義〈煉獄〉兩篇，相對生活化的佛法散文，其選文標準更爲重視作者的思辨，深刻的感悟，以及文字技巧的成熟，但亦可見反映了解嚴後散文變貌的一端。

　　實際上，很難有一本選本能夠全面反映時代脈動、變化，《現代散文選續編》亦然。像陳室如曾論及旅行書寫的興起：

> 從文學史的發展脈絡來看，八〇年代之前的旅行書寫作品，在政策因素及現實環境的限制之下，大多數作品都被歸屬爲娛樂性質的休閒文本，雖然其中也反映出當時台灣旅人的國際觀與世界觀，

〔註84〕張堂錡：〈現代散文的新趨向〉，《現代散文概論》，臺北：五南，2020年，頁128～129。

〔註85〕張堂錡：〈現代散文的新趨向〉，《現代散文概論》，臺北：五南，2020年，頁133～134。

卻未能獲得一定的重視，直到九〇年代因旅行風氣的提升，質量
與數量均呈現迅速成長，多元創新的風格表現，也才獲得讀者與
評論者的重視，此種特殊的文學現象，正反映出文學與社會脈動
的息息相關。〔註86〕

就解嚴後臺灣散文的變貌，則旅行書寫在臺灣人均收入上昇，民眾有更多的
經濟、文化資本，出國旅遊的可行性和意願皆提高，這類型的散文書寫也蔚
然成風。陳室如的研究指出，在旅行經驗普遍化，加上旅行文學獎的鼓勵，
一九八〇年代的旅行書寫大量出現，展現了和過去不同的變貌，「重視旅行者
自我主體的建構，從而與異地、異文化對話交流」〔註87〕。又如飲食文學的變
貌，也不見此一選本之中，這是選集篇幅必然的限制。

臺灣解嚴後的散文變貌，多有解放昔日題材、對抗價值單一的企圖。朱
雙一曾論臺灣解嚴的文學影響，指出相對以往主流「中心」價值，作家對「邊
緣」的關注、提倡：

「解嚴」帶來臺灣文壇的一個明顯趨向，即「邊緣」的崛起。它是八
〇年代以來臺灣社會和文壇多樣化趨向的延續和強化。在不少臺灣年
輕作者心目中，邊緣的、地下的、民間的、異端的、非主流的事物，
才是充滿生機和力量，具有光明前途的，才能衝破各種固有的桎梏，
解構固有的中心「霸權」，產生革命性、創造性的成果。為此，他們
常以「邊緣」自居，據此展開對「中心」的進逼和顛覆。〔註88〕

所謂「邊緣」者，即是位於社會的邊緣族群，諸如原住民、性別等，以「邊緣
戰鬥」的姿態，企圖質疑、瓦解、對抗「中心」。其中，女性性別的書寫，在
解嚴後臺灣散文有相當大的成就，誠如石曉楓說：「這一波沛然莫之能禦的浪
濤，當代的女性散文創作者業已展開自我發聲，她們不願被定義在父權社會
中對女性的形象塑造上，更自覺到此種觀點『內化』於女性思考中的潛在危

〔註86〕陳室如著，郭懿雯編：〈世紀末的疆域越界——台灣九〇年代旅行散文現象
論〉，《時代與世代：臺灣現代散文學術研討會論文集》，臺北：東吳大學中文
系，2003年，頁263。

〔註87〕陳室如著，郭懿雯編：〈世紀末的疆域越界——台灣九〇年代旅行散文現象
論〉，《時代與世代：臺灣現代散文學術研討會論文集》，臺北：東吳大學中文
系，2003年，頁236。

〔註88〕朱雙一著，國立臺灣師範國文系主編：〈解嚴以來臺灣文學思潮發展的若干觀
察〉，《解嚴以來臺灣文學國際學術研討論論文集》，臺北：萬卷樓，2000年，
頁106。

機。她們深刻理解到：女性也可以是主體，可以重新定義其做為妻子、母親或單身的種種角色。」〔註89〕

　　陳芳明對臺灣「去中心化」的文學發展，有深刻的描述：

> 因此，戒嚴體制在一九八七年解除之後，存在於社會內部的偏頗權力結構才逐漸暴露出來。原是屬於歷史失憶症範疇之內的女性、同志、眷村、原住民的種種議題，都在追求記憶重建之際得到了關切。女性、同志、眷村、原住民等等社群都不約而同注意到認同、身分與主體性的問題。要求權力的再分配，要求價值的多元化，一時蔚為解嚴後的普遍風氣。這種解嚴後的思維方式既是去中心的，更是去殖民的（declonization）。〔註90〕

就此，陳芳明即順著學界主流以「後現代」去中心化，歸納臺灣解嚴後的文學作品，進一步提出「後殖民」的概念，認為按照臺灣社會發展的脈絡，「邊緣」題材受作家青睞，大量創作，這不單是去中心化，更是去殖民化。但問題是，這樣以西方文學概念的歸納，能否真的符合臺灣解嚴後散文創作的發展？

　　吳孟昌〈後現代之外：九○年代台灣散文現象析論〉一文，即質疑了臺灣散文發展能否視作「後現代」、「後殖民」的說法，並提出「後解嚴」的詮釋視域，直接以相應於本土的政治、社會變遷的立場觀察、分析臺灣九○年代散文發展之現象。他指出，臺灣自五○至七○年代美文傳統書寫成為主流，及至八○年代始開啟新局，散文家與社會對話。而在解嚴後民主化、本土化呼聲持續高漲的九○年代，散文創作有三點變貌：第一是「類型化的深耕」，即如原住民書寫、自然書寫、女性書寫等散文類型，質量更見豐富，且愈見與社會之對話〔註91〕；第二是「散文邊界的模糊化」，散文的出位，如向小說的虛構靠攏，抒情美文的單一框架也無形被消除了〔註92〕；第三是「文藝腔的消褪」，反映了散文家面對解嚴後的臺灣社會，由「小我」走入「人間」，戒嚴社

〔註89〕石曉楓著，國立臺灣師範國文系主編：〈解嚴臺灣女性作家散文中的性別書寫〉，《解嚴以來臺灣文學國際學術研討論論文集》，臺北：萬卷樓，2000年，頁478。

〔註90〕陳芳明著、周英雄、劉紀蕙編：〈後現代或後殖民〉，《書寫台灣：文學史、後殖民與後現代》，臺北：麥田，2000年，頁57。

〔註91〕吳孟昌：〈後現代之外：九○年代台灣散文現象析論〉，《東海中文學報》，第27期，2014年，頁195～200。

〔註92〕吳孟昌：〈後現代之外：九○年代台灣散文現象析論〉，《東海中文學報》，第27期，2014年，頁200～206。

會曾被壓抑、邊緣化的聲音得以在多元時代中釋放，不論文學、政治，昔日的「一言堂」已告終結〔註93〕。

其實不論是「後現代」的解構、「後殖民」的去殖，又或「後解嚴」的社會脈絡，都或間接，或直接指出了一點，即臺灣戒嚴時期所建立的散文體式，美文傳統書寫的主流典範，在解嚴之後，其文體規範的效力已然大幅降低。在解嚴後的臺灣背景，許多與社會相關的「邊緣」題材得到重視，又或昔日傳統的主題書寫翻新，成就美文之外的其他面向，種種現代散文創作的變貌，都彰顯了解嚴後散文書寫的多元典範。《現代散文選續編》收入女性性別、原住民族群的散文，也正是這種思潮、脈絡的文學見證了。

一如彭小妍縱論臺灣解嚴後的文學發展，指出臺灣文學出現「重構歷史」、「建立臺灣文學典律」的現象：

> 一九八七年的政治解嚴，打開了臺灣文學中重構歷史的閘門，數十年來醞釀的本土化潮流至此宣洩而出，沛然莫之能禦。比較解嚴前臺灣文學和歷史的禁忌，十年以來建立臺灣文學典律已經成為學界和民間的共識，這當然和整個臺灣社會與日俱增的歷史意識息息相關。除了臺灣文學史的寫作以外，作家全集的編選也方興未艾。此外，和過去只容許單一詮釋版本的官方歷史相對，坊間傳記、自傳、口述歷史等次文類如雨後春筍般紛紛出現，企圖以個人小我的經驗見證臺灣殖民史。〔註94〕

其實，除了彭小妍提及的臺灣文學史寫作、作家全集的編選，各類文學選集之編選，在建構典範性作家、作品佔有關鍵地位。放諸於臺灣散文的批評，選集尤其重要，一方面是反映了批評家視域中典範的可能，另一方面也在某程度上填補散文討論之欠缺。戒嚴時期只容許單一詮釋版本的官方歷史，又豈不是如同臺灣美文書寫傳統的主流典範？臺灣解嚴之後，「坊間傳記、自傳、口述歷史」等散文書寫，其實也意味了這種政治、文學上的單一，受到挑戰、解構，甚或逆反。

總括而言，臺灣解嚴之後的散文創作邁向多元，如過去戒嚴時期出版《現

〔註93〕吳孟昌：〈後現代之外：九〇年代台灣散文現象析論〉，《東海中文學報》，第27期，2014年，頁206～212。

〔註94〕彭小妍著，國立臺灣師範國文系主編：〈解嚴與文學中的歷史重建〉，《解嚴以來臺灣文學國際學術研討論論文集》，臺北：萬卷樓，2000年，頁1。

代中國散文選》，與解嚴後編選的《現代散文選續編》，其所呈現的文學批評觀念、實際選文特色，都大有差異。就臺灣美文傳統書寫典範的逆反及解構，解嚴後的社會背景、文學思潮，實有至關重要的影響。也在這樣的時空條件、因素之下，不同編者以散文選本的編選，作一實際散文批評觀念之宣示，臺灣美文傳統書寫的主流評價判準，已不能限制散文多元體式的出現，走進散文選本編選者的法眼之內了。

第四章 《二十世紀台灣文學金典》（散文卷）與九歌年度散文選的對話

第一節 《二十世紀台灣文學金典》（散文卷）對「美文傳統」之逆反

　　臺灣解嚴之後，向陽主編的「二十世紀台灣文學金典」系列選集，可謂篇幅雄偉，現代散文、小說皆作編選出版。2006 年 1 月，出版《二十世紀台灣文學金典》（小說卷）〔註1〕，分日治時期、戰後時期，前單作一本，後共計三本；2006 年 5 月，出版《二十世紀台灣文學金典》（散文卷），選文年代由日治到戰後，由賴和到吳明益，選七十五家，一百一十五篇選文。向陽自言：「這兩卷，連同我另編的《台灣現代文選新詩卷》（台北：三民，二〇〇五），合為三峽，都以二十世紀台灣新文學的發展與導覽為編輯主旨，都以近百年作家作品為對象，都希望凸顯台灣新文學的繁複根源，以及作家風格的多樣表現。」〔註2〕向陽對現代文學三大主流文類皆有了解，並自覺地以編選選集的實際操作，呈現獨特的文學批評觀念，值得更進一步的探討。

〔註 1〕向陽編：《二十世紀台灣文學金典》（小說卷）日治時期、《二十世紀台灣文學金典》（小說卷）戰後時期第一至三部，臺北：聯合文學，2006 年。
〔註 2〕向陽編著：〈艱難而愉悅的旅行──關於《二十世紀台灣文學金典》（散文卷）〉，《二十世紀台灣文學金典》（散文卷），臺北：聯合文學，2006 年，頁 22。

　　向陽，本名林淇瀁，一九五五年生，曾任《自立晚報》副刊主編、《自立報系》總編輯、總主筆、副社長。他亦多次獲得文學獎，著有學術論著、詩集、散文集等多種，現任國立台北教育大學台灣文化研究所教授、吳三連台灣史料基金會秘書長。向陽長期關注臺灣文壇發展，多有評論，早在八〇年代，他指出臺灣文學因應社會之變化：

> 特別是在八〇年代末期，強人政治逝去，台灣當局不得不回應台灣人民組黨、參政之強烈要求，逐一宣布解嚴、開放黨禁、報禁、開放大陸探親、召開國是會議之際，整個台灣的政治空間一夕之內大為擴展，台灣文學在內部環境的改變下，也有了更見蓬勃的發展。其中，相應於台灣本土語言政策的檢省、挑戰，萌生於日治時期的台灣話文運動（一九二二～一九三七），卻先後受挫於日治與戰後兩次「國語運動」而致中斷四十年的台語文學重新崛起，並蔚然而為八〇年代末期台灣文學的一大特色；相應於政治局勢的改變，台灣作家也透過詩和小說開拓出了政治文學的寬廣領域，突破了台灣文學自日治時代以來暗啞於政治陰影下的孤兒形象；相應於政治、社會與文化參與的洶湧浪潮，部分台灣作家也開始走出書房、投身於政治、社會、文化運動之中，重新延續了四十年前日治時代前輩作家爭取台灣人發言權的未竟事業。〔註3〕

向陽就臺灣政治解嚴之後，點出八〇年代末期臺灣文學的三大特色，臺語文學之興起、政治文學重見天日，以及部分作家投身政治、社會、文化運動。在向陽的論述，這三大特色顯然是上追臺灣日治前歷史的階段，重新連結解嚴後臺灣文學在本土、社會參與等面向的源流，這種文學觀念可謂富有臺灣本土意識。

　　其後，2001 年向陽出版學術論著《書寫與拼圖：臺灣文學傳播現場研究》論及：

> 俱往矣！回看戰後國民黨政府文藝政策的遞嬗，以及七〇年代「鄉土文學論戰」地圖，對照今日台灣，「台灣文學」已然確立，政治力對文學傳播的宰制已然式微，文化霸權在台灣論述抬高趨勢中也轉移到「台灣立場」土地取向的「人民論述」場域。由此可見，在社

〔註 3〕向陽：〈可被撕扯可被搖撼，不可自我迷走──台灣作家應以創作台灣為榮〉，《喧嘩、吟哦與嘆息》，臺北：駱駝，1996 年，頁 5～6。

　　會、政治、經濟及文化變遷過程中，意識型態顯然不是固定的觀念
　　或價值體系，而是論述在傳播過程中再生產的結果。〔註4〕

向陽論及戰後臺灣文學傳播與意識型態之關係，由國民黨遷臺推出的文藝政
策，至「鄉土文學論戰」，皆和政治對文學傳播的控制息息相關。回首過去，
他認為如今政治對文學傳播的宰制已然式微，並指出「台灣論述的文學傳播，
同樣將在此一不斷『重寫』的過程中，以互動的對話來明確化台灣文學的自
主性與獨立性」〔註5〕，而這種互動的對話關係，依靠的是副刊、文學雜誌、選
集等媒介。

　　這種傳播的互動對話關係，未嘗不可用來看待向陽主編《二十世紀台灣
文學金典》（散文卷）三部，揭示其於「文學歷史」及「文學社群」的意義所
在。準此，本節即針對向陽主編《二十世紀台灣文學金典》（散文卷）三部為
主要研究對象，並將其置於臺灣散文之美文傳統書寫的主流脈絡觀之，深入
分析此一選集的選文標準、文學理念，點出向陽對美文傳統書寫的不滿、逆
反。按照這種逆反的探討，進一步將選集中有別於美文傳統的作品，分作四
類作文本細讀，彰顯出《二十世紀台灣文學金典》（散文卷）選文的與眾不同。
最後，按以上的研究成果，所欲解決的是其對臺灣美文傳統書寫典範有何意
義之問題。

一、《二十世紀台灣文學金典》（散文卷）的選文標準及文學理念

　　向陽編選《二十世紀台灣文學金典》（散文卷）三部，反映臺灣由一九二
○年代至二十世紀終末期間，現代散文創作的總體成績：

　　本選集以二十世紀台灣新文學經典作家為編選對象，選錄自一九二
　　○年代台灣新文學運動發軔以來，截止二十世紀終了期間，具有代
　　表性的經典作品，全面而多樣地展示台灣各階段、各年代重要作家
　　的書寫成績；並以嚴選精編的選文，具體而微地表現二十世紀台灣
　　文學的總體成就，以及近百年台灣文學中顯映的台灣意識。〔註6〕

〔註4〕向陽：〈打開意識型態地圖——戰後台灣文學傳播的媒介運作〉，《書寫與拼圖：
　　　　臺灣文學傳播現場研究》，臺北：麥田，2001年，頁176。
〔註5〕向陽：〈打開意識型態地圖——戰後台灣文學傳播的媒介運作〉，《書寫與拼圖：
　　　　臺灣文學傳播現場研究》，臺北：麥田，2001年，頁177。
〔註6〕向陽編著：〈艱難而愉悅的旅行——關於《二十世紀台灣文學金典》（散文卷）〉，
　　　　《二十世紀台灣文學金典》（散文卷），頁3。

從《二十世紀台灣文學金典》（散文卷）的「編輯凡例」第一條，可見這部
選集有明確建構散文史的企圖。第一，時間橫跨臺灣現代文學發始至今，拉
出了散文流變史；第二，意欲選出具代表性的經典之作，全面地呈現重要散
文家的創作成績，立臺灣散文書寫之典範；第三，強調「近百年台灣文學中
顯映的台灣意象」，顯見向陽史觀的本土、「臺灣意識」，實為選文重要的標
準之一。

　　向陽在《二十世紀台灣文學金典》（散文卷）的導言，由羅蘭‧巴特（Roland
Barthes）談起，說明巴特不止是哲學家，更是出色的散文家，創作作品如《戀
人絮語》、《神話學》、《明室》等，將哲學思辨和文學書寫揉於一體，其獨白式
的隨筆，超乎傳統西方文壇對於文類、體裁界定的界線。以此為基礎，向陽
引申：

> 巴特所謂的「片段的寫作」，在西方文學中或許不成其為「文類」，
> 像詩和小說這樣明確地有著界線，這是介於詩和小說之間、介於論
> 述和說話之間的文體，通過敘述、回憶、日記、手記乃至論述等形
> 式，針對內心或外在世界來進行感性或知性的書寫，在巴特來看，
> 用他的說話，乃是一種「既期待別人接受我，又不希望別人接受我」
> 的「令人愉悅的苦行」。設想巴特如果活在古代中國，他應該不會生
> 這樣的感慨，孔孟老莊這些通過片段敘事書寫，論述哲學思想的思
> 想家／文學家應該能讓他載欣載奔、如魚入水才是。〔註7〕

在向陽眼中，巴特那種超越西方文類界定的隨筆體，他自言「片段的寫作」，
其實恰和中國古典散文，諸如孔子《論語》、孟子《孟子》、老子《老子》以及
莊子《道德經》，頗有呼應、相似之處。向陽引述劉大杰的講法，中國古典散
文分作「歷史散文」和「哲學散文」，他按此即言：「按照此一觀點，巴特的
『片段的寫作』列入『哲學散文』殆無疑義。」〔註8〕

　　向陽更進一步，舉出中國清朝桐城派姚鼐《古文辭類纂》，把古代中國
散文分作論辨、序跋、奏議、書說、贈序、詔令、傳狀、碑志、雜記、箴銘、
頌贊、辭賦、哀祭十三種。其中許多實用性文體，在巴特以超脫政治、商業

〔註7〕向陽編著：〈艱難而愉悅的旅行——關於《二十世紀台灣文學金典》（散文卷）〉，
　　　《二十世紀台灣文學金典》（散文卷），頁11。
〔註8〕向陽編著：〈艱難而愉悅的旅行——關於《二十世紀台灣文學金典》（散文卷）〉，
　　　《二十世紀台灣文學金典》（散文卷），頁12。

實用的文學觀念來看，都不是可接受的文學書寫。就此，向陽提出了文體論的疑問：

> 換句話說，「散文」這個文類，雖然在古代中國具有綿延傳統，且已根深柢固，具有正當性；但它的概括和定義，卻相對寬鬆、粗疏，而且偏離現代文學書寫的可接受性。這使我們不能不思考以下的幾個議題：要如何給予現代散文一個合宜的定義？現代散文做為一種文類，它的書寫範域要如何界定才算鬆緊適中？此外，現代散文有無可能或有無必要承載類似哲學、思想、乃至知識論述這樣沉重的負擔而仍然舉重若輕（一如古代中國莊子，當代歐洲的巴特那樣橫跨兩界而能昂首獨步）？〔註9〕

現代散文之合宜定義，以及現代散文的書寫範域界定，都是屬於「體製」層次的問題；至於現代散文是否可能，又或有無必要承擔哲學、思想以及知識論述，而又能舉重若輕，這則為「體式」的範疇了。向陽提出以上有關散文文體論的問題，旨在論述他獨特的文學批評觀念。

故此，向陽引用鄭明娳、羅青、曾昭旭、楊牧以及余光中五家對散文的定義、分類後，提出他的不滿，認為「無論定義如何、分類如何，這五家的散文分類見解，除了楊牧在小品、抒情、雜文之外，仍能看到記述、寓言、議論、說理等散文文類的存在，大體上都以『小品文』或『文學性散文』現代散文的基本界定範域」〔註10〕。其實，楊牧即使有分出雜文、說理，卻是捨之不論，以為其沒有文學性，依然屬於向陽所欲批判的其中之一。向陽批判的臺灣現代散文面向，是臺灣狹義美文傳統書寫的詮釋視域：

> 以感性書寫為中心的散文標準，一方面反映了當代台灣散文理論的有待建立，一方面也呈現了台灣散文書寫的主流路線：散文必須是「文學的」、「抒情的」、「小品的」、「美感的」、「個人的」；相對的，「非文學的」、「主知的」、「敘事的」、「理性的」、「集體的」書寫，就被排除於散文之外了。〔註11〕

〔註 9〕向陽編著：〈艱難而愉悅的旅行——關於《二十世紀台灣文學金典》（散文卷）〉，《二十世紀台灣文學金典》（散文卷），頁12。

〔註10〕向陽編著：〈艱難而愉悅的旅行——關於《二十世紀台灣文學金典》（散文卷）〉，《二十世紀台灣文學金典》（散文卷），頁14。

〔註11〕向陽編著：〈艱難而愉悅的旅行——關於《二十世紀台灣文學金典》（散文卷）〉，《二十世紀台灣文學金典》（散文卷），頁14。

向陽批判戰後臺灣相關散文選集的編訂，不論文學大系、散文選、年度選，幾乎都以感性作選文標準，以小品文為主要類型。他認為，這源於欠缺成熟的臺灣散文理論，反映了臺灣書寫的主流創作、視域，即以狹義美文傳統書寫為主流，高舉個人抒情、而把公共知性的題材、內容排除於散文之外，形成一個「文學的牢籠」。

在此，必須討論什麼是「狹義美文傳統書寫」？從向陽對美文之批判，並非批判「藝術性」，而是涉及了臺灣美文傳統對「美」狹義的界定，以「個人式的感性抒情」為散文一元論的「美」。其實，若從文體論的觀點分析，不同的文體自有其相對應的審美標準；文體既由文字形構組成，必有其相應的「自體性功能」，也具備社會行為層次的「涉外性效用」，只是有或隱或現的差異而已。〔註12〕因此，著重「涉外性效用」，以知性、批判為主的文體，亦有其「美」。這種「美」的內涵、標準和臺灣美文傳統並不相同。如此觀之，則向陽所提倡的知性、批判散文，嚴格論之，不可叫作「非美文」，宜稱之為「非狹義美文」，而與傳統的「狹義美文」相別。

更進一步，向陽引用朱光潛、魯迅對小品文的批判、憂心，表達對臺灣狹義美文發展有相似的擔憂：

> 散文如果只圍繞在抒情、小品、美感、個人等美文範疇中，那麼像
> 魯迅、賴和，以及前引西方名家蒙田、巴特那樣以知性、批判、論
> 述、說理，並且靠近集體記憶和社會公共領域的佳作勢必被割捨掉；
> 而散文的天空便相對窄仄、領土相對緊縮，散文書寫相對於小說、
> 詩和戲劇也自然相對貧瘠，這應該也不是散文界的作者和讀者所樂
> 見。〔註13〕

向陽顯然對過去「散文定義的不明確，導致散文書寫與編選一向有所傾斜於小品／抒情的美文傳統」〔註14〕，有撥亂反正的企圖，亦即重新把散文的定義，開拓至包括「知性、批判、論述、說理」。要怎樣開拓臺灣散文的天空、領土？當然是依靠實際選本作為文學媒介的操作，準此，向陽即大有重構臺灣散文

〔註12〕顏崑陽：〈論「文類體裁」的「藝術性向」與「社會性向」及其「雙向成體」的關係〉，《清華學報》第 35 期，2005 年 1 月，頁 456～457。

〔註13〕向陽編著：〈艱難而愉悅的旅行——關於《二十世紀台灣文學金典》（散文卷）〉，《二十世紀台灣文學金典》（散文卷），頁 16。

〔註14〕向陽編著：〈艱難而愉悅的旅行——關於《二十世紀台灣文學金典》（散文卷）〉，《二十世紀台灣文學金典》（散文卷），頁 18。

典範之傾向了。

綜上而論,就這部散文選集之文學理念,實是對臺灣狹義美文傳統書寫典範,作一有力的逆反:

> 這套散文卷則以拓寬既有或認為應有的領地為目標,凸顯那些過去被忽視的,被略去的以及被認為不算散文的散文書寫作家與作品,來重新建構一個全新的領地,通過文本再現台灣散文書寫本來已有的真實內涵。〔註15〕

向陽在實際選集的選人,即按此觀念特別關注一些在臺灣美文書寫傳統的詮釋視域中,所被忽略的散文家。「這本選集,在戰後散文家部分,選入柏楊、葉石濤、晶華苓、龍應台、王德威、陳玉慧、張小虹、蔡珠兒、利格拉樂・阿鴆,都是過去已出版選集較少納入的。」〔註16〕當然,這絕非說這部選集沒有抒情美文,但在向陽此一逆反的操作,至少是企圖使兩者並駕齊驅,重新凸顯昔日不入主流視域的散文家、作品。

二、《二十世紀台灣文學金典》(散文卷)非狹義美文的四類散文特色

向陽編選《二十世紀台灣文學金典》(散文卷)三本,選人七十五家,選文一百一十五篇,篇幅宏大。本節即縱覽這部選集的選文,並歸納其與臺灣美文傳統書寫相異的四類散文作品,集中焦點,細讀分析,以彰顯向陽對臺灣美文傳統逆反之調適。

《二十世紀台灣文學金典》(散文卷)非狹義美文的散文,共計五十二篇。這五十二篇的作品之中,又可以歸納、整理為四種類型:社會批判反映類、性別身體論述類、都市文化反省類,以及生態環保關懷類。這四種類型各具特色,其共相皆為與美文傳統著重獨白抒情,題材限定於個人世界不同,它們積極者有直接批判社會文化、主流價值的論述、精神,消極者亦至少反映、再現個人世界之外的歷史、族群等公共經驗。故此,這四種散文類型,五十二篇選文,實是顯現了向陽重倡知性、批判、論述、說理,針對臺灣美文傳統書寫典範的逆反。

〔註15〕向陽編著:〈艱難而愉悅的旅行——關於《二十世紀台灣文學金典》(散文卷)〉,《二十世紀台灣文學金典》(散文卷),頁16。

〔註16〕向陽編著:〈艱難而愉悅的旅行——關於《二十世紀台灣文學金典》(散文卷)〉,《二十世紀台灣文學金典》(散文卷),頁21。

（一）社會批判反映類

社會批判反映類散文，在中國散文中素有傳統，由中國古代的士以至現代的知識分子，往往都以關心政治，反映社會爲己任，書寫很多具批判性的文章。就如余英時所說：「『士志於道』——這是孔子最早爲『士』所立下的規定。用現代的話說，『道』相當於一套價值系統。」〔註17〕孔子正是「士」的最高典範。《論語・里仁》提出「士志於道」，先秦諸子作爲士之典範，雖然政治主張各有不同，論述常有衝突，但其共同點是以天下爲己任，對社會政治有一理想的訴求，希望弘道於世。余英時先生指出，「士志於道」，不止適用於先秦諸子，也適用在後世各派的知識人，「現代觀念中的『知識人』，必然同時也扮演著社會批判者的角色」〔註18〕。

《二十世紀台灣文學金典》（散文卷）第一部，社會批判反映類散文共收賴和〈前進〉、陳虛谷〈隨筆〉、梁實秋〈流行的謬論〉、郭秋生〈農村的回顧〉、楊逵〈台灣地震災區勘察慰問記〉、柏楊〈穿山甲人〉、張拓蕪〈他鄉與故鄉〉七篇。第一部先收日治時期散文，其中賴和〈前進〉一文，以兩個同伴面對困境阻礙，依然勇於前行，隱喻了日本殖民統治之下，堅持社會主義的同伴互相鼓勵，彼此依靠的情誼。又如陳虛谷〈隨筆〉，雖是以隨筆自題，但實則是以臺灣原住民起義的「霧社事件」爲題，全文皆具敬重之情，並借此一史實，企圖使臺灣人群起反抗日本的殖民統治。戰後時期收入梁實秋〈流行的謬論〉，則爲知性說理的典型之作，借流行社會的名句，嘻笑怒罵種種社會謬論；楊逵〈台灣地震災區勘察慰問記〉、柏楊〈穿山甲人〉，以報導文學敘事，既是求真，又有實用之效，如柏楊此文便是力證，令各地捐款、協助身患先天性魚鱗症的張四妹；郭秋生〈農村的回顧〉表面寫農村人民生活，實則反映日治時期社會主義受到打壓；張拓蕪〈他鄉與故鄉〉由自身流離的經驗出發，思考中國之鄉、臺灣之鄉的現實問題。

《二十世紀台灣文學金典》（散文卷）第二部始，即由戰後時期起始，計有雷驤〈異形天使〉、許達然〈去看壯麗〉、吳晟〈店仔頭〉、洪素麗〈悲歌島嶼〉、陳芳明〈相逢有樂町〉、阿盛〈廁所的故事〉、龍應台〈百年思索〉、

〔註17〕余英時：〈士的傳統及其斷裂〉，《知識人與中國文化的價值》，臺北：時報，2007年，頁221。

〔註18〕余英時：〈中國知識人之史的考察〉，《知識人與中國文化的價值》，臺北：時報，2007年，頁164。

林清玄〈海的兒女〉、林文義〈銀色鐵蒺藜〉、〈寂靜的航道〉、孫大川〈母親的歷史,歷史的母親〉,共十一篇散文。雷驤〈異形天使〉寫療養院中身患蒙古症的小孩,不刻意故作悲情,壯嚴直視,並以「天使」形容之,見其人道精神;許達然〈去看壯麗〉,作者至墾丁旅行,爲民發聲,控訴政府漠視民意興建核電廠;吳晟〈店仔頭〉寫鄉村生活,「店仔頭」聚集了村民的互動,刻劃出臺灣農村的真實面貌;洪素麗〈悲歌島嶼〉,以四個小節,書寫臺灣的自然風土,以及人民活於白色恐怖的歷史悲劇;陳芳明〈相逢有樂町〉,書寫受日式教育的父親,戒嚴時代之中一代人夢想破碎的悲涼,以及作爲兒子無法真正了解父親的內疚;阿盛〈廁所的故事〉,作者回顧早年農村生活,以誇張的筆法寫出城鄉差距;龍應台〈百年思索〉,由十九世紀至二十世紀的知識文化論述,細數東西知識分子對公共世界的追求、思索,也論本土化與全球化之間的角力;林清玄〈海的兒女〉抒發臺灣人民對海洋的陌生,是作爲海洋國家之不幸;林文義〈銀色鐵蒺藜〉、〈寂靜的航道〉,前寫臺灣五一九社運事件,後寫臺灣漁民處境的悲哀;孫大川〈母親的歷史,歷史的母親〉,寫母親作爲卑南族在大時代改變的悲劇,既是寫人,也是寫整個卑南族的苦難。

《二十世紀台灣文學金典》(散文卷)第三部,大多都是解嚴後的作品,選入陳玉慧〈與智慧寶相遇〉、廖鴻基〈討海人〉、夏曼・藍波女〈浪濤人生〉、劉還月〈瘖啞鶴鳴〉、瓦歷斯・諾幹〈山是一座學校〉、簡媜〈天涯海角〉、楊照〈一九八〇備忘錄〉、利格拉樂・阿媽〈巫婆・再見〉、〈祖靈遺忘的孩子〉,共計九篇。陳玉慧〈與智慧寶相遇〉,乃寫作者對達賴喇嘛的認識,涉及到爭取西藏自由、人權等議題;廖鴻基〈討海人〉,書寫漁民群象,其親身經驗深刻反映了討海人的生活;夏曼・藍波安〈浪濤人生〉,以原住民爲主題,描述新舊交替,外來文化使原住民部落面臨解體的情況;劉還月〈瘖啞鶴鳴〉,此文爲報導文學,記平埔族的歷史悲劇,其文化不復的瘖啞;瓦歷斯・諾幹〈山是一座學校〉,既寫出教師的難爲和無力,也書寫自身作原住民的認同及反思;簡媜〈天涯海角〉,寫臺灣島嶼福爾摩沙,以意象和隱喻,寫其沉淪墮落的亂世;楊照〈一九八〇備忘錄〉,記作者在臺灣一九八〇年代社會鉅變的生命經驗,公平正義的追求,現實世界的落差,書寫了一代青年的時代史。

社會批判反映類散文,共計有二十七篇選文,爲《二十世紀台灣文學金典》(散文卷)非狹義美文的四類散文之最大宗。這類散文,誠如魯迅提倡「生存

的小品文」，主張散文要像「匕首」，要像「投槍」，具有反映、批判，以至干涉社會的公共面向，亦是這類散文在「藝術性」外，所必須具備的「社會性」。

（二）性別身體論述類

臺灣政治解嚴，女性主義的傳播漸廣，社會對兩性以及身體的關注和思考，也遠超昔日。社會思潮的改變，催生了新的文學題材。臺灣解嚴後的散文創作，以性別、身體爲題材的作品蔚然成風，其中不少皆有反抗父權主流價值觀的內容，實爲臺灣解嚴之後所出現的新散文類型，大異於傳統美文之書寫範圍。

《二十世紀台灣文學金典》（散文卷）第一部並未收有此類散文，可見時代的影響力。第二部收入陳幸蕙〈日出草原在遠方〉一篇，以自然意象，日出、草原等，描寫一位深受情傷與婚姻所困的女子，如何在鬱抑之中重拾人生動力，並表現新一代女性的存在尊嚴，不在婚姻之中，唯有走出婚姻牢籠，始能遇見獨立自主的陽光。

第三部選入較多篇章，包括周芳伶〈汝身〉、黃寶蓮〈守護天使的祕密雷達〉、張小虹〈抑鬱書寫——黑色的西蒙波娃〉、〈情歌不死——從愛慾匱缺到性別置換〉、鍾文音〈我的天可汗〉五篇散文。周芳伶〈汝身〉，書寫女性生命會經過的四個階段，並以「水晶日」、「水仙日」、「火蓮日」和「苦楝日」比喻，水晶透明澄澈，水仙花爲白或黃色，火蓮爲紅色，苦楝的花爲紫色，讓人有由純到濃，由潔亮到黯淡，逐步深沉、厚重的感覺。「水晶日」是講女性孩童身體的愉悅自由，「水仙日」少女對青春期身變化的感知，「火蓮日」是女人生育的痛苦，最後「苦楝日」描述女性年華老去，不受俗世眼光影響，成就女身，得到真正的自由。黃寶蓮〈守護天使的祕密雷達〉，由八則短文構成，或寫女性身體的禁忌，或記女性情慾的想像，或抒發對異性之不安，皆爲作者童年之生命經驗。張小虹〈抑鬱書寫——黑色的西蒙波娃〉、〈情歌不死——從愛慾匱缺到性別置換〉，前者記女性主義開拓者西蒙波娃的人生故事，後者論情歌在女性主義視角的消極和積極意義，深入淺出的知識論述。鍾文音〈我的天可汗〉，細膩寫出母女關係，幼時少女之軀受母親的威權統治，視她爲天可汗；如今母親老去，重新靠近她，並願作她的眼睛和耳朵。

以上六篇選文，並是臺灣解嚴後之作品，也間接證明了性別身體論述類散文，在此一階段始有豐富的創作。性別身體論述類散文，與美文傳統書寫，同樣以女性爲主要作者，但後者受政治、主流所馴化，前者則深有反抗中心

價值的能動性，以邊緣爲戰鬥，超越了美文傳統書寫內容。

（三）都市文化反省類

《二十世紀台灣文學金典》（散文卷）共計收入都市文化類八篇散文。都市文化反省類，即散文家向現代都市生活中的種種經驗提出疑問，反思都市文化的缺憾，或擁抱都市文化的美好。這一切之能發生，和臺灣經濟、社會發展息息相關，涉及現代化、都市化，促使臺灣人民面對相較過去不一樣的生活經驗，因而成爲重要的創作題材。

《二十世紀台灣文學金典》（散文卷）第一部收入劉捷〈大稻埕點畫〉、王鼎鈞〈火車時間表的奧妙——書難盡信，但是不能無書〉兩文，前者爲報導文學，以各種人物片段，書寫大稻埕的特色所在，反思大稻埕現代化後資本主義入侵之弊端，同時反映了臺灣底層的群生相；後者則是以親身經驗，寫出三次火車誤點的故事，最後肯定如今火車不再誤點，是現代化的進步，也是對人權之尊重。

第二部則有雷驤〈王功甦醒〉、劉靜娟〈布衣生活〉、顏崑陽〈窺夢人〉、林清玄〈四隨〉，四篇都市文化反省類的散文。雷驤〈王功甦醒〉，以都市人的視角，寫在漁村見聞的反思，逼出都市旅行者自以爲是的無知、無禮。劉靜娟〈布衣生活〉，主張樸素、節省的人生美學，對都市文明的浮濫多加反思。老一代的觀念總受新時代取笑，她卻依然堅持，從中展現更難能可貴的意義。顏崑陽〈窺夢人〉，書寫一個能窺看別人夢境，探知他人深藏秘密的人，最後也因此而死。這種窺看他者的企圖，是自古以來人性所有，在文明社會中愈演愈烈，也可視爲作者以寓言、魔幻寫實的手法，反省都市文化中的人性黑暗、渴求。林清玄〈四隨〉爲典型的佛學散文，以隨喜、隨業、隨順、隨緣，寫出他在都市入世的哲理、人生態度。

第三部收入林燿德〈在都市的靚容裡〉、〈房間〉兩篇。林燿德爲臺灣都市文學之代表人物，〈在都市的靚容裡〉一文寫出都市景觀，並各種空間所具有的都市意義，並思考文明的好與壞；〈房間〉，則視房間爲都市文明的重要空間，每個都市人都在自己的房間，做著不同的事情，此中呈現了人類在都市的精神處境、存在狀態。

（四）生態環保關懷類

生態環保是近代很多人關注的領域，也是許多散文家著意創作的題材，

當中不少作品都對生態環保有所思辨。然而，並非以生態環保爲題材的散文即爲生態環保關懷類散文，如果只是單純對生態環境作出描述，沒有更進一步的反思、關懷，即不能列入其中。

《二十世紀台灣文學金典》（散文卷）第一部計有楊逵〈墾園記〉、陳冠學〈田園之秋〉（九月一日）、孟東籬〈鹽寮的野百合〉三篇選文。楊逵〈墾園記〉，記作者將荒蕪之地變成花園，並指出高樓與工廠之間，必須有花木，甚至期望以身作則，把城市公園化；陳冠學〈田園之秋〉（九月一日），自述田園之居的狂喜、滿足，敘事之中埋有深刻的哲思，展現對抗都市文明的生活態度；孟東籬〈鹽寮的野百合〉，作者憂心鹽寮的百合可能會被人類採光，呼籲臺灣人支援、保護鹽寮的百合，極見關切。

第二部收入粟耘〈油桐花祭〉、陳列〈地上歲月〉兩篇。粟耘〈油桐花祭〉，除了記油桐花開的美景，也涉及到觀光與自然生態的矛盾；陳列〈地上歲月〉，書寫作者的農耕經驗，使他反思社會制度、人和自然之間的關係，頗多對現代文明的反思。

第三部則有廖鴻基〈奶油鼻子〉、劉克襄〈旅次札記〉、〈小綠山之歌〉、王文祥〈秋日的聲音〉、吳明益〈十塊鳳蝶〉五篇，反映了隨時代愈後，這種類型的散文愈加豐盛。廖鴻基〈奶油鼻子〉，記錄瓶鼻海豚非海洋表演之外的野生面貌，形容這是沒有僞裝和面具的海豚，並視之爲朋友；劉克襄〈旅次札記〉、〈小綠山之歌〉，以自身對動物的觀察，真正深刻了解自己的書寫對象，把深厚的人文與自然知識呈現出來；王文祥〈秋日的聲音〉，從自然秋聲出發，思考了西拉雅的歷史、膨脹的物質慾望，文明破壞的大自然；吳明益〈十塊鳳蝶〉，寫出曾因十元之賤價，大量捕捉珠光鳳蝶，也寫出日本殖民之於達悟族的歷史背景，當下受核廢料威脅的危機。

綜上而論，《二十世紀台灣文學金典》（散文卷）非狹義美文的五十二篇散文，可分作四種類型，社會批判反映類、性別身體論述類、都市文化反省類，以及生態環保關懷類。這四種類型超出了臺灣美文傳統書寫典範的題材、內容，以至風格，可見向陽此一逆反之文學觀念的實際操作。

三、《二十世紀台灣文學金典》（散文卷）重構典範之意義

向陽編選《二十世紀台灣文學金典》（散文卷）三部，由其選文標準、文學理念，以至實際的選文特色，都可見他對美文傳統的反思、調適。由上兩

節的研究成果，本節即擬更進一步分析《二十世紀台灣文學金典》（散文卷），在逆反美文傳統書寫典範之後，其重構臺灣散文典範的意義。

> 這套《二十世紀台灣文學金典》（散文卷），就是在編者這樣的思慮之下展開。我的企圖是，在起自一九二〇年代的台灣近百年散文創作中，有沒有可能脫出歷來的散文選集編選鐵律，選出一套如實反映二十世紀台灣散文書寫領土的文選？這樣的文選，不預設散文一定要是美文，不預設散文非得獨抒性靈不可，也不預設散文的既有類型，而以展現二十世紀台灣散文的寬闊天空、豐饒土地為目標，天空有寬闊、散文書寫的風貌就有多寬闊；土地有多豐饒，散文書寫的範疇就有多豐饒。散文容得風花雪月，當然也容得冰霜雷電；散文可以獨抒性靈，當然也可以經世致用；散文不能只是小擺設，散文不能只有塗脂抹粉，散文應該書寫人類生活、生命中的所有經驗、所有感覺，連同知識、論述和思想，無窮無盡，內外相通，通過書寫，從塗脂抹粉到風霜滿臉到不惹塵埃，都寫得起、都容得下、都能給予讀者足敷人生所需的感動和啟發。〔註19〕

向陽自述的編選企圖，希望做到「如實反映」，否定「美文」、「獨抒性靈」為其必然之體式，最高的散文標準價值，容得「冰霜雷電」，可以「經世致用」。他更直言，散文不能只是「小擺設」、「塗脂抹粉」，更要寫出人類生命的「所有」，包括「知識、論述和思想」。這些富有文學性的形容，暗含了一個對話的文學傳統，亦即強調抒情唯美，不關社會實用的美文傳統書寫了。

向陽依此美文傳統書寫的逆反觀念，顯然有意為過去不受重視的非狹義美文作一平反。也因此，向陽才會選出社會批判反映類、性別身體論述類、都市文化反省類，以及生態環保關懷類，這四類非狹義美文傳統的散文，並立其為散文金典之一。這四類散文，也就具有向陽強調的，「知識、論述和思想」，補足了臺灣散文主流視域所欠缺的「所有」。

> 這套選集的編選主旨，就放在這樣的一個認知之上，以日治時期和戰後為兩個階段為界分，拋開既有的美文概念，選輯那些可以「感」、「知」我們共同生存的台灣的感覺結構，及其集體記憶的

〔註19〕向陽編著：〈艱難而愉悅的旅行——關於《二十世紀台灣文學金典》（散文卷）〉，《二十世紀台灣文學金典》（散文卷），頁16～17。

佳作。〔註20〕

向陽以雷蒙‧威廉斯（Raymond Williams）的「感覺結構」（Structure of feeling），說明他要選的散文不一定能反映社會真實，但卻是不同時空之中所感知的共同世界。向陽所謂的人類總體經驗、感覺，也正和此一講法，互有呼應。臺灣散文家筆下的私情小愛、文化批判、集體記憶等，都是屬於臺灣社會的「感覺結構」。

就此，向陽則說，單從日治時期的選文，已可以看出臺灣散文傳統的多元：

> 台灣的散文傳統，從這個角度以言，多的是剛強、批判、思辨以及從知識和實踐出發的作品，當然也不排斥個人小我性靈的獨抒。編者期待，日治時期就已出現的這種傳統，能因這套散文卷的出版，重獲讀者和書寫者的重視，從而再開台灣散文的寬闊領地，富饒台灣散文的書寫世界。〔註21〕

就「體源批評」而言，向陽上承許達然《台灣當代散文精選（1945～1988）》的史觀，直追日治時期的散文創作為臺灣散文之起源。向陽觀察日治時期之選文，看出其中非狹義美文傳統的面向，亦即「剛強、批判、思辨以及從知識和實踐出發」。向陽由此一體源論，重新提倡臺灣散文家、批評家，以至大眾讀者，應要重視這種傳統，唯其如此，方能開拓臺灣散文的領地、世界。

趙偵宇專研日治時期的臺灣散文，也認同向陽此一觀察：

> 由魯迅與周作人所開創提倡的散文二大路線，在日治時期的臺灣文學中分別可以找到予以接收並傳播的周定山與徐坤泉，這也是向陽所說的日治時期現代散文的特徵，也就是「剛強、批判、思辨以及從知識和實踐出發」與「個人小我性靈的獨抒」共存的情形，這並不僅體現於實際的散文創作，在散文觀方面，亦有實際的映證，而五四時期現代散文觀的影響，也確實是當中建構形成的因素之一。〔註22〕

〔註20〕向陽編著：〈艱難而愉悅的旅行——關於《二十世紀台灣文學金典》（散文卷）〉，《二十世紀台灣文學金典》（散文卷），頁18。

〔註21〕向陽編著：〈艱難而愉悅的旅行——關於《二十世紀台灣文學金典》（散文卷）〉，《二十世紀台灣文學金典》（散文卷），頁21。

〔註22〕趙偵宇：《日治時期臺灣現代散文研究——觀念、類型與文類源流的探討》，頁52。

趙偵宇從實際的文本細讀、分析，指出魯迅、周作人的兩大散文路線，在日治時期的周定山、徐坤泉中有所承襲，並加以傳播。顯然可見，這兩種傳統——美文、非狹義美文——實為臺灣日治時期散文兩種的重要典範。

　　總括而論，向陽經由《二十世紀台灣文學金典》（散文卷）三部的編選，其選文標準、文學理念，以至實際選文，皆對臺灣美文傳統書寫典範，多加解構、逆反，高舉非狹義美文的創作典範。在臺灣散文選文之批評脈絡觀之，《二十世紀台灣文學金典》（散文卷）顯然具有調適美文傳統的積極意義，企圖開拓臺灣散文的世界，也就是為重構臺灣散文書寫的多元典範，作出一個明確的示範。

四、小結

　　向陽以《二十世紀台灣文學金典》（散文卷）三部「照其風華，典其洪範」〔註23〕，大有重構臺灣散文版圖、典範作家作品的企圖。面對臺灣散文主流的詮釋視域，他再三批評美文傳統書寫典範的主流、偏面：

> 「散文」被不同的作家、不同的文壇權力界定成該是這樣、不是那樣，比如說，散文應該是獨抒性靈的、散文是散步的、散文不是議論的、散文不是批判的等等。這些是或不是，築成了鐵欄，護衛著「散文王國」，散文書寫者、閱讀者各取所需，相濡以沫。他們看到了天空，看不到籠子外的世界，只能對著天空發呆、感嘆，無法展翅飛翔；他們也看到了不平，但離不開牢籠、既有的結構，限制了他們書寫不平。台灣在解除威權統治後，看不到散文中有魯迅，不表示沒有散文的魯迅，而是就算有著魯迅並且有著魯迅的書寫，也被「散文」的定義擺在籠子以外了。〔註24〕

向陽對臺灣美文傳統的再三批評，源自於他認為這種劃地自限，限制了散文發展應有的生態。他悲嘆、憤慨，即使臺灣在解嚴之後，即使有像魯迅及其戰鬥性的書寫，也非臺灣散文主流的詮釋視域、「文體規範」所能接受。

　　要怎樣解決這個偏頗、主流的臺灣散文詮釋困境？向陽即以實際的編選行動，向臺灣散文界交出了《二十世紀台灣文學金典》（散文卷），也令那些

〔註23〕向陽編著：〈艱難而愉悅的旅行——關於《二十世紀台灣文學金典》（散文卷）〉，《二十世紀台灣文學金典》（散文卷），頁 21。
〔註24〕林洪湶：〈重返與跨越——台灣當代散文的未竟之路〉，《新地文學》，第 23 期，2013 年，頁 45。

像魯迅,且有著魯迅般書寫的散文家,得以列入臺灣散文金典之中,重構散文在美文之外的典範。

第二節　九歌年度散文選「美文傳統」詮釋視域之歧出

向陽主編聯合文學《二十世紀台灣文學金典》(散文卷),在序言中既批判了各選本多「以『感性』為『標準』」〔註25〕;則相對的,他希望以此「金典」的選本呈現具有歷史、文化、生活之批判、論述和「知性散文」,而與主流的「抒情散文」並列和對話。按照向陽對臺灣散文主流詮釋視域的批判,其對美文傳統書寫偏頗的不滿,也是間接批評了臺灣最具影響力、年資最久的九歌年度散文選。九歌年度散文選由林錫嘉主編《七十年散文選》開始,到胡晴舫主編《九歌一〇七年散文選》為止,共37本,每年皆由不同的散文家選出一年間出色的散文,質量俱備,每年皆選出年度散文,對臺灣散文的典範建構極有影響力。

吳孟昌博士論文《八〇年代年度散文選作品中的台灣意識與雜語性》,即其中以九歌、前衛和希代的年度散文選為研究材料,九歌方面主要討論《七十年散文選》至《七十八年散文選》〔註26〕之選集,細加分析,並指出九歌年度散文選中的選文,雖主流仍是抒情美文,但在八〇年代已經頗見不少抒情美文以外的作品,亦被選入年度選之中:

> 「自然生態」與「社會批評」散文做為八〇年代散文的兩種重要主題,其不僅象徵散文作家的更為「入世」,具有參與、改造社會的熱情,也把散文的格局從小品的美文擴充到其他類型。欲探究八〇年代散文中,作家展現的台灣意識與散文「雜語化」之間的關係,這兩種題材的作品確為大宗的情趣小品(抒情散文)之外,令人矚目的焦點與重心。〔註27〕

吳孟昌挪用巴赫金「話語」理論中的「雜語」概念,指出臺灣八〇年代散文因

〔註25〕向陽編著:〈艱苦而愉悅的旅行〉,《二十世紀台灣文學金典》(散文卷),臺北:聯合文學,2006年,頁14。

〔註26〕陳幸蕙編:《七十八年散文選》,臺北:九歌,1990年。

〔註27〕吳孟昌:《八〇年代年度散文選作品中的台灣意識與雜語性》,東海大學中國文學系博士論文,2013年,頁79。

應社會條件的更動，其內容、形式也隨之產生細微質變。其中，最為顯著乃在五〇、七〇年代臺灣散文著重「詩化」，而八〇年代則開始呈現「入世」之姿，富含本土意識，並以「自然生態」、「社會批評」兩種類型的散文創作，在抒情散文的主流之中，依然引人注目，是為八〇年代臺灣散文之變貌。八〇年代的九歌年度散文選，三位固定班底的主編，林錫嘉、陳幸蕙以及蕭蕭，皆在序言表達了超越「純散文」的散文觀，並多有對社會的關懷，其選文亦多有不同，顯見散文典範之鬆動、更替。

臺灣解嚴爾後，九歌年度散文選之編者，由最初固定班底，漸漸走向每年多是不同編者負責，由焦桐《八十八年散文選》〔註28〕起，除蕭蕭再次回來編《九十五年散文選》〔註29〕及鍾怡雯編選兩次，其他編者皆未重複編選九歌年度散文選。九歌年度散文選的編者更替，具有超越固定意識形態的可能：

> 年度選集給人總結盤點一年度成績之感，展現一張「經認可的」「年度傑作清單」，編者陣容若是一直固定不變，則品味重複，難有突破；然而，能夠長年擔任年度選集編者，既是文學場域內位置穩固、擁有象徵資本者，握有選汰權力並且受出版資源支撐、實現，這類權力要自覺放手，就人性常態來說大概很難，解決方法之一就是另外推出選本。因此，各文類的年度選集，都曾出現過不同意識形態、不同出版社、不同編者陣容的版本；然而，也因為各編者陣容背後支撐的文化資源不同，受到的關注程度差異頗大。九歌版的年度散文選與小說選，由出版社總其事，編者人選不斷變化，也可能是另一種（不完全的）解套辦法。〔註30〕

九歌年度散文選，至此即較難作出整體性之概括，每年編者各有不同的文學批評觀念，其個殊的選文標準、文學理念造成能見與不見，也就選出了不同類型的作品，以呈現編者的文學關懷、喜好。因此，與其以一整體的概括分析解嚴後的九歌年度散文選，還是就個別選本獨立觀察、詮釋，較能得到相對客觀的理解。

準此，本節不打算，亦難以全盤分析、歸納解嚴後九歌年度散文選的總

〔註28〕焦桐編：《八十八年散文選》，臺北：九歌，2000年。
〔註29〕蕭蕭：《九十五年散文選》，臺北：九歌，2007年。
〔註30〕楊佳嫻：《九歌一〇五年散文選》，臺北：九歌，2017年。

體面貌，擬在「九歌年度散文選『美文傳統』詮釋視域之歧出」的脈絡之中，針對解嚴後九歌年度散文選的序言，即多篇臺灣散文的文學批評，及以顏崑陽編《九十二年散文選》和胡晴舫《九歌一〇七年散文選》爲主要討論對象，點出九歌年度散文選對美文傳統的對話、歧出之意義所在。值得留意，在時序關係上，向陽的散文選集出版於 2006 年，時序上《九十二年散文選》在先，乃其批評對象之一；而 2006 年出版之後的九歌年度散文選，以及《九歌一〇七年散文選》在後，雖非向陽批評之可見範圍，卻可借此一觀九歌年度散文選的更變，於「美文傳統」的脈絡，仍然具有選本對話的關係。

一、九歌年度散文選「美文傳統」的異見

解嚴後的九歌年度散文選，既是同一出版社持之以恆每年刊行的選本，也是諸多不同臺灣文學家編選的媒介，以記錄、展現各個編者眼中一年的散文傑作、精選，直接涉及主編者的文學批評觀念。本節即視解嚴後九歌年度散文選中，主編者所撰述的諸篇序言，爲獨立的臺灣散文批評之文章，並就此揭示其與美文傳統的對話。

雖然向陽以一總體性的縱論，批評九歌年度散文選的選文偏頗，只見抒情美文，而對說理、議論等加以忽視。不過，正如前文指出，解嚴爾後的九歌年度散文選，各具編者特色，難以一概而論。舉例而言，鍾怡雯主編《九十四年散文選》的序言中，就強調散文論理乃古典傳統，並指出現代作家書寫此類文章的難處：「在『有所爲而爲』這個大前提之下，散文很容易變成骨頭，食之無味。於是展現見解和個人化的主觀知識，並且絕無令人「啃論文」生硬之感的知識散文，遂成爲難能可貴之作。」〔註31〕她亦在《100 年散文選》序言中說：「原來以爲可以選入一兩篇論點精闢、文字可讀的社論，以彌補雜文的缺憾。然而我讀到的社論果真以『論』爲主，文學的質感大多不是重點，缺乏情感的潤澤，太乾澀冷硬，離散文畢竟遠了些。」〔註32〕鍾怡雯極欲編選議論批判的文章，卻無法選出佳作。這表示在她的文學觀念中，也重視這種傳統的議論性散文；但是在她選文的視域中，臺灣散文界卻欠缺這一方面的創作成果。即使有，也並不合乎「散文」的藝術標準。

〔註31〕鍾怡雯編著：〈散文浮世繪〉，《九十四年散文選》，臺北：九歌，2006 年，頁 15。

〔註32〕鍾怡雯編著：〈逆時代之流而上〉，《一〇〇年散文選》，臺北：九歌，2012 年，頁 12。

　　其實，九歌年度散文選早在八〇年代已有對「純散文」的超越〔註33〕，選入了一些抒情散文以外，具社會批判性的文章。而解嚴之後，許多編者更是針對「美文傳統」典範有更多反省，企圖籍由對話，使臺灣散文的主流視域得以調整。焦桐主編的《八十八年散文選》提及：「散文在台灣的發展，一直較缺乏批判精神，魯迅所謂的『匕首』和『投槍』。」〔註34〕他自言「歡喜在散文裡讀到作者的智慧與見解」，因此特意選入了批判社會的散文。焦桐此論，也隱然有把臺灣散文的起源，上追至魯迅，以令這類批判社會的散文取得合理的位置。

　　張曉風主編的《九十年散文選》說：「狹義說來，散文雜文各擅勝場，但廣義而言，散文應可以包容統合雜文。其實此事甚簡單，只不過肯不肯特赦幾篇文章，准許它們半非法入境而已，但因這是『違俗之事』，痛下決心也不是那麼容易。不過一經決定，也就坦然了，知我罪我，也就由之吧！」〔註35〕張曉風以「違俗之事」、「特赦」形容選入雜文，可見這絕非臺灣散文傳統的選文觀念了。這種形容，從文體論觀之，也即是臺灣主流散文的「文體規範」，雜文此一具「戰鬥性」、「公共性」特色的類體，不能被正當視作進入文選典範的作品。

　　隱地主編的《九歌一〇一年散文選》序言〈告別「年度」〉說：「《文心雕龍》讚許論說類的寫作，『從有的事務上去窮究，從無形的道理上去追求』，鑽研難解的問題，探索深奧的哲理，最能使人心悅誠服。不過歷年『年度散文選』仍以抒情美文為主，向來少收議論散文。」〔註36〕隱地由中國古典文學中，為議論散文作一文學史論述式的支撐。他自言《九歌一〇一散文選》做了些調整，特別選入議論散文，以求拓寬散文幅度。

　　柯裕棻主編的《九歌一〇二年散文選》序言〈寫入時代的風雨〉直指：「知識分子必須面對權勢說出真話，提出質疑和批判，百餘年來文章之士一直都如此在最前線吶喊。我實在不願承認『國家不幸詩家幸』這樣的大時代的說法，我也從不覺得散文只是寫小確幸小清新的文體。」〔註37〕她以這種文

〔註33〕相關研究，可見吳孟昌著：《八〇年代年度散文選作品中的台灣意識與雜語性》，東海大學中國文學系博士論文，2013年6月，頁59～68。
〔註34〕焦桐編：《八十八年散文選》，臺北：九歌，2000年，頁10。
〔註35〕張曉風編：《九十年散文選》，臺北：九歌，2002年，頁21。
〔註36〕隱地編：《101年散文選》，臺北：九歌，2013年，頁22。
〔註37〕柯裕棻編：《102年散文選》，臺北：九歌，2014年，頁16。

學批評觀念選了幾篇針砭時事的「劍氣文章」。柯裕棻從文學家應具「知識分子」、「文章之士」的理想，對當權者加以質疑、批判，並反對散文不問世事的文體觀念。

　　舉以上幾位九歌年度散文選編者的序言為例，可以看出他們的文學批評觀念中對知性散文甚為重視，亦嘗試將非主流類型的散文選入九歌年度散文選，拓寬臺灣散文選本的選文視域。甚至可以說，他們對臺灣散文詮釋視域的限制，恰和向陽有不謀而合之處，例如隱地說「歷年『年度散文選』仍以抒情美文為主，向來少收議論散文」〔註38〕，正與向陽的觀察相近。這兩種散文選的選文性質頗有差異，但編者在實際選文時往往都對臺灣散文主流觀念有所省思，嘗試解構「美文傳統」書寫典範的主流。

二、《九十二年散文選》提倡的「新載道精神」

　　顏崑陽主編的《九十二年散文選》序言〈現代散文長河中的一段風景〉中提出「新載道精神」，並以輯一之選文為代表，又在輯一中選出年度散文獎，可見其重要性。「這一類散文，表現了知識分子關懷、批判社會文化的精神，可視為『載道』傳統承繼與創變，在現代散文中最能顯示文學的神聖性。」〔註39〕什麼叫做「新載道精神」？顏崑陽作出了三點詳細定義：

> 一、是沒有酸腐氣，在即事言理中，能展現獨具隻眼的慧見。這一類散文，其精神雖為「載道」傳統的承繼，但所載之「道」卻不能流於傳統思想的複製，而是知識份子以其理想精神、豐富學養以及獨立思辨的能力，直接面對當代社會文化現象，敏銳的觀察與感受、深入的詮釋、嚴正的批判，而做出言之有物的論述；二、是不能寫成學院式的論文。學院式的論文為求科學性，以建立客觀知識，因此一方面填進許多資料做為證據，並依循一套合乎邏輯的方法去分析推論；一方面又不許加入個人主觀的感思。但是文學性的論述散文卻有所不同，不能堆砌未經消融的資料，雖言之有據，卻必須要有個人主觀的感思。「主體性」是文學的靈魂，不能完全去掉。三、是修辭不一定要華麗，卻也不能像寫學術論文那麼冷硬，而且敘述形式更必須靈動變化，不可平直呆

〔註38〕隱地編：《101年散文選》，臺北：九歌，2013年，頁22。
〔註39〕顏崑陽編著：〈現代散文長河中的一段風景〉，《九十二年散文選》，頁22。

板。〔註40〕

顏崑陽提倡「新載道精神」，必須具備三個現代條件：一，既云「新」，其所載之道即不能是陳腐的「道」，僅作傳統思想的複製，應要具有獨立思考，以深厚學問剖析社會文化現象，言之有物。二，不可過於堆砌資料，也非學院式論文，論述性散文仍必須有個人主觀的感思、詮釋。三，要具備一定的修辭技巧，敘述形式講求靈動變化，不可過於冷硬。

按顏崑陽的論述，臺灣散文創作由解嚴以來，由以往「載道、抒情」的主流，分化為各種多元的書寫，諸如文化評論、自然生態、旅行、飲食、音樂以至性別等等。臺灣現代散文在常業化、資訊化、專業知識化的潮流，昔日文士階層的神聖性，追求真善美的理想價值進而書寫，似乎消失了。就此，顏崑陽即言：

> 現代散文的專業知識化，不一定是壞現象、甚至應該是個好現象，運作得當，可以提高散文的知性與理性，以矯泛情或濫情之弊。依藉輯一龍應台、南方朔、柏楊等人對社會文化的論述，我希望散文面向當代，能建立創造性、多元性的『新載道精神』傳統；不管時代變成甚麼樣子，知識份子對社會文化仍然不能沒有責任感。〔註41〕

其中提及的「以矯泛情或濫情之弊」，實是對臺灣美文書寫傳統有所回應。顏崑陽指出，很多人在「純文學」的框架中，認為散文只是以美辭抒情、敘事、寫景，而將評論性散文視為「雜文」，排除在文學性散文之外。〔註42〕如此，則此一「新載道精神」的提倡，除回應解嚴以來的社會變化，也是調適臺灣美文書寫傳統主流典範的偏面。

輯一共選六篇散文，分別為龍應台〈在紫藤廬和 Starbucks 之間〉、南方朔〈替自由派正名〉、柏楊〈權力痴呆症候群〉、唐諾〈記憶中那一班夜間進站的富貴列車〉、胡晴舫〈辦公室是一座瘋人院〉，以及李衣雲〈漫畫懺情〉。

龍應台〈在紫藤廬和 Starbucks 之間〉，共分六個小標題，層次分明，先由「台灣的內向性」，批判臺灣新聞文化，似乎相當不「國際化」，但又滿地Starbucks，由此引出「國際化」的爭議。第二，「變得跟誰一樣？」，說明「現

〔註40〕顏崑陽編著：〈現代散文長河中的一段風景〉，《九十二年散文選》，頁22～23。
〔註41〕顏崑陽編著：〈現代散文長河中的一段風景〉，《九十二年散文選》，頁24。
〔註42〕顏崑陽編著：〈現代散文長河中的一段風景〉，《九十二年散文選》，頁22。

代化」、「全球化」的含義，反問什麼是「國際化」。第三，在「牧羊人穿過草原」，談及自己誤以爲歐洲的「現代化」想像，並發現先進國家以「現代化」爲手段，保護傳統才是目的。第四，「文化的進退失據」，以節慶、語言爲例，論及傳統文化的重要，認爲愈先進的國家，愈有能力保護自己的傳統。第五，「國際化，是知識」，論臺灣不應視移植語言爲「國際化」，指出「國際化」是找到「別人能理解的方式」，這種方式需要知識，了解世界局勢。最後，「Starbucks 還是紫藤廬」，借由臺灣生活常見的兩個空間，Starbucks、紫藤廬，作爲「全球化」和「本土化」的象徵，並指出「國際化」是讓兩者皆存，彼此輝映的智慧。

> 越是先進的國家，對於國際的知識就越多。知識的掌握，幾乎等於國力的展示，因為知識，就是權力。知道越多，掌握越多。如果電視是一種文化指標，那麼台灣目前二十四小時播報國內新聞，把自己放大到鋪天蓋地的肚臍眼自我耽溺現象，不只是國家落後的象徵，已經是文化的變態。人們容許電視台徹底剝奪自己知的權利，保持自己對國際的淡漠無知，而同時又抱怨國際不了解台灣的處境，哀嘆自己是國際孤兒，不是很矛盾嗎？〔註43〕

像這種對臺灣社會直接、強烈的批判，在龍應台〈在紫藤廬和 Starbucks 之間〉一文中，可謂相當普遍。顏崑陽即在序言中說明把年度散文獎給予龍應台的原因，面對這種臺灣複雜的文化議題，「龍應台卻以『紫藤廬』和『星巴克』二個意象做對照，從群眾普遍而切身的社會經驗現象和個人獨特的感思切入，文辭犀利鮮活、敘述靈動變化，就『現代』與『傳統』、『西化』與『本土』、『理想』與『現實』的辯證關係，感性與知性兼融地論述這個大家必須共去面對的『國際化』議題」〔註44〕。換言之，即〈在紫藤廬和 Starbucks 之間〉兼具「藝術性」、「社會性」，並有恰到好處的發揮，故年度散文獎才會頒給龍應台此文。

南方朔〈替自由派正名〉、柏楊〈權力痴呆症候群〉，皆和龍應台此文風格相似，以議論爲主，說明事理。南方朔〈替自由派正名〉，寫臺灣社會由熱

〔註43〕龍應台著，顏崑陽編：〈在紫藤廬和 Starbucks 之間〉，《九十二年散文選》臺北：九歌，2004 年，頁 46。

〔註44〕顏崑陽編：〈現代散文長河中的一段風景〉，《九十二年散文選》臺北：九歌，2004 年，頁 23。

衷「自由派」（Liberals）到恥與為伍的背景，批判許多人不知自由派為何物，故從其歷史變化脈絡，說明「自由派」主張「不信」和「懷疑」權力、主流價值，是社會相當重要的價值。柏楊〈權力痴呆症候群〉則論述人得到權力的劣根性，權力有如毒素，使掌權者失去人性、理性，批判歷史上的「大人物」都是中了權力痴呆症。

其餘三篇，唐諾〈記憶中那一班夜間進站的富貴列車〉、胡晴舫〈辦公室是一座瘋人院〉，以及李衣雲〈漫畫懺情〉，則雖仍論述某一主題，加入了個人主觀的情思、經驗，比較不像傳統的議論散文。唐諾〈記憶中那一班夜間進站的富貴列車〉一文，先由臺灣社會經濟初起步談起，以「富貴列車」作臺灣人追求名利的象徵，講述自己的童年回憶，以及對父親企圖登上「富貴列車」但失敗告終，深刻反映了一代臺灣人的成長故事。胡晴舫〈辦公室是一座瘋人院〉，以個人工作經驗的觀察，描繪了辦公室工作者異化的眾生相，也直接呈現出辦公室工作者的生活狀態，實有如瘋人院中的精神病患者，諷刺這種現代文明的可怕。李衣雲〈漫畫懺情〉，深入漫畫此一文化媒介，指出它為現代人創造了一個精神天堂，豐富了人類的精神世界，卻因外界不解、批評，追求純粹利益者破壞，使漫畫界失卻了過去的創作，不再是天堂。

《九十二年散文選》除了輯一收錄「新載道精神」六篇散文，輯二收自然書寫、臺灣鄉土類型的創作九篇，輯六收原住民文學四篇，以及輯七選跨文類散文五篇。這些選文既充分顯現了編者對不同類型散文的編選意識、關注，亦為臺灣傳統美文書寫視域以外的題材、類型，可謂證明了九歌年度散文選，絕非只關係抒情美文而已，其對美文傳統也具反思、對話，以至鬆動和解構的批判。

三、《九歌一○七年散文選》的「不選美文」原則

胡晴舫編選《九歌一○七年散文選》序言有相當明確的選文意識，她以「普通讀者」，作品很少選入各類臺灣文選，不曾拿過文學獎的人自言，並宣告：「我從不相信文學有任何既定俗成的標準，倘若真有成文、不成文的標準，那麼，純粹的文學精神會戮力打破它、擊碎它或嘲諷它，絕不可能甘心情願地遵守路徑。」〔註45〕由此，胡晴舫聲言個人的美學觀斑駁，從不嚴謹，但作

〔註45〕胡晴舫編著：〈一名普通讀者的文學意見——《九歌一○七年散文選》編序〉，《九歌一○七年散文選》，臺北：九歌，2019年，頁14。

為散文選的編選者，她依然有個殊的選文原則：

> 雖然沒有偉大精深的文學觀，但，我想，我仍應解說一下此次選
> 文的原則。因為我非專業編輯、也非學院背景，僅是一名普通讀
> 者，能接觸到的文章大致上都出現於普及的大眾管道，像是報紙
> 副刊、文學雜誌、網路媒體、書店書榜等，因此，此次選文雖然
> 不乏名家，然而，均具普世性格，易讀易懂，情深意賅，簡簡單
> 單地觸動人心。我不挑選「美文」，我就讀中小學時的台灣仍是處
> 於戒嚴時代，我因此被餵養了不少美麗過頭、毫無魂魄的抒情散
> 文，導致我長大之後無法吞嚥一點只講究雕工精細的「美文」，只
> 要求文筆優美而無視思想精神，內容腐朽，無趣當有趣。然而，
> 如我先前所說，我能讀到的文章基本上已經過專業編輯嚴選，因
> 此，文筆不可能不美。〔註46〕

這段引文，除了胡晴舫重申自己「普通讀者」的身分，更重要的是強調了臺灣
散文過往美文傳統書寫的典範。胡晴舫成長於戒嚴時代，童年、青少年時期臺
灣散文在內外因素所形成主流的美文傳統，因此她「被餵養了不少美麗過頭、
毫無魂魄的抒情散文」，這種強迫的審美疲勞，令她長大之後難以閱讀、接受
「只講究雕工精細的美文」，也即只講求文筆而內容腐朽的散文。不過，胡晴舫
亦坦承，她這次所讀過的，經由專業編輯篩選的文章，文筆必然是優美的。

　　這並不代表胡晴舫「不選美文」的原則自相矛盾，她注重的，其實是文
筆背後的內容，散文的思想精神。因此，胡晴舫接下來說：「我個人傾向推崇
文章有刺點。一張照片過度美化，雖然賞心悅目，畢竟媚俗。刺點會刺進觀
者的眼瞳，過目不忘。這個刺點即作者的觀點，令讀者掩卷之後依然不斷回
想、思索。」〔註47〕這是由「不選美文」引伸的散文「刺點」觀，也挪用了羅
蘭·巴特（Roland Barthes）的刺點（Punctum），強調的是作者個人之觀點，
與其情感的真實。

　　由此，胡晴舫編選《九歌一〇七年散文選》共分六輯選文：「家園與棲身」、
「依戀與依賴」、「成長與回望」、「日常與微光」、「時代與省思」和「上路與觀

〔註46〕胡晴舫編著：〈一名普通讀者的文學意見——《九歌一〇七年散文選》編序〉，
　　　　《九歌一〇七年散文選》，頁 14～15。
〔註47〕胡晴舫編著：〈一名普通讀者的文學意見——《九歌一〇七年散文選》編序〉，
　　　　《九歌一〇七年散文選》，頁 15。

看」。選文原則，未必全然能落實到選文標準，下文即就選本的六輯選文，作一文本細讀、歸納。

　　輯一「家園與棲身」共收八篇散文，為哈金〈故鄉與家園〉、溫又柔〈自我介紹〉、鍾怡雯〈吃自己〉、馬尼尼為〈我的美術系少年〉、洪滋敏〈我只能成為我自己〉、詹宏志〈餐桌上的他鄉〉、房慧真〈一路向北〉及楊富閔〈地號：墓寮〉。哈金〈故鄉與家園〉是典型的議論文，談故鄉／原鄉，及可供安身立命的家園之別。溫又柔〈自我介紹〉，以個人特殊身分，父母皆為台灣人，移居日本，自身在東京與台北之間長大的經驗，呈現一個如何界定身分認同的故事。鍾怡雯〈吃自己〉則講述自己由馬來西亞移居臺灣，怎樣在臺灣掙扎求存的生活；馬尼尼為〈我的美術系少年〉則寫落後國家的在臺僑生備受忽視、冷落的留學經驗。洪滋敏〈我只能成為我自己〉，寫泰國的跨性別女性、政治難民的人生，筆法和報導文學相近。詹宏志〈餐桌上的他鄉〉回憶母親的日式煮食嘗試，道出臺灣飲食是傳統和外來的混雜文化，側面反映臺灣社會。房慧真〈一路向北〉借由臺灣人在臺北向她問路的經驗，呈現了臺北看似現代文明，但依然充斥許多前現代，又或邊緣人的存在。楊富閔〈地號：墓寮〉以掃墓為題材，寫下活在臺灣的人，終又回歸土地安息，為世代生死交替不息的群景。

　　這八篇散文，除了洪滋敏〈我只能成為我自己〉，皆以臺灣為重要的作品題材，呈現個己和臺灣之關係、情感和生活經驗，思索家園的意義，也是傳統美文不談的主題。洪滋敏的散文，著意寫一個外國雙重特殊、弱勢身分的人，看似單純講述對方的生平，但其受到的不公、不義對待，已經具有相當的批判性。故此，胡晴舫就輯一選文說：「我個人欣見台灣出現了許多關於『何處是家』的寫作，掙脫了國族主義，擺脫了噁心八股，認認真真探討文化認同。」〔註48〕

　　輯二「依戀與依賴」，選入張輝誠〈再會囉，我的心肝阿母〉、張曼娟〈後來我們都認了——關於五十歲而知天命〉、廖玉蕙〈今生有幸做了姊妹〉、田威寧〈歲月奈何〉和沈信宏〈冷血〉。張輝誠、張曼娟和廖玉蕙三文，是散文傳統的親情題材，胡晴舫以臺灣進入高齡化社會，指出這三篇散文皆和「長照」老人的社會現實有關，並非單純抒情美文。沈信宏〈冷血〉寫不是傳統抒

〔註48〕胡晴舫編著：〈一名普通讀者的文學意見——《九歌一〇七年散文選》編序〉，《九歌一〇七年散文選》，頁17。

情美文中親情的美好，反而相當仔細寫出親情的黑暗、暴力。田威寧〈歲月奈何〉寫父親離逝，則爲傳統的抒情散文。

　　輯三「成長與回望」共收二十篇散文，可分作五個主題，前四類和傳統美文差異頗大。第一，女性意識散文，像張亦絢〈路易想到她們的下面〉，談「性」在社會當中不能言說的禁忌；楊婕〈我的女性主義的第一堂課〉，記自己和控制狂男友的一段戀情，反映男性對待女性的暴力；夏夏〈旅行，計畫中〉，寫都會女性單身、不婚面對的社會壓力。第二，同志文學，如林孟寰〈白目少年〉，自白己身不是社會理想中同志，以及其他社會眼中「白目」的故事；楊邦尼〈修身〉，既寫身體感官，也是同志中的身體經驗；吳鈞堯〈你也來了〉，記自己和同性接觸一段如幻似真的人生經驗，也是情慾流動的書寫。第三，記臺灣文學生態，李紀〈浮雲〉、祁立峰〈得獎的是〉兩篇，或直寫或側描，皆反映了此一主題。第四，臺灣土地，楊澤〈你好，童年！〉，記童年成長之中的嘉義；葉覓覓〈發源地〉，亦是在嘉義的成長故事，對此地多有細描；蔡素芬〈港邊煙塵〉，寫高雄的港邊鹽埕區，也記自身童年。第五，個人生活、情思爲主要題材，比較貼近傳統抒情，像吳賢愷〈無知的孤獨〉、石曉楓〈那時的公車〉等。

　　輯四「日常與微光」，共收八篇散文，既云日常，即多以個己生活經驗爲主要題材，而又要出之於文心，捕捉微光。此輯文章多爲抒情，但亦有涉及臺灣社會文化之思辨，像崔舜華〈市場〉既寫臺灣市場，也談戀物癖、物慾；神神〈搶購衛生紙〉，以臺灣曾經出現搶購衛生紙的事件爲題材，諷刺消費資本主義以及人的愚昧。比較特別的，是朱嘉漢〈尋回的時光〉，以知識論述爲主，談法國作家普魯斯特的文學作品。

　　輯五「時代與省思」選入十篇作品，顯見和美文之不同，有寫臺灣歷史變化的，如陳芳明〈十五年後，鮭魚返鄉〉，回憶 1989 年結束海外流亡返鄉，個己心路歷程與臺灣社會變化；張北海〈去後方：日本人和燒雞〉，談二戰期間自己和母親由天津逃至重慶，反映了其時戰亂中國的背景；賴香吟〈我愛過這個國家〉，是一篇談東德《分裂的天空》小說的書評，涉及少數東德視角出發觀看東西德分裂的文學作品，和國際歷史變遷息息相關。又，報導文學有李雪莉〈一封燒毀的爸爸遺書——沉默的藍領單爸與下一代〉、張子午〈林懷民：從緘默的歷史中探索家族記憶〉，兩篇都記下了臺灣社會被忽視的歷史、時事問題。三篇寫臺灣知名人物的悼念散文，馬世芳〈曾經年少〉寫楊偉中、

廖偉棠〈洛夫的得失，我們的得失〉分析洛夫詩作、李黎〈迴音〉記三毛，都是和時代有緊密連繫的人物。另外，蔣勳〈修阿羅漢——選舉美學〉，既批判了臺灣選舉文化之醜陋，也從佛學反思個己、社會。

輯六「上路與觀看」，收五篇散文，共同特色是旅行、移動作題材。謝旺霖〈巴布與茱莉亞〉記作者到印度所經驗的異國人事、文化。王盛弘〈尋找孔雀〉，作者到金門尋找孔雀，象徵追尋愛情，也是自然書寫。連明偉〈辨神〉寫開蘭媽祖廟、繞境，詳記臺灣本土的民間信仰、儀式。徐振輔則遠至內蒙古的滿州里，以地理知識，反思人類文明和大自然之間的關係。

《九歌一〇七年散文選》以「不選美文」為原則，共分六輯選文，其內容、題材大多超越、突破臺灣美文傳統書寫的詮釋視域，實為九歌年度散文選系列中相當具有解構此一詮釋典範的選本。

四、小結

本節由向陽對九歌年度散文選的批判為問題意識，進一步觀察解嚴後九歌年度散文選的序言、選文，揭示此一系列選本並非真如向陽之言，只見感情、抒情，而忽視議論、知性的散文。在向陽的批評前後，許多九歌年度散文選的編者，都嘗試和過往臺灣建立的美文傳統書寫對話，並有所反思、批判，甚或有個別選本提出明確的文學批評，以選文立其典範。

像上文舉出顏崑陽主編《九十二年散文選》、胡晴舫編選《九歌一〇七年散文選》則為明證，前者提出「新載道精神」，後者則以「不選美文」為原則，都是針對臺灣散文的文學歷史而生，也可以說是一種「效果歷史」。由此觀之，九歌年度散文選所建構的文學典藏，並不單一，特別隨著解嚴之後文學、社會變化，愈見多元。

第三節 從以上兩種選本分析其解構「美文傳統」的意義

經上兩節的探討、研究，可以看見向陽主編聯合文學《二十世紀台灣文學金典》（散文卷）三部，他籍由編選散文選本呈現文學批評觀的論述，具有相當顯著的問題意識。向陽的文學批評觀點，在於不滿臺灣散文主流以美文傳統作主流典範、詮釋視域，上追日治時期的臺灣散文書寫，由日治至戰後，選文以立家，彰顯了和美文傳統不同的文學可能，重構臺灣歷年以來散文的

多元典範。向陽的散文選本，是爲對臺灣美文傳統書寫典範的逆反，高舉昔日被忽視、貶低的知性、議論散文。

　　從向陽對臺灣散文主流視域的整體批判，也間接批評了臺灣最具份量，持之以恆的九歌年度散文選系列，認爲九歌年度散文選正是建構此一美文傳統視域的重要推手。由此一評論觀點引伸研究，縱觀解嚴後九歌年度散文選，即能發見向陽此一總體性的批評，並不完全反映實況，許多編選者皆對美文傳統有所反思，像顏崑陽主編《九十二年散文選》，即提出「新載道精神」，選入不少美文之外的散文。而在向陽的批評之後，九歌年度散文選的選文愈見多元，甚或像胡晴舫編選《九歌一○七年散文選》，主張「不選美文」，重視作品思想精神。文學隨時代而變，新生代散文家自有其不一樣的創作內容、詮釋視域，九歌年度散文選的編選者面對此一文學實存的現象，選人選文也隨之多元。九歌年度散文選的後續變化，也遠非向陽過去的文學批評所能概括之。

　　陳芳明曾經對於臺灣解嚴後由一元論、中心論轉向多元思維，提出精密的論述：

> 台灣作家並不是因為受到外來思想的影響而有了轉向，較為安全地說，他們在追求自我解放的慾望時，借助於新的文學理論與翻譯作品的燃燒而變得更為旺盛。一元論、中心論的文學觀念，曾經主宰台灣文壇數十年之久，至此漸漸被正在掘起的文學思維所取代。女性文學的大量生產，抗拒的是男性中心論；眷村文學的抬頭，質疑的是黨國中心論；原住民文學的甦醒，挑戰的是漢人中心論；同志文學的出現，批判的是異性戀中心論。這是前所未有的文學趨勢，不僅在於建構新的台灣文化主體，更重要的是，也在於強調彼此的差異。性別的、族群的、階級的差異，無疑是構成了解嚴後台灣文學發展的主要特質。〔註49〕

臺灣解嚴前後，許多外國思想傳入，成為了臺灣作家自我解放的助力之一，解構了昔日一元論、中心論的文學觀念。如果以國民黨政治主導形成的，主流的美文傳統書寫典範觀之，此一典範在解嚴前後受到挑戰、解構，至今亦已與其他散文類型共存，主流地位有所鬆動。像女性散文、鄉土散文、原住

〔註49〕陳芳明：〈複數記憶的浮現：解嚴後的台灣文學趨向〉，《思想》第 8 期，2008年 3 月，頁 134。

民散文、同志散文等等，作爲陳芳明形容「前所未有的文學趨勢」，注重彼此差異，打破主流典範，是解嚴後臺灣文學的重要特質。

時代變遷，散文家創作受其影響，產生出不同昔日的文學創作；散文家捕捉時代變化，以文心提煉出新的創作題材，以求新變。這是作者主體和社會外部的辯證問題，在臺灣解嚴後美文傳統典範的逆反與解構的脈絡，可以觀察出解嚴前後的政經變化，確對散文創作有所影響，多元創作也促使批評家不能固守以往的詮釋視域，又或使本身已有別見的批評家，得以藉由編選呈現其獨到的文學批評觀念。向陽主編聯合文學《二十世紀台灣文學金典》（散文卷）三部，作爲解嚴後的臺灣散文選本，選出四種和美文以外的散文類型，社會批判反映類、性別身體論述類、都市文化反省類，以及生態環保關懷類，正是明證。

早在顏崑陽主編《九十二年散文選》，其選文類型已有議論、批判，題材包括自然書寫、臺灣鄉土、原住民文學等。及至胡晴舫編選《九歌一〇七年散文選》，其六輯選文，長照議題、臺灣家園、女性、同志、自然書寫等，已經成爲選本所呈現的臺灣散文主要題材。翻開王盛弘主編《九歌一〇六年散文選》〔註50〕和楊佳嫻主編《九歌一〇五年散文選》〔註51〕，這兩本選本和《九歌一〇七年散文選》的選文有共同之處。王盛弘主編《九歌一〇六年散文選》共七輯選文，其中輯五「如同她們重返書桌」，收入女性散文九篇，多篇皆具女性意識；輯七「六十年來家國」，選進六篇和歷史議題相關的散文。楊佳嫻主編《九歌一〇五年散文選》共分六輯，輯一「啓蒙與歷史回望」九篇散文，皆和文化、社運和思想有關；輯二「眺進黑洞」，五篇散文涉及歷史、弱勢社群等公共議題；輯四「身體異想與性別麻煩」，則對應了臺灣社會熱議的性別議題；輯七「閃開，讓專業的來」，只收兩篇，高翊峰〈如果艾雷，值得敘事〉寫威士忌、張亦絢〈推理小說好吃嗎〉論推理小說的細節，皆以知識論述爲主。

更值得注意的是，《九歌一〇六年散文選》、《九歌一〇五年散文選》所選的年度散文獎，和《九十二年散文選》頒予龍應台〈在紫藤廬和 Starbucks 之間〉，一樣都是非傳統抒情散文之作。《九歌一〇六年散文選》年度散文獎爲顏擇雅〈賽跑，在網中〉，談當代社群網站臉書（Facebook）的網路生態、

〔註50〕王盛弘編：《九歌一〇六年散文選》，臺北：九歌，2018 年。
〔註51〕楊佳嫻編：《九歌一〇五年散文選》，臺北：九歌，2017 年。

情感，引經據典，《推銷員之死》、孔子、《漢書・遊俠傳》、韋應物、李商隱、蒙田、契訶夫等，論盡現代人對友情的觀念，結尾點出了臉書人氣經營有如賽跑：

> 這就回到前文講的，臉書所帶動的人氣比較。你也不時更新，我也不時更新，都是為了這運算法。它就像路易斯・卡洛爾小說《鏡中奇緣》那位紅色皇后，在她主持的賽跑中，人人都必須沒命地跑，才能留在原地。紅色皇后認為，只有在很慢的世界，才有向前跑這種事。〔註52〕

主編王盛弘讚許此文以多種學識論述，富有當代意義：「顏擇雅一向敏感於時代變遷、社會動向，也常透過臉書發表議論，關懷廣而思慮深，立論之縝密，視野之寬闊，觀念之穎新，令人信服。」〔註53〕這種以「論」為主體的散文，在王盛弘眼中，顯然能夠具有散文典範的可能，其視域已非局限於抒情美文而已。

《九歌一〇五年散文選》年度散文獎則為房慧真〈草莓與灰燼：加害者的日常〉，書寫反人類的歷史罪行事件，德國納粹二戰時期對猶太人的種族滅絕行動。房慧真所記的，是納粹軍人的日常生活，以冷靜、節制的筆調，寫出軍人執行醜惡之事，同時又在私生活高言道德、正直，呈現慈父良夫之貌。這種反差，恰恰是文末最後描繪的象徵，只有軍人高級階層才能享有的，沾上灰燼的草莓：

> 草莓上的灰燼，從天而降，從焚化爐的煙囪吐出，從毒氣室的屍體到焚化爐，從脫光衣服到毒氣室，從下火車到脫衣服，從八天七夜無法動彈滴水未進乾渴至極被趕上火車，從猶太隔離區到上火車，從好心鄰居書櫃後頭暗門的藏匿到隔離區……依照能量守恆定律，從煙灰到血肉骨架心跳呼吸，最後回到，一個完整的人。〔註54〕

草莓必須加以清洗，因為沾滿了屍體焚化四散的灰燼，房慧真最後以倒敘手法呈現，令人讀之心驚，批判之意亦在言外盡見。楊佳嫻言：「房慧真為本年

〔註52〕顏擇雅著，王盛弘編：〈賽跑，在網中〉，《九歌一〇六年散文選》，臺北：九歌，2018年，頁151。

〔註53〕王盛弘編著：〈Something New, Something Fun, Something Different〉，《九歌一〇六年散文選》，臺北：九歌，2018年，頁19。

〔註54〕房慧真著，楊佳嫻編：〈草莓與灰燼：加害者的日常〉，《九歌一〇五年散文選》，臺北：九歌，2017年，頁17。

度散文獎得主，其記者身分催化寫作轉變，又比尋常記者寫作更潤，更韌，使得她在同世代散文作家中獨樹一幟」〔註55〕，這種近於報導體的敘事散文，從加害者的日常反映了歷史大事、人性醜惡，此一公共經驗的關懷，也非傳播抒情美文所見。

　　總括而論，由以上解嚴以來向陽主編聯合文學《二十世紀台灣文學金典》（散文卷）三部，和個別九歌年度散文選的觀念、對話，雖無法周延反映整體的臺灣散文史流變，但卻可以一窺臺灣散文選本中，各個編者不同的文學批評觀，以及其對美文傳統書寫主流典範的解構、逆反。他們在選本中選入許多抒情美文以外的散文類型，既反映了解嚴後散文創作實存的多元現象，也存在文學批評者以文學媒介，與「文學歷史」和「文學社群」有所對話，承襲、更變，以至對後世有其影響「效果」。這種臺灣散文批評的詮釋視域、文學典範鬆動，爲兩種選本對話所呈現的文學意義，也能觀照解嚴後以來，散文選本所欲建構多元典範的面向。

〔註55〕楊佳嫻編著：〈灰燼或春泥〉，《九歌一〇五年散文選》，臺北：九歌，2017年，頁17。

第五章 散文選本「典範」的
眾聲喧嘩及其意義

第一節 《台灣當代散文精選（1945～1988）》「美文傳統」的批判及本土意識

　　許達然，本名許文雄，1940 年在台南出生，東海大學歷史系畢業，美國哈佛大學碩士，芝加哥大學歷史學博士。除英文學術論著，許達然著有散文集與詩集等十種，作品散見多種選集。他的文學創作曾獲多種獎項肯定，諸如 1981 年吳濁流新詩獎首獎、2001 年第二十四屆吳三連獎散文類獎等。

　　放諸臺灣散文史，許達然是當代散文名家，早於大學時以散文集《含淚的微笑》聞名於世，奠下一席之位。許達然不止創作豐富，其所提倡的文學理念為臺灣「戰後散文時期」主張之異數。許達然堅持「參與文學」的文學理念，視文學家對社會關懷為重要之評價標準：

> 如果我們要肯定現代意識標榜現代散文，就落實本土，落實人間；
> 感到，敢到，趕到，趕盜。少戀心境，多寫現象，合唱大家的歌。
> 我想起「參與文學」（littérature engagée）。我們是社會人卻不見得都
> 有社會意識。有人想脫離社會自耕自食，是他個人的決定，但一旦
> 與別人發生關係，就有責任與義務。我相信社會意識滋潤人性，知
> 識份子無社會良心像個什麼樣子？〔註1〕

〔註 1〕許達然：〈感到，趕到，敢到——散談台灣的散文〉，《吐》，臺北：林白，1984
　　　年，頁 144。

許達然早於臺灣七〇年代，即引用法國存在主義文學家、哲學家沙特「參與文學」之說，主張文學是社會事業，應是對現實的思考與反映，要把藝術與批判融合起來。放諸在臺灣散文流變來說，許達然的提倡顯然是針對其時的散文主流典範，美文傳統書寫作一批判，要求散文家「少戀心境，多寫現象」。所謂書寫現象，則必須落實本土、人間，要具有厚實的社會意識，要具有知識份子的責任與義務。

許達然堅持關心社會的文學理念，以文學創作為社會實踐，其書寫題材、文學風格，學界已有不少研究。〔註2〕不過，針對郭楓策劃、許達然主編的《台灣當代散文精選》，則未見專文就此一解嚴後出版的重要散文選本，分析其所提倡的文學批評觀念。按此學術脈絡，本節即欲以《台灣當代散文精選》為主要研究材料，就其序言所提倡的文學批評觀念，選本選文的實際傾向，以及其與臺灣美文書寫傳統典範之差異，作一明確討論，以揭示此一選本的文學價值、定位。

《台灣當代散文精選》共分上下兩冊，主張以臺灣人民的立場出發選文，反對「殖民化文學」，要把臺灣人民的悲歡，土地風貌的記錄之相關散文，收入選集，以填補過去主流散文典範視域所忽視的作品。《台灣當代散文精選》選文範圍由 1945 年起，1988 年終，選入梁實秋以至簡媜之作，共 128 篇散文，其選文視域顯然與前人有所不同，反映了其欲批判、逆反「美文傳統」的解構企圖。

本節所欲提問的是：《台灣當代散文精選》的選文標準、文學理念為何？此一選本的選文，其題材、內容特色是什麼？《台灣當代散文精選》所呈現的文學理念、題材內容，放在臺灣美文傳統書寫典範的脈絡，又具有何種意義？

一、《台灣當代散文精選》的選文標準與文學理念

本節在論及《台灣當代散文精選》的主編許達然之前，宜先就總編輯郭楓的總序作一論述。按林美貞《郭楓、許達然與《新地文學》》〔註3〕之研究，郭楓與許達然雖省籍不同，文學理念相當接近，同樣主張應服務社會，為社

〔註2〕此中研究較為詳實豐富者，當數陳淑貞《許達然散文研究》。陳淑貞：《許達然散文研究》，臺北市立師範學院應用語言文學研究所碩士論文，2002 年。
〔註3〕林美貞：《郭楓、許達然與《新地文學》》，逢甲大學中國文學所碩士論文，2010 年。

會發聲。由郭楓創辦，許達然作社務委員的《新地文學》，亦是此一文學理念之呈現。《新地文學》承接臺灣鄉土文學重要刊物《文季》的主體精神，深具本土意識。從以上的論述，即不能忽視總編輯郭楓就「台灣當代文學精選」總序之論：

> 特別把「臺灣」冠在書名最前面，就是要彰顯臺灣，彰顯臺灣這塊
> 親愛的土地和廣大勤勞耐苦的人民。我們不喜歡參與政治，不會為
> 任何集團幫閒；我們只願意為臺灣的土地和人民工作。幾十年來，
> 坊間的大系和選集多矣，觀其內容，有多少作家關愛臺灣？有多少
> 文章描述臺灣？這是值得省思的問題。〔註4〕

郭楓刻意把「臺灣」二字作為書名，其意是為了「彰顯臺灣這塊親愛的土地和廣大勤勞耐苦的人民」。若從臺灣文學的流變觀之，「鄉土文學論戰」、「邊疆文學論」，臺灣文學中的本土關懷、臺灣意識崛起，郭楓此一冠名舉動，正是和此一本土文學思潮緊密勾連。郭楓更強調，「不會為任何集團幫閒」，則見其對文學官僚體制的厭惡，無意為某一政治黨派發聲，「我們只願意為臺灣的土地和人民工作」，也未嘗不可視為承繼了「日治時期散文」及「人的文學」的散文傳統精神。最後，郭楓亦批判「坊間的大系和選集」，其選人選文，似乎都不見對臺灣的關愛、描述，可見此一系列正要反撥這種文學現象。

郭楓的文學批評觀念，與社會不可分割：

> 有人說，作家是藝術家，只須創造藝術之美，不必對誰負責，不必有
> 任何使命。不錯，我們也認為作品如缺少藝術之美，根本不成其為文
> 學；我們更主張作家不可成為政治的附庸，尤其在遭受那些領域或導
> 師的專制毒害之後，作家再也不能感染政治的狂熱病；可是，我們認
> 為作家對社會和人群不能冷漠，作家，吃的糧食用的器物都是大眾生
> 產的，豈能甩開大眾？作家應該以熾烈的愛，擁抱人群。〔註5〕

郭楓就作家的創作主體論之，反駁時下主流的「為藝術而藝術」的美學觀念。他首先指出，文學之為藝術，其必要條件是藝術之美，而作家也不應「政治的附庸」，諸如反共文學、戰鬥文學等。郭楓所反對的，是臺灣文學家對社會

〔註4〕郭楓著，許達然編：〈站在親愛的土地上——序《台灣當代文學精選》〉，《台灣當代散文精選》，頁5。

〔註5〕郭楓著，許達然編：〈站在親愛的土地上——序《台灣當代文學精選》〉，《台灣當代散文精選》，頁5。

和人群的冷漠，他主張文學家要寫出反映時代、建基現實的篇章，這種作品才可能有永恆的價值。

此外，郭楓亦指出這系列的選集，也收入了一些與他們文學理念相異的作家、作品，把這些創作公平地呈現出來。〔註6〕如此，則更見《台灣當代散文精選》的多元、複雜了。

許達然在《台灣當代散文精選》序言所持的文學理念，和郭楓之說相似，而許達然之論則更加關注臺灣散文史之流變，從中梳理他所欲批判、堅持的文學批評觀念：

> 政治還沒有糾葛臺灣時，原住民就創作了，以豐富的想像編造渾沌美麗的神話傳說。後來漢人航渡島上，聽不懂原住民的文學，用文言文吟哦兩三百年孤島心情，寫下殖民見聞。後來聽說一八九五年清廷把臺灣送給日本人，有些人搬回大陸。但居民大多數住下來。他們用中文和日文創作寫實的小說，抗議的詩，還清清楚楚把反殖民地的政治理念表達在講理的散文裡。〔註7〕

在這段序言，許達然顯然把臺灣文學、散文的起源論，上追至臺灣原住民、漢人殖民的創作。更為關鍵者，即是日本統治臺灣時，許多臺灣居民用中文和日文創作，「還清清楚楚把反殖民地的政治理念表達在講理的散文裡」。1945年，臺灣由日本轉至國民黨統治，臺灣人學習使用以北京語為標準的中文，1949，臺灣宣布戒嚴，「戒嚴把文學拆成在朝的製作、攀附在朝的拼湊，與在野的創作。在野的忍得住寂寞，默默創作，希望寫些像樣的散文」〔註8〕。

就「體源批評」論之，許達然臺灣散文流變史的論述，則不單是「歷史時程的起點」，即論者提出某一文體的始出之作。關鍵的是，其欲提倡的「價值之所本」，即論者把價值判斷的「優先」或「本原」，也就是政治、講理的，和臺灣社會息息相關的散文創作了。

許達然梳理臺灣散文不同時期、階段創作特色時，否定了不能代表人民的作品，從而肯定關懷社會的散文。像許達然談及一九四○到五○年代後期

〔註6〕郭楓著，許達然編：〈站在親愛的土地上──序《台灣當代文學精選》〉，《台灣當代散文精選》，頁6。

〔註7〕許達然編著：〈散文台灣　台灣散文──台灣當代散文精選序〉，《台灣當代散文精選》，頁7。

〔註8〕許達然編著：〈散文台灣　台灣散文──台灣當代散文精選序〉，《台灣當代散文精選》，頁8。

的臺灣散文創作，即言「作者活在統治者的諾言裡，不願吶喊口號的，就懷流離的過去，念遙遠的故鄉，抓不住倥傯的現在，充滿苦悶」〔註9〕。五〇年代後期與六〇年代初期，則批評抒情記事者，大多描寫偏狹生活，著重排列辭藻，內容蒼白，並說「那時現代主義與存在主義搬到臺灣，不少作者雖生長島上，卻恍惚在生活的美學裡流浪。他們要從對存在意義的尋求，肯定文學意義的存在，卻在自己的凝視裡迷失了」〔註10〕，針對臺灣現代主義的散文創作。許達然指出七〇年代雜文大增，並列舉代表作家，讚許他們文章探討社會經濟變化，觸及臺灣各方面的社會內容。他論至八〇年代時，正面形容出現了「政治民主，人間安寧的作家，抒發人民的聲音，批判政治、經濟、文化權霸。寫下從前想不到與不敢想的，正是一九八〇年代散文的可愛處」〔註11〕。準此，即能看出許達然在選文標準、文學理念，都和美文書寫傳統典範大相逕庭。

　　張瑞芬曾就臺灣散文選本史觀，點出《台灣當代散文精選》的獨特之處：

> 九〇年代以降，臺灣文學史觀逐漸成熟後，以「臺灣」為主軸的敘述漸多，一九九〇年許達然編選的《當代臺灣散文精選》即為一例，這本選集去除中國新文學發展的源頭，直接將範圍界定於五十年來的臺灣作家作品，以大陸來臺的梁實秋、臺靜農、錢歌川為首，也同時兼顧日治時期臺籍老前輩楊逵、鍾理和，往下開啟了臺灣當代散文選集名實相符的新時代。〔註12〕

誠如張瑞芬之言，在臺灣散文選集之中，許達然的史觀顯然接續過去忽略「日治時期散文」，和當代大陸文學的意識形態不同。許達然以「臺灣」的本土意識為主軸，成為了以「臺灣」為定位散文選集的先聲，下開日後散文選集的「臺灣」史觀。亦可以說，所謂新時代的來臨，意味了不少散文編選者在論及臺灣散文流變、體源，其理想價值已非無關本土、社會的美文傳統書寫所能概括之。

〔註 9〕許達然編著：〈散文台灣　台灣散文——台灣當代散文精選序〉，《台灣當代散文精選》，頁 8。
〔註10〕許達然編著：〈散文台灣　台灣散文——台灣當代散文精選序〉，《台灣當代散文精選》，頁 8。
〔註11〕許達然編著：〈散文台灣　台灣散文——台灣當代散文精選序〉，《台灣當代散文精選》，頁 10。
〔註12〕張瑞芬：〈「女性散文」研究對臺灣文學史的突破〉，《臺灣當代女性散文史論》，臺北：麥田，2007 年，頁 29。

許達然的選文標準、文學理念，立足臺灣人民、土地爲出發點，遙接日治時期反殖民的人文精神，又在國民黨戒嚴時期的散文論述中，對主流散文的美文典範多加批判，肯定爲社會、人民發聲的散文創作，正可見其具有厚實的本土意識。《台灣當代散文精選》，在選人方面正可見此一意識之彰顯：「本集作者都是在臺灣生長或生活過一段時期的。從未在臺灣生活過或只在臺灣旅居的作者並未列入。」〔註13〕郭楓、許達然以《台灣當代散文精選》呈現其對美文書寫傳統典範的批判，借由選人選文的取捨，建構了不一樣的臺灣散文體式。

二、《台灣當代散文精選》的實際選文特色

上節論及的選文標準、文學理念，不一定能確切執行至實際選文，兩者之間或有差異，故本節即以《台灣當代散文精選》選文之題材作分類，並就內容主旨，點出各類別的寫作特色。許達然在序言中，亦有就其所選入之文，按內容分而論之，不過其中間或錯漏，如所舉雜文一類，以功能分類，類標準與內容分類並不一致，故更改爲「社會文化」題材分類之。換言之，本節雖有參考許達然的分類、評介，但亦有作不同更動，以彰顯《台灣當代散文精選》的實際選文特色。《台灣當代散文精選》共一百二十八篇選文，可分作十類題材，下文將細論之。

第一類，以描述人物爲題材，多以敘事手法，勾勒文章所書寫的人物形象、性格。《台灣當代散文精選》選入共二十三篇，包括梁實秋〈暴發戶〉、臺靜農〈記波外翁〉、楊逵〈永遠不老的人〉、張秀亞〈父與女〉、何欣〈仍然是對的〉、張拓蕪〈紡車〉、張騰蛟〈那默默的一群〉、郭楓〈一縷絲〉、陳天嵐〈楓林渡〉、劉靜娟〈響自小徑那頭〉、鍾鐵民〈父親‧我們〉、吳宏一〈星光〉、〈寄給你的貝殼〉、季季〈一個雞胸的人〉、陳列〈漁人‧碼頭〉、洪素麗〈昔人的臉〉、李敏勇〈監獄裡的鴿子〉、陳永興〈他和我〉、馮青〈殘忍〉、阿盛〈契父上帝爺〉、羊子喬〈海邊詩人〉、林文義〈歲月無夢〉及苦苓〈島之三章〉。

《台灣當代散文精選》以描述人物爲題材的散文，除了少數如張秀亞〈父與女〉，單純寫父女關係，許多篇章所寫的人物類型，都別具反映社會的時代

〔註13〕許達然編著：〈散文台灣　台灣散文——台灣當代散文精選序〉，《台灣當代散文精選》，頁16。

意義。梁實秋〈暴發戶〉，寫出中國暴發戶的現代性格，頗有諷刺意味；臺靜
農〈記波外翁〉，則記錄了在大時代轉變下的舊式文人，反映許多知識分子共
有的悲情。又如季季〈一個雞胸的人〉，書寫她中學時在車站中看見一個身有
殘疾的清潔工人，道出這位工人看似悲哀實質平實的一生，並歌頌他是勇敢
盡責、樂天知命，隨遇而安的人，關注臺灣社會底層的人民。阿盛〈契父上帝
爺〉，溫情地描繪了祖父的形象，思辨臺灣社會民間信仰的意義。其中，張騰
蛟〈那默默的一群〉最為顯著：

> 像兵士們護衛著彊土那樣，負責道路清潔的那默默的一群，以忠實
> 的態度，護衛著一條條長長的街道和弄巷，凡被認為是垃圾的那些
> 東西出現在他們的防區，他們便予以清除。就這樣，這些街道和弄
> 巷才可以經常保有一張清淨的容顏。〔註14〕

張騰蛟以臺灣街道的清潔工為題材，寫出他們默默工作，不求外界讚賞，即
使工作再煩重，都依然勤奮賣力，是勞動者敦厚樸實的風範。在作者心中，
這樣默默的一群，才是有資格被稱為「人物」的一群。

第二類，以臺灣風土民情為題材，許多篇章都呈現了臺灣社會在不同時
代、階段的變化。木類共計十五篇選文，分別是梁實秋〈臺北家居〉、錢歌川
〈木柵與秩序〉、施翠峰〈小賣過市〉、張拓蕪〈鞋的進化論〉、張蛟騰〈從臺
北街頭走過〉、郭楓〈有這樣的一座城〉、〈臺南思想起〉、張健〈街上〉、楊牧
〈花蓮白燈塔〉、吳晟〈店仔頭〉、洪素麗〈悲歌鳥鄉〉、〈赤道無風帶的旅愁〉、
陳芳明〈深夜的嘉南平原〉、林文義〈遙看龜山島〉及鍾喬〈絕唱〉。

此類以臺灣風土民情為題材，許多作者都從社會前後的變化，道出對臺
灣的思辨、感慨。錢歌川〈木柵與秩序〉，寫臺灣政府在公園門口設立木柵的
醜惡，批判政府設計木柵是以公權力剝奪人民的自由。郭楓〈臺南思想起〉，
以對話描述臺南的轉變，由昔日充滿文化、優美的花城，演變至飽受文化污
染，為了發展失卻原貌，既批判政府的管治，也鼓勵年青人要站足土地，相
信土地。

第三類，以自然生態為題材，必須說明，此一分類並非按「自然書寫」
的概念，而是廣義的自然生態，或歌頌自然之美，或批判社會文明污染，皆
被歸入此類。此類包括羅蘭〈聲音的聯想〉、張秀亞〈竹〉、何欣〈鴨的啟示〉、

〔註14〕張騰蛟：〈那默默的一群〉，《台灣當代散文精選》，臺北：新地文學，1989 年，
　　　　頁 171。

艾雯〈綠水三千〉、季薇〈野柳無柳〉、〈橫貫探幽〉、王鼎鈞〈自然〉、〈那樹〉、馬森〈雲的遐想〉、曹永洋〈溜鳥人〉、粟耘〈默石與鮮花〉、蔣勳〈淡水河隨想〉、〈鳳凰木〉、阿盛〈木麻黃〉、愚庵〈菩提與蝴蝶〉、羊子喬〈溪唱〉、陳煌〈人鳥之間‧冬春篇〉、沈靜〈我的紅河〉、劉克襄〈海口的中彰大橋〉及楊渡〈西海岸：污染工業的見證〉，共二十篇。

在這種類別之中，少數作品如艾雯〈綠水三千〉、季薇〈野柳無柳〉、〈橫貫探幽〉等，單純歌頌自然之美，又或粟耘〈默石與鮮花〉借自然說理。這類散文在主旨上有一相似特色，即其對現代都會物質文明的批判，像羅蘭〈聲音的聯想〉視自然聲音比都會「人」、「機器」聲音更加吸引，足以洗滌心靈；何欣〈鴨的啟示〉，寫鴨買賣的悲哀，而「我」在文末自比是鴨群其中之一，即連「我」也受功利社會操控，無法自主。楊渡〈西海岸：污染工業的見證〉，則為最直接的生態控訴，通篇以議論手法，陳列各種污染西海岸的事實，令臺灣人民失去了健康，其批判力度為眾篇之重。

第四類，以農村生活為題材，多是表達田園牧歌的情懷，選有楊逵〈墾園記〉、錢歌川〈戰爭孤兒〉、鍾理和〈做田〉、鍾梅音〈鄉居閑情〉、〈有朋自遠方來〉、陳冠學〈田園之秋〉三節、吳敏顯〈走過悠閒歲月〉、季季〈一九八四年三月〉、康原〈蔗鄉的夢〉和羊牧〈廟口〉，共十篇。除了田園牧歌的嚮往，反映農村生活悲情，亦是這類作品的特色，像季季〈一九八四年三月〉，寫出農村女性的不幸，農民利益被銷售商剝削；康原〈蔗鄉的夢〉，詳情地描繪臺灣農村所得偏低的苦況，尤其是種甘蔗者，其受入由糖廠決定，沒有議價的權利；羊牧〈廟口〉，則寫出臺灣農村廟口，由昔日的熱鬧，直至香火消退之變化。

第五類，以個人經驗為題材，「獨白」、「閒話」的敘述，或抒情，或說理，大多為美文傳統書寫典範的作品。此類作品收入吳魯芹〈懶散〉、羅蘭〈寫給秋天〉、張秀亞〈牧羊女〉、子敏〈雨〉、〈在房頂散步〉、蕭白〈小木屋〉、〈賣葫蘆者〉、〈讀夜〉、〈小街上的夜市〉、王鼎鈞〈夜行〉、郭楓〈兩朵微笑〉、〈生命的一抹〉、唐文標〈你眼睛中看得見這場暴風雨〉、張健〈走廊〉、陳天嵐〈輕濤低語時〉、〈形象之外〉、楊牧〈水井和馬燈〉、白辛〈風帆〉、許達然〈探索〉、陳列〈無怨〉、蔡碧航〈歲月〉、心岱〈人間行路〉、林川夫〈一個世界〉、羊子喬〈土地與稿紙〉、苦苓〈躺在地上看星的人〉、鍾喬〈夢〉和簡媜〈夏之絕句〉、〈生活細筆小引〉、〈美麗的繭〉，共計二十九篇。

　　這類美文書寫，像簡媜〈夏之絕句〉、〈生活細筆小引〉及〈美麗的繭〉，這三篇是為簡媜早期抒情唯美、浪漫的散文；楊牧〈水井和馬燈〉，通篇抒情語調，以夢中的水井和馬燈作主題，書寫它們美妙動人之處。不過「獨白」、「閒話」，也能夠是臺灣社會文化相關，如許達然〈探索〉，則言自己成長、求學的過程，了悟臺灣社會的可怕，當權者迫使農村為都市破產、顛倒社會公義，而知識份子不言不語，文壇作者坐在社會之外創作等，都是有力的批判，與美文傳統書寫不一樣的抒情散文。又如苦苓〈躺在地上看星的人〉、鍾喬〈夢〉，抒情之中夾以對社會的不滿、諷刺，都是此類散文中特別之作。

　　第六類，以社會文化為題材，或直接議論，或借事論理，選入柏楊〈大男人沙文主義〉、〈為別人想一想〉、葉笛〈命運〉、馬森〈在樹林裡放風箏〉、南方朔〈願見居者有其屋〉、〈吾鄉何曾足淹留？〉、蔡文章〈哺乳〉、杭之〈到那裡找我們自己的歌〉、〈誰來為「美」立法〉、〈文化是一個許諾〉、陳永興〈生活在牢籠中〉、馮青〈單調〉、苦苓〈像的故事〉，共十三篇。柏楊、杭之和南方朔的作品，都是典型議論社會文化的雜文，像柏楊〈大男人沙文主義〉，從中國結婚制度七出之條的男女不公，談至中國五千年女性的悲慘，即使現代社會已經沒有了七出之條，但許多男性仍然有「大男人沙文主義」，製造不少社會問題。這類作品，有借故事論理之作，如馬森〈在樹林裡放風箏〉、苦苓〈像的故事〉等，都是寓言散文，或直接點破題旨，或隱含故事深層，顯出了「藝術性」與「社會性」並存的作品。

　　第七類，以特殊族群為題材，諸如鍾梅音〈閒話臺灣〉、陳列〈同胞〉、楊牧〈最後的狩獵〉，與林文義〈孤獨的山地〉，共四篇。鍾梅音〈閒話臺灣〉寫的是本省、外省的相處，希望政府關懷本省居民；陳列〈同胞〉、楊牧〈最後的狩獵〉、林文義〈孤獨的山地〉，則是集中書寫原住民在臺灣社會的悲哀，失去了應有的文化、習俗，以至性命。

　　第八類，以旅行、移動為題材，共計艾雯〈一個人在旅途上〉、楊牧〈歸航〉兩篇，皆為抒情之作。楊牧作品較為特別，書寫從外國回到臺灣，書寫臺灣地景之動人。

　　第九類，以懷鄉為題材，選進王鼎鈞〈腳印〉、〈明滅〉、張拓蕪〈他鄉與故鄉〉、尉天驄〈迴游族〉、陳芳明〈受傷的蘆葦〉和林雙不〈故鄉素描〉六篇。這類作品，相對美文傳統書寫之中國故鄉，除了王鼎鈞作品，其他明顯具有更多不同面向的思辨。由張拓蕪〈他鄉與故鄉〉、尉天驄〈迴游族〉討論

中國、臺灣何者才是故鄉；至陳芳明〈受傷的蘆葦〉和林雙不〈故鄉素描〉，故鄉則爲臺灣，無關中國。

第十類，以飲食爲題材，主要書寫該食物的味道、烹調手法，收入張拓蕪〈空心菜三吃〉、劉峰松〈老人的午飯〉和鍾鐵民〈大蕃薯〉，共三篇。其中，鍾鐵民〈大蕃薯〉，以臺灣人吃蕃薯的歷史故事，烘托出臺灣人刻苦耐勞，堅忍不屈的性格。

以上十類題材，書寫各有特色，本節旨在論述相同題材的作品，呈現了何種比較明顯的共相。以上十類作品雖相異甚多，但其共相主要是以臺灣的人、事、地等爲書寫對象，不論抒情批判與否，皆具再現臺灣社會文化之功能。

三、《台灣當代散文精選》對美文傳統書寫典範之逆反

經過以上就許達然《台灣當代散文精選》之分析、歸納，本節即更進一步，把《台灣當代散文精選》放回臺灣現代散文典範流變的脈絡，而揭示、彰顯此一選本在散文批評史的特殊意義。臺灣「戰後時期散文」，經五〇、六〇年代美文傳統書寫之建構，成爲了臺灣散文的主流典範。及至七〇、八〇年代，在內外因素變化影響，促使臺灣散文書寫內容改變，其一爲展現對臺灣社會之關懷。1987 年臺灣宣告解嚴，散文家創作的題材多元化，昔日的主流典範評價，已不堪用，美文傳統書寫仍在，但其主流典範的位置受到挑戰、解構，以至逆反。

許達然《台灣當代散文精選》置身在此一臺灣美文傳統書寫典範之脈絡，即能看出許達然企圖以《台灣當代散文精選》的編選行爲，呈現針對此種主流典範的逆反。這裡所用的逆反，其定義爲：編者反對臺灣美文傳統書寫典範排斥其他散文體式，尤以「社會性」散文書寫爲重，故藉由編選選本，選出偏重「社會性」的散文體式，以作爲對美文傳統書寫典範之逆反。

早在七〇年代，許達然顯然對臺灣常見、主流的散文書寫內容有所不滿，他提倡「參與文學」，協助《新地文學》刊物編輯，都是提倡臺灣散文創作要有社會關係，不可劃地自限，只求文藝語言的創新，只抒發個人私我的情感。許達然的文藝創作、實踐，很能體現他「本土意識」的文學理念。這種針對臺灣美文書寫傳統典範的文學批評觀念，許達然在《台灣當代散文精選》之中，具有相當明顯的呈現。

許達然在《台灣當代散文精選》的序言中，梳理臺灣散文不同時期、階

段創作特色時，一方面批判六〇年代的現代主義與存在主義，七〇年代的文化庸俗化，八〇年代的中產階級作家，直指許多散文家的創作無關社會現實，著重文字排列，抒發偏狹的生活情感；另一方面，他肯定不入主流典範的在野創作、雜文作家、抒發人民聲音的作家，讚揚他們正視人群，反映社會現實，極具「批判精神」。

　　事實上，許達然此一逆反，恰恰和臺灣美文傳統息息相關。顏崑陽曾就文學「影響效果」，作明確的論述：

> 在這種「歷史性」（historicality）的實存中，文學歷史的時間三維無法做抽象概念認知的切割；「傳統」是一種「有機性」而連綿不斷的文化存在情境，各種已在文學歷史中存在，包括文學觀念、文體知識、作家、作品等，都自覺或不自覺對他們的文學活動產生「影響效果」。復古或格調之流固然如此；公安者流之反對「文體典範」的建立及模習，他們焦慮地企圖擇脫文學歷史傳統的圍困，當然也是受文學歷史傳統之「影響」的「效果」。因此，文學歷史對古代文學家而言，都不是純為知識客體，而與他們的文學歷史存在情境不能切割，這就是所謂的「效果歷史」（Wirkungsgeschichte）。〔註15〕

顏崑陽指出，文學家的文學活動，其實是在文學歷史時間三維，環環相扣的文化存在情境之互動，彼此影響的「效果歷史」。若照此一文體論述，宏觀論之，則許達然《台灣當代散文精選》序言所呈現的文學批評觀念，絕非憑空而來，乃對臺灣美文書寫傳統之「影響」，造就了許達然針對此一「影響」而逆反的「效果」。

　　正因如此，《台灣當代散文精選》依照這種逆反的選文標準、文學理念，也選出許多與美文傳統書寫典範相異的散文創作。舉例而言，美文傳統書寫典範中以懷鄉爲題材的作品，其鄉所指涉的是土地中國、文化中國，但《台灣當代散文精選》卻選入了不少思辨鄉土應歸何處之作，甚至有兩篇視臺灣爲故鄉。另外，《台灣當代散文精選》選入十二篇社會文化爲題材的散文，像柏楊、杭之、南方朔的議論文，即顯然「非狹義美文」傳統。即使是以個人經驗爲題材，「獨白」、「閒話」敘述的抒情文，在《台灣當代散文精選》除了典型美文，亦有其他面向的呈現，許達然、苦苓和鍾喬之作，即在抒情之中仍

〔註15〕顏崑陽：〈文學創作下在文體規範下的經緯結構歷程關係〉，《文與哲》第 22
　　　期，2013 年 6 月，頁 579～580。

見其對臺灣現象的批判、社會的關懷。其他如自然生態、特殊族群、田園生活爲題材的散文，則高度呈現了散文家關懷社會的不同面向，這些都遠非「美文」主流標準所能正面評價的作品。

必須重申，《台灣當代散文精選》並非只收入「非狹義美文」的散文，其收入「美文」之作，亦有一定篇章，但絕非大多數。正如許達然自言：「散文可寫的太多了。島是臺灣文學的鄉土，然而文學並不只是寫鄉土而已。臺灣散文如島，非但不懼海的衝擊，還希望有海的壯闊洶湧，開放而不封閉。」〔註16〕許達然對美文傳統書寫典範之逆反，並非把「美文」體式全面排斥，而是企圖把此種主流典範解構，重提「社會性」，而使多元典範並列。《台灣當代散文精選》所呈現逆反「美文」的文學批評觀念，放諸臺灣散文流變之中，正具有這種多元典範並列的積極意義。

四、小結

臺灣美文傳統書寫典範的主流，如許達然不無諷刺地說：「散文大抵比詩用語直接、比小說敘述坦率，比戲劇不拘形式。直接坦率不拘形式最怕碰到政治。」〔註17〕自五四散文創體以來，散文即爲一無所不入、無所不包的類體，只要寫的人願意，何任事物都能夠成爲散文創作的題材。可惜的是，臺灣文學發展受限於政治主導，許多題材都難以書寫，亦令臺灣散文沒有充份、自由地多元發展。

許達然早在戒嚴時期，已經洞悉了這種散文創作的限制，高言「參與文學」之論，提倡散文家必須正視本土，心懷社會。及至解嚴，1989 年出版的《台灣當代散文精選》，重新省視戰後戒嚴的散文創作，挑選出許多不同於「美文」體式的作品，承繼過去斷絕的「批判精神」，令這批作品進入選本，得以見證美文傳統書寫以外的多元創作。

許達然以《台灣當代散文精選》的編選，實際操作呈現了他對美文傳統書寫典範逆反的文學批評觀念，可謂眾多臺灣解嚴後現代選本之先聲，開啓了散文多元典範的可能。就此，《台灣當代散文精選》在臺灣散文批評史之中，其意義與價值皆不容忽視。

〔註16〕許達然編著：〈散文台灣　　台灣散文——台灣當代散文精選序〉，《台灣當代散文精選》，頁 17。
〔註17〕許達然編著：〈散文台灣　　台灣散文——台灣當代散文精選序〉，《台灣當代散文精選》，頁 7。

第二節　《散文類：新時代「力與美」最佳散文課讀本》詮釋視域的開拓及典範重構

　　臺灣解嚴以來，文學創作、評論以至選集等都相對戒嚴時間更爲自由、多元，以及顯著的數量增加。其中，臺灣散文的評論雖仍遠不及現代詩、小說多，但創作、選集的量，卻超越了前兩者，是爲一特殊的文學現象。縱觀臺灣各大院校教授現代文學、散文相關的課程，必然會將散文選本列入教材之一〔註18〕，甚或以選本的選文講學，亦是常見。

　　2015 年，任教臺灣大學的高嘉謙、暨南大學的黃錦樹，他們源於教學緣故，又對市面流通的散文選本多有不滿，因而決定兩人合編出版《散文類：新時代「力與美」最佳散文課讀本》，以應付他們在實際教學的需求：

> 這部散文選其實只限於這個當代（近三十年），它有非常實用的目
> 的：主要是作為大學散文課的教材，免於任課老師印講義之勞苦。
> 高嘉謙教台大的散文課，我準備接暨大的散文課，我們對既有的選
> 本都不太滿意（其他文類的課也有類似的問題，不足為怪）。選目最
> 原始的型態是嘉謙的課綱，包含了少數大陸及香港的作品。在教學
> 上，有對照易於打開視域。但如依嚴格的體例要求，摻入台灣以外
> 的散文難免顯得凌亂；而如果為了平衡而大幅降低台灣作品的比
> 重，就會大大削弱在地感。因此大體上還是以台灣的產品為主，其
> 他地域的作為補充教材，因此並不是依嚴格的散文史要求而編選，
> 但整體上應該能體現出我們對散文的想像。〔註19〕

按黃錦樹序言的講法，這部散文選編選的功能、實用性目的，是爲了他們在兩間臺灣院校開設散文課，有一本符合兩人要求的教材。雖然黃錦樹指出這部散文選並非依嚴格散文史要求而編選，另一位編者高嘉謙在〈後記〉中亦言及：「這個選本不完全是散文史的綜觀，也並非旨在回應典律，勾勒名家經典。」〔註20〕但《散文類：新時代「力與美」最佳散文課讀本》作爲大學教材，

〔註18〕就我觀察，楊牧編《現代中國散文選》，幾乎是每個與現代散文相關的課程，
　　　　必定會列為教材的散文選本。
〔註19〕黃錦樹著，黃錦樹、高嘉謙合編：〈力的散文，美的散文〉，《散文類：新時代
　　　　「力與美」最佳散文課讀本》，頁 8。
〔註20〕高嘉謙著，黃錦樹、高嘉謙合編：〈散文的可能，以及一個世界的形成〉，《散
　　　　文類：新時代「力與美」最佳散文課讀本》，臺北：麥田，2015 年，頁 402。

又在「整體上應該能體現出我們對散文的想像」，就實際操作來說，在這臺灣近三十年的當代範圍之中，按兩位編者的美學標準選人、選文，本身已是樹立典範作家、作品的文學批評實踐。而學生接受就這部散文選為基底延伸的教學，也直接影響到學生對臺灣當代散文的認知，典範之形成。

2015 年出版的《散文類：新時代「力與美」最佳散文課讀本》，由臺靜農始，言叔夏終，共收四十篇散文。或者這部散文選並非文學大系、文學史的綜觀，但以「當代」為斷代，回應教學、時代的需要，其實際的選人、選文取捨過程之中，涉及了編者對散文此一「文體」的思辨，即：什麼是散文？怎樣才算是一篇好的散文？在什麼標準下，選入這位散文家的作品，勝於其他篇章而為典範，可供教學？編者通過對散文的本體論、認知論等考量，不論是有強烈自覺，抑或無心為之，都在編選行為形成的實際選本中，呈現出他們的文學批評觀念。

以此角度，《散文類：新時代「力與美」最佳散文課讀本》自是有其建構典範的實際教學效用。若把這部散文選放在解嚴後臺灣散文選本的脈絡，即能觀察出其文學批評觀念的獨特。本節所欲梳理的是：兩位編者對現存散文選的不滿，是怎樣透過編選選本而有所批判，在論述之中如何開拓散文更廣泛的詮釋視域？這部散文選的實際選文有什麼特色，其題材、敘述風格有何共相？最後，放諸臺灣散文選本的脈絡之中，《散文類：新時代「力與美」最佳散文課讀本》有否建構出不一樣的散文典範？

一、《散文類：新時代「力與美」最佳散文課讀本》散文視域的反省與開拓

黃錦樹在《散文類：新時代「力與美」最佳散文課讀本》序言論述中，具有強烈的歷史意識，其文學批評觀念論述，既論及現代散文的變流，形塑文體規範的過程及其內容，也談到抒情散文之為文體的關鍵條件，對現存的散文詮釋視域極具批判性。

> 總結新文學第一個十年成果的第一套《中國新文學大系（一九一七
> ～一九二七）》，散文就占了兩卷，僅次於小說的三卷，比只有一卷
> 的詩選多得多。在編選者周作人與郁達夫分別為各卷寫的〈導言〉
> 中，各自拈出彼此對散文的揀選標準，可以視為散文的文學自覺，
> 及初步的理論化。……郁達夫編的《散文二集》，魯迅、周作人兩個人

的文章加起來就占了一半的篇幅，可謂推崇備至。郁著重勾勒出魯迅與周作人文字風格，前者簡煉有力，後者古雅遒勁，很顯然以二氏為宗，其他諸家倒是補充的性質了。換言之，這一部大系就已為文學散文作了基礎的界定，樹立了標準，典範樣本，也等同限定了散文的自由──在一定的規範內。〔註21〕

黃錦樹在序言中，先由五四新文學革命談起，古典詩文系統不再為文學主流。而以白話文為基礎的現代文學系統，現代詩和現代小說皆從外國文學取得明確的文體規範，唯獨散文不然。「白話詩和白話小說一旦寫壞了，往往就『像散文』，意謂：欠缺自身文類的形式感。」〔註22〕話雖如此，現代散文亦有其文體規範的建構過程，周作人、郁達夫談散文的語言運用、作者的個性呈現等，都是現今學界談散文此一文體時，先會提及的散文初期理論。直至郁達夫編《中國新文學大系·散文二集》，以魯迅、周作人為典範、標準，可謂是「體源論」的以價值所本之優先性，也是「典範模習」的文學掉演。

此後，黃錦樹針對楊牧編《現代中國散文選》有所批判，認為其不論說理、雜文兩類，對魯迅的偏惡令《現代中國散文選》失去了半個散文世界。他指出，魯迅和周作人，恰是代表了日本明治以來「力的文學」與「美的文學」之對峙，而楊牧編《現代中國散文選》則一面倒傾向周作人。黃錦樹就現代散文流變的思辨，以《中國新文學大系·散文一集》、《中國新文學大系·散文二集》及《現代中國散文選》為論述材料，顯而可見，他對散文選本的重要性，其形塑散文的文體規範，建構作家、作品的典範，有所自覺。

黃錦樹就此延伸臺灣坊間的多種現代散文選，並舉出《天下散文選》、《散文教室》、《散文讀本》、《現代散文選續編》及《台灣現代文選：散文卷》，點出其不滿所在。雖則黃錦樹明言：「而我們編這本散文選的基本共識是：讀了『沒心得的』（借郭松棻的用語）、『沒感覺的』（嘉謙語）就不選，即使他或她的作品被廣泛的收進不同的選本，儼然一代名家。因為那樣的作品會沒法教，縱使選了，上課時還是會把它跳過去。因此我們設定的標準很簡單，無非就是個人的品味好惡。有的作者沒選純粹是限於聞見，發現時上課再補充講義

〔註21〕黃錦樹著，黃錦樹、高嘉謙合編：〈力的散文，美的散文〉，《散文類：新時代「力與美」最佳散文課讀本》，頁4～5。

〔註22〕黃錦樹著，黃錦樹、高嘉謙合編：〈力的散文，美的散文〉，《散文類：新時代「力與美」最佳散文課讀本》，頁4。

就是。」〔註 23〕所謂個人品味的好惡，縱觀黃錦樹的論述，實則是其文學批評觀的展示：

> 散文本以探索可能的世界為目的，因此穩定本來不足為奇，散文本性安分。但如果以台灣為場域思考，問題其實在於，散文領域的寫作者似乎普遍較欠缺反思性，也很少對它自身界限的思考。這又大致可以分為幾種狀況。一是戒嚴時代傳統中華文化再造的大綱領下，中文系學院教育傳承的美感經驗轉化出來的一種溫馴的散文寫作，以中文系科班出生的才女為主，和楊牧的小品文觀視域融合，也直接承接五〇年代渡海一代「閨秀散文」溫婉的懷舊風（即唐諾文章中嘲諷的幾個一點點）；另一種情況是鄉土文學的後遺症，以為對象世界可以提供絕對的保障，毫不修飾的描繪即可，就可以很本土，很文學。再則是無所不在的勵志散文，心情故事，心靈雞湯或高湯、玉米濃湯，與中產品味商品機制（廣播、電視）最有效的結合，在商業上非常成功。再一種與它功能相近的是中國傳統美學（詩詞書畫）的大眾化演繹，或傳統儒道思想的布道式陳述，散文之用大哉。這不必學，不必選，也不必多談。〔註 24〕

黃錦樹這段論述之中，對臺灣散文創作的現象分作四種區塊：第一，就戒嚴時期的政治主導、中文系傳承的美感經驗、楊牧的小品文觀，及渡海一代「閨秀散文」，所加諸而成，其實即是學界所說的「美文傳統」書寫。第二，是鄉土文學的偏面化，不加修飾的散文創作。第三，為臺灣經濟發達後，商業化的勵志、心靈雞湯式散文。第四，是將中國傳統美學、思想的大眾化演繹，黃錦樹對此頗為批判，「不必學，不必選，也不必多談」。這四種散文創作，在黃錦樹眼中，都是欠缺了應有的反思性。

　　這種反思性是什麼？黃錦樹針對第一種區塊，「美文傳統」書寫的流弊多加討論。他認為這種類型的散文創作，「充斥在各種散文選裡，占了大量篇幅，甚至遍及中學教科書，一定程度的左右了廣大學子對散文的想像」〔註 25〕。他

〔註 23〕黃錦樹著，黃錦樹、高嘉謙合編：〈力的散文，美的散文〉，《散文類：新時代「力與美」最佳散文課讀本》，頁 10。

〔註 24〕黃錦樹著，黃錦樹、高嘉謙合編：〈力的散文，美的散文〉，《散文類：新時代「力與美」最佳散文課讀本》，頁 12。

〔註 25〕黃錦樹著，黃錦樹、高嘉謙合編：〈力的散文，美的散文〉，《散文類：新時代「力與美」最佳散文課讀本》，頁 12。

又批判，大學中文系培訓中學老師，形成了學院封閉式的惡性循環，因而增添了這部散文選的實質難度。此一「美文傳統」書寫的系譜，黃錦樹列出鍾怡雯、林文月、張曉風、簡媜、廖玉蕙、周芬伶等，指出這些作品的泛濫，「沒有什麼文學史意義」，「那樣的散文在特定的風格溫室裡安安分分的被再生產，被消費，被遺忘」〔註26〕。黃錦樹所論的反思性，在這層次而言，即是散文家欠缺對「美文傳統」書寫流弊的反思了。

黃錦樹提及的反思性，還有對文類界限的層面：

> 抒情散文以經驗及情感的本真性作為價值支撐，它其實是受文類界限的保護的。散文課或散文選的功能之一，則是保護那界限。當然，抒情散文不過是散文之一端，在那之外，還有寬廣的領地。在中文現代散文的開端，大師巨匠以兩個詞語命名它——小品文，雜文——其實是命名了它的彈性。彈性取決於它的網能撒向多大的對象世界。譬如我認為，論文也是一種寫作。〔註27〕

黃錦樹反覆強調，小品文、雜文為現代散文的兩個起源，代表了散文創作領域的彈性。抒情散文必須以經驗和情感的本真性作為必要之契約，王德威如此形容他的抒情散文批評觀：「散文——抒情——文心的聯動關係不只是文體論，而是本體論問題。」〔註28〕按此，他即批判有一散文家以小說技藝進出文學獎散文組，違反了抒情散文的倫理契約，故不選其文。而在抒情之外，他則認為，實用類的散文，也是文學寫作的其中一種。也就是說，反思文類之為文類的界限，以及更多的可能。

高嘉謙在〈後記〉亦回應了黃錦樹的論述，他認同「散文相對其他文體而擁有的自由，讓作者可以展現更大的野性和解放」〔註29〕，另一方面，他指出中文系傳統寫作不能一概而論，簡媜、周芬伶、鍾怡雯的創作都非一成不變，這種寫作風格在散文史的發展有其主導地位，即使未必構成時代經絡。

〔註26〕黃錦樹著，黃錦樹、高嘉謙合編：〈力的散文，美的散文〉，《散文類：新時代「力與美」最佳散文課讀本》，頁14。

〔註27〕黃錦樹著，黃錦樹、高嘉謙合編：〈力的散文，美的散文〉，《散文類：新時代「力與美」最佳散文課讀本》，頁14。

〔註28〕王德威著：〈埔里的摩羅——詩力與文心〉，《論嘗試文》，臺北：麥田，2016年，頁8。

〔註29〕高嘉謙著，黃錦樹、高嘉謙合編：〈散文的可能，以及一個世界的形成〉，《散文類：新時代「力與美」最佳散文課讀本》，臺北：麥田，2015年，頁402。

從《散文類：新時代「力與美」最佳散文課讀本》序言、〈後記〉的散文論述觀之，從散文流變中「文體規範」的形塑，反省臺灣散文視域取周作人而棄魯迅的偏差，批判「美文傳統」書寫主流，以及提出散文創作應有的彈性。這種論述開拓了臺灣散文更為廣闊的視域，亦是為其選人、選文樹立標準，提供相對其他選本不一樣的典範可能。

二、《散文類：新時代「力與美」最佳散文課讀本》實際選文特色

《散文類：新時代「力與美」最佳散文課讀本》開拓了臺灣傳統對散文詮釋的視域，但誠如黃錦樹自言，「美文傳統」書寫主流化，使這部散文選不少作者的散文仍屬此類，增加了編選的實質難度。因此，選文視域的「應然」，絕不等同實際選文的「實然」。本節即就這部散文選的選文，作一細讀、分析，以題材分類〔註30〕，再就各篇選文點出其中的特色、共相。

第一類，以個人生活經驗為題材，作家主體情志出發，抒情夾以敘事，是「獨白」或「閒話」的敘述形式。這類選文為《散文類：新時代「力與美」最佳散文課讀本》最大一支，包括臺靜農〈始經喪亂〉、齊邦媛〈來自雲端的信〉、余光中〈聽聽那冷雨〉、〈牛蛙記〉、〈鬼雨〉、簡媜〈小同窗〉、陳大為〈從鬼〉、童偉格〈失蹤的港〉、劉梓潔〈父後七日〉、黃文鉅〈就木〉、言叔夏〈馬緯度無風帶〉，共十一篇。

這類散文的共相，主要仍是黃錦樹所形容的傳統抒情散文，從個人主體的生活經驗出發，抒發私己之情志。不過，《散文類：新時代「力與美」最佳散文課讀本》收入的抒情散文，像臺靜農〈始經喪亂〉，反映了「渡海一代，半生漂泊，在戒嚴時代大隱於台北，飽嚐流離的辛酸苦澀」〔註31〕，個人和時代緊密勾連；齊邦媛〈來自雲端的信〉，「在私人的情感線索裡，以『小歷史』

〔註30〕雖則黃錦樹認為：「以題材分種類其實是最膚淺的，大部分散文品類都不是新的，更根本的還是寫作者能否讓它達到一種高度（帶出一個世界，或藉以思索某個問題），或傳達出趣味。」分類本是權宜、論述的必要，重要是分類之後的詮釋，是否有具體的見解。即使以功能、形構分類，若欠具體見解，還是難免膚淺。本節以題材作分類，一來顯示解嚴後散文創作的多元題材，二來是借此一相對客觀的題材分類，進一步論及作品之特色，始是核心。見黃錦樹著，黃錦樹、高嘉謙合編：〈力的散文，美的散文〉，《散文類：新時代「力與美」最佳散文課讀本》，頁10。

〔註31〕黃錦樹著，黃錦樹、高嘉謙合編：〈力的散文，美的散文〉，《散文類：新時代「力與美」最佳散文課讀本》，頁11。

緊貼時代的脈搏」〔註32〕，個人在大時代的相遇離合；童偉格〈失蹤的港〉，也未嘗不是著意個人、歷史和土地之思辨。這三篇選文，是這類散文的殊相，不止個人情感，更引出一個龐大的世界。

第二類，以歷史事件、敘述爲題材，涉及大歷史的觀照，共收入楊絳〈丙午丁未年紀事〉、楊牧〈那一個年代〉、王安憶〈漂泊的語言〉三篇。楊絳〈丙午丁未年紀事〉寫個人在文革所經驗的光明與黑暗；楊牧〈那一個年代〉記述臺灣戒嚴時代的沈默和謊言；王安憶〈漂泊的語言〉思辨新加坡、馬來西亞對待華語的態度，及其歷史成因。此類散文的共同特色爲，直接以個人經驗、理性思辨，書寫大時代的歷史事件、變化。

第三類，以人物記述爲題材，他人爲主要描寫對象，或反映時代，或抒發感慨，有臺靜農〈記波外翁〉、江曾祺〈星斗其文，赤子其人〉、林文月〈從溫州街到溫州街〉、雷驤〈岳父寫生帖〉、張錯〈逸仙雅居〉、陳芳明〈奔流入海〉、朱天文〈做小金魚的人——讀《華太平家傳》〉、柯裕棻〈爺爺房裡的鐘〉，共八篇，爲第二大類。

這類題材的選文，共分兩種特色。第一種是書寫名公巨匠，一時俊彥，時代掌故本身已是反映時代的素材，臺靜農〈記波外翁〉，波外翁爲有才學的舊派文人；江曾祺〈星斗其文，赤子其人〉記沈從文這位大文學家的爲文、性情；林文月〈從溫州街到溫州街〉寫臺灣知名文人臺靜農和鄭騫之相交；朱天文〈做小金魚的人——讀《華太平家傳》〉，寫其父臺灣小說家朱西甯書寫遺作的情景。第二種爲記述親人，抒發悲情，雷驤〈岳父寫生帖〉、張錯〈逸仙雅居〉、陳芳明〈奔流入海〉和柯裕棻〈爺爺房裡的鐘〉皆是如此，其中陳芳明之文，更涉及個人和家國、親情的角力。

第四類，以地方、空間爲題材，計有江曾祺〈西南聯大中文系〉、楊牧〈戰火在天外燃燒〉、駱以軍〈溫州街夢見街〉、房慧真〈紅樓〉四篇。或寫該地之人事，江曾祺〈西南聯大中文系〉，房慧真〈紅樓〉兩篇各以不同角度談中文系，一則年代久遠的西南聯大，一則是臺灣師範大學，頗有對照；或寫該地的特色，楊牧〈戰火在天外燃燒〉童年記憶的花蓮家居，駱以軍〈溫州街夢見街〉寫文藝中年的溫州街。

第五類，以飲食爲題材，書寫食物之品類味道，有江曾祺〈豆腐〉、徐國

〔註32〕高嘉謙著，黃錦樹、高嘉謙合編：〈散文的可能，以及一個世界的形成〉，《散文類：新時代「力與美」最佳散文課讀本》，臺北：麥田，2015 年，頁 402。

能〈第九味〉兩篇。江曾祺〈豆腐〉深入豆腐的類別、煮法，仔細品評，通篇旨在說明、描述；徐國能〈第九味〉不獨寫飲食，佐以人情、記事，從飲食之道表達人生哲理的感悟。

第六類，以原住民爲題材，有楊南郡〈斯卡羅遺事〉一篇。這篇散文獨異於這部散文選其他選文，爲報導體散文，作者走訪臺灣以往十八番社首領的家族，記述昔年大股頭潘文杰的事蹟，至今一切早已煙消雲散。由此，作者提問：原住民的名實兩亡，生活習俗和語言皆漢化之時，到底部落文化之根有什麼意義呢？

第七類，以旅行、移動爲題材，共收楊牧〈搜索者〉、鍾怡雯〈紗麗上的塵埃〉、黃湯姆〈旅遊文學：地方精神與詩意承載〉三篇。楊牧〈搜索者〉記第二次去溫哥華島的獨自旅行，在此中提撕個己精神，是傳統抒情散文的範本；鍾怡雯〈紗麗上的塵埃〉書寫印度之旅，涉及到對印度人民艱難生活的觀察、思考，也有幾分悲天憫人；黃湯姆〈旅遊文學：地方精神與詩意承載〉與眾不同，思辨何謂旅行文學，同時也對各種旅行現象富有批判性思考，相當知性。

第八類，以學術爲題材，有王德威〈父親的病──駱以軍與《遠方》〉一篇，是大多數散文選集所不及的題材。王德威的論文，由魯迅談到駱以軍，及其小說《遠方》，見解獨到，具有評論散文此一體之美學。

第九類，以城鄉爲題材，收楊索〈這些人與那些人〉、唐捐〈螢河榮枯錄〉兩篇。楊索〈這些人與那些人〉書寫社會底層，由鄉下雲林到都市臺北謀生，遇到的種種挫折、悲涼，也是臺灣歷史的縮影；唐捐〈螢河榮枯錄〉，以極其豐富的意象，寫螢河象徵的鄉土意象，以及都市現代生活形式，物慾、性慾，以至鄉土記憶的消逝。

第十類，以攝影爲題材，吳明益〈美麗世（負片）〉一篇。該文以個人攝影經驗出發，思考攝意的人文意義，引經據典，由腦科學、梭羅、物理學家等，談到電影《銀翼殺手》，充滿知性、知識的敘事。

第十一類，以醫療爲題材，吳妮民〈週間旅行〉一篇。吳妮民本爲醫生，這篇散文記述她作爲居家照護團隊的見聞，書寫許多病人、家屬之間的人情冷暖，各種生老病死的溫暖與悲哀。

以上由《散文類：新時代「力與美」最佳散文課讀本》實際選文所劃分的十一類題材，各具特色，反映了這部散文選的多元選文。這部散文選顧及

主流抒情散文的類型，也見其變貌；又具有呈現散文彈性的企圖心，選入許多與臺灣時代、社會相關的散文。《散文類：新時代「力與美」最佳散文課讀本》承編者之選文視域，其類型實用如學術論文、報導體散文等，其風格知性論述者亦不爲少數，顯然開拓了臺灣散文選本中實際選文的可能。

三、《散文類：新時代「力與美」最佳散文課讀本》的典範重構

《散文類：新時代「力與美」最佳散文課讀本》在選文視域、實際選文的開拓，很能體現黃錦樹在序言再三強調的，散文除了小品文、美文，其實大有另一個世界。唯有把這兩個世界併而觀之，才可以充分理解現代散文的彈性和多元：

> 現代生活裡的散文，很容易走向小品文，美文，幾乎已可說是它的天然屬性，這方面周作人不能說沒有遠見。那符合都市中產階級的審美需求，符合市場需求，溫馴委婉，也容易被教學體制吸收、消化、再生產。但我們其實不該忘記現代散文源頭那『以危機為動力的躍動』，必須向當下世界開啟，而非局限在個人小我（小資）的天地，而淪為當年魯迅批評的『小擺設』（〈小品文的危機〉）。散文需要世界。就這點而言，《龍坡雜文》也僅僅是雜文的半個世界（臺老心靈的爐餘錄），另一半被戒嚴高壓壓扁成無厚的平面了，它的魂化成了煙濃雲黯、沉鬱頓挫的墨字。〔註33〕

黃錦樹論現代散文走向小品文、美文，主要針對臺灣散文發展脈絡而論之，他談及戒嚴時期的高壓主導影響，像魯迅弟子臺靜農的《龍坡雜文》，也沒有那種政治、干涉社會的力量；臺灣中產階級的增加，資本主義市場的散文商品化，也是臺灣解嚴之後的文學生態。在這種臺灣美文傳統的脈絡，黃錦樹堅持著，散文——散文家不應自我設限在個人小我的天地，提倡散文需要「世界」，要有那種「以危機爲動力的躍動」，魯迅式回應現實的雜文，「對既定的文學品味本身的反思與抗拒」〔註34〕。從黃錦樹對臺灣現代散文的論述、批判觀之，《散文類：新時代「力與美」最佳散文課讀本》顯然是和臺灣由戰後承傳至今的「美文傳統書寫典範」對話，並以實際編選散文選本，還原、重構臺

〔註33〕黃錦樹著，黃錦樹、高嘉謙合編：〈力的散文，美的散文〉，《散文類：新時代「力與美」最佳散文課讀本》，頁16～17。

〔註34〕黃錦樹著，黃錦樹、高嘉謙合編：〈力的散文，美的散文〉，《散文類：新時代「力與美」最佳散文課讀本》，頁6。

灣當代散文該有的典範類型。

　　黃錦樹這種對臺灣現代散文的反思，及實際操演選本的可能，恰恰和臺灣解嚴後的言論自由、政治解放，有直接的關係。當臺灣美文傳統書寫不再是主流的典範視域時，眾多散文家、散文批評家、編選者，始能更進一步思考散文的可能。黃錦樹、高嘉謙主要以近三十年臺灣「當代」為限，實際目的是教授學生，其關注的其中一個重點是「散文作為文類的功能，以及散文可能觸及的經驗世界與對象」〔註35〕，也就是抒情，以及抒情以外的功能，個人，與個人以外的經驗世界與對象。

　　準此，可以看到《散文類：新時代「力與美」最佳散文課讀本》作為典範重構的可能。這部選本一反常態，刻意編入王德威的文學論文〈父親的病——駱以軍與《遠方》〉，在序言亦舉出錢鍾書、楊絳、莊信正和葉輝之作，認為評論也能夠是絕紗的散文〔註36〕，正是立人選文以顯其典範。報導體文學，選有楊南郡〈斯卡羅遺事〉，是抒情以外的實用，超越了個人的小天地，以至歷史、社會的反思。知性散文一途，頗多選文，像吳明益〈美麗世（負片）〉、黃湯姆〈旅遊文學：地方精神與詩意承載〉，富有哲思趣味。而以歷史事件、敘述為題材的三篇選文，楊絳、楊牧和王安憶，直接揭露了個人以外的世界，大歷史時代的鉅變，極具歷史意識；以城鄉為題材，楊索、唐捐更探入臺灣社會的景象，是時代縮影之中的悲歌。這些選文，都是兩位編者所欲呈現的，散文抒情功能與個人世界的另外一面。

　　其實，即使是傳統主流一派的抒情散文，也選入了許多非個人小天地的選文。《散文類：新時代「力與美」最佳散文課讀本》以臺靜農為開首，魯迅的渡台弟子，以及在戒嚴時代，居住臺北，其半生流離之經驗，即使是抒情散文，作家主體自成世界，所寫皆時代掌故，像〈始經喪亂〉、〈記波外翁〉，莫不如此。之後齊邦媛〈來自雲端的信〉、童偉格〈失蹤的港〉，也呈現了抒情散文中經驗世界、對象的不同可能。

　　黃錦樹批判楊牧小品文觀，捨棄魯迅不談，雜文以外，也是在失去了如《野草》的自由。由此，他拉出了《野草》的系譜，像余光中提倡現代散文語

〔註35〕高嘉謙著，黃錦樹、高嘉謙合編：〈散文的可能，以及一個世界的形成〉，《散文類：新時代「力與美」最佳散文課讀本》，臺北：麥田，2015年，頁402。
〔註36〕黃錦樹著，黃錦樹、高嘉謙合編：〈力的散文，美的散文〉，《散文類：新時代「力與美」最佳散文課讀本》，頁14。

言的密度、彈性等，而寫下諸篇散文（選入〈聽聽那冷雨〉、〈鬼雨〉），楊牧之《年輪》，以至唐捐、陳大為和言叔夏，「有高度的文體自覺」。〔註37〕按此論述魯迅系譜散文的「體源批評」，也是在楊牧小品文觀外，由抒情一途接續魯迅，使臺灣散文的抒情源流，不單周作人一家，而顯得更具多元、自由。這種系譜的建構，和典範性作家、作品有直接之「鏈接效用」的關係。

綜上而言，黃錦樹、高嘉謙編選的《散文類：新時代「力與美」最佳散文課讀本》，從選文視域、實際選文的開拓，針對臺灣現代散文流變中，以美文傳統書寫作主流典範加以批判、反思，其重構典範之企圖，尤能在接續魯迅至臺灣散文之論述可見。魯迅代表了臺灣美文傳統所排除的社會向度，以及另一種創作的典範，這種接續即為在源流之中重構典範。《散文類：新時代「力與美」最佳散文課讀本》極力呈現散文之多元功能，以及經驗世界與對象的不同可能，於臺灣諸多散文選本中顯示其獨特的文學批評價值。

四、小結

黃錦樹、高嘉謙編選的《散文類：新時代「力與美」最佳散文課讀本》，以教學為實際目的，企圖呈現臺灣現代散文該有的功能，由此上追現代散文的兩大起源典範，周作人、魯迅。由於臺灣社會在政治上經歷戒嚴階段，「戰後時期散文」形成主流的美文傳統書寫典範，魯迅即被排除於外，散文遂失去了干涉社會、以公共經驗為題材的可能。有見及此，這部散文選即有意接續魯迅在臺灣散文之斷裂，在選文視域、實際選文之中，重構臺灣散文的多元典範。

《散文類：新時代「力與美」最佳散文課讀本》有其局限，高嘉謙即言：

> 相對坊間可見的選本，這個版本相信也還是一種妥協。不僅是兩位編者各自的取捨，種種因為聯繫、授權、篇幅等原因而未能收錄的文章，只能留待講義補充。這可能也解釋了坊間選本不能盡如人意的原因，似乎也難有一個選本可以滿足大部分的散文課。這正好說明了每一本選本既可能是不同選文立場，也可以相互的補充。〔註38〕

〔註37〕黃錦樹著，黃錦樹、高嘉謙合編：〈力的散文，美的散文〉，《散文類：新時代「力與美」最佳散文課讀本》，頁15。

〔註38〕高嘉謙著，黃錦樹、高嘉謙合編：〈散文的可能，以及一個世界的形成〉，《散文類：新時代「力與美」最佳散文課讀本》，臺北：麥田，2015年，頁403。

高嘉謙相對黃錦樹的批判論述，在〈後記〉中即指出，《散文類：新時代「力與美」最佳散文課讀本》的編選困難，實際的技術問題之外，其實也涉及到兩位編者的取捨，即是兩個文學批評觀之對話。而臺灣散文選本，恰恰是處於「文學歷史」和「文學社群」的對話關係，既受其影響而產生，也產生了相對的文學影響效果。

散文「選」本，既云選集，本來沒有能夠完美呈現臺灣散文創作的可能。選本之可貴，或許正在不完美之中，在取捨得失之中，表達出編者與眾不同的文學批評觀念。臺灣解嚴以來，眾多散文選本對話的動態歷程，鬆動、解構了過去主流的美文傳統書寫典範，使得更多不同功能，書寫不同題材、世界的散文，得到列入典範的可能，使散文能夠表達更為多元的「力和美」。

第三節　本質待定：當代臺灣年度散文選「準典範」的另一種可能——以《十字路口——台灣散文 2015》為例〔註39〕

一九八〇年代，臺灣解嚴，外有政治改革的社會轉型、經濟發展的都市化，內有散文家就文體的反思、鄉土主義的提倡、副刊雜誌的興盛、各種文學獎的設立，促成散文家自由創作，勇於寫出不同題材、風格的散文，呈現百家爭鳴的景況。

「文變染乎世情，興廢繫乎時序」，文學書寫的內容必定受到社會整體的變化影響。諸如蕭蕭在《七十六年散文選》談到政治開放、經濟和文學之間的緊密關係：「以臺灣地區而言，民國七十六年政府解除了四十年的戒嚴，開放大陸探親，准許大陸出版品在臺灣印行，報禁也宣布解除，政治的開放呈現了文學的多種可能。」〔註40〕

文學的多種可能，既指文學能有更為廣闊的創作可能，亦意味出版書籍的種類更為多元。就臺灣現代散文選本而言，在臺灣解嚴前後即出版不同的選本，重要且具開拓性的，有九歌版年度散文選、前衛版年度散文選、希代

〔註39〕本節內容主要修改自我在《輔大中研所學刊》刊登的論文，感謝評審教授呂湘瑜用心評點，讓此文內容更加詳實。袁仁健：〈本質待定：當代臺灣年度散文選「擬典律」的另一種可能——以《十字路口——台灣散文 2015》為例〉，《輔大中研所學刊》第 39 期，2018 年 10 月，頁 287～310。

〔註40〕蕭蕭編著：〈序言〉，《七十六年散文選》，臺北：九歌，1988 年，頁 319～321。

版年度散文選三種。九歌版年度散文選自 1981 年編選刊行至今，前衛版年度散文選則由 1982 年編選，至 1985 年中輟；希代版年度散文選由 1986 年編選，至 1990 年中輟。

　　解嚴後臺灣散文選本至今，其編選形式已不止「年度選」，更多的「主題式」、「斷代」、「文學批評觀」作選文範圍、取捨取向，呈現多元的文學現象。舉例而言，有楊牧、顏崑陽合編《現代散文選續編》；周芬伶、鍾怡雯編《散文讀本》、蕭蕭編《台灣現代文選：散文卷》；鍾怡雯、陳大為編《天下散文選 I　1970～2010》、《天下散文選 II　1970～2010》、《天下散文選 III 1970～2010 大陸及海外》；向陽編有《二十世紀台灣文學金典》（散文卷）第一部、《二十世紀台灣文學金典》（散文卷）第二部、《二十世紀台灣文學金典》（散文卷）第三部；黃錦樹、高嘉謙編《散文類：新時代「力與美」最佳散文課讀本》等散文選本，皆為重要且與「年度選」不同編選形式的散文選本。

　　不同出版社、編者的文學選集，各有其「意識形態」、「文學批評觀」等主宰生產過程，其成品著重的不是「同」，而是「異」。正如黃錦樹編選散文選本的自白：「坊間已有多種現代散文選（有的直接就是為了教學而編的），為什麼我們還要再編這麼一本以教學為目的的散文選？理由再簡單不過，對既有的選本不太滿意。」〔註 41〕身分、編選動機和目的、審美價值、接觸文本的場域等等，都會干涉選本選文之取捨，構成編者之能見與不見，也因此促成眾多選本的出現。

　　以「典律」（Canon）的角度來看，文學選本既是為了建立新的經典，同時亦是鬆動舊日經典的過程。經典並非先驗本質的存在，而是經過後人不斷形塑而成，且隨時面臨挑戰。林燿德又言：「整體而言，各大系、全集的同步湧現，間接說明了海峽兩岸在八〇年代後期展開交流後，台灣文壇人士對文學史解釋權的焦慮症。」〔註 42〕據此觀察當代臺灣眾多的現代散文選，不論其審美取向，或編選形式，都是在提出散文典範「準典範」的概念，為「典律化」中爭奪話語權的過程，並對臺灣現代散文史的再建構。

〔註 41〕黃錦樹著，黃錦樹、高嘉謙合編：〈力的散文，美的散文〉，《散文類：新時代「力與美」最佳散文課讀本》，頁 3。

〔註 42〕林燿德編著：〈導論〉，《當代臺灣文學評論大系（2）文學現象卷》，臺北：正中，1993 年，頁 30。

　　臺灣現代散文的研究相對現代小說、現代詩遠為冷清，鄭明娳早於 1989 年即言：「在國外西方文學史中，散文一直不被承認為重要文類，自然不會有理論家為它建構理論。在中國現代文學的發展中，現代詩與小說都一直普受理論家關懷，只有極少數人注意散文，更少人關心散文理論的建立。」〔註43〕究其根本，既是散文此一文類未有明確定義〔註44〕，相對其他文類，難以借鑒西方文學理論分析其文學技巧、結構等，故較不受作者、研究者關注〔註45〕。但與此同時，各種現代散文選本百花齊放，數量比起現代小說、現代詩選本都多，形成一種隱性的「多元對話」。在臺灣現代散文研究普遍受到冷落，而選本出版卻反之大行其道，受眾多而研究者較少，更呈現了臺灣現代散文選本研究的重要性。

　　在 2015 年，由人間出版社，呂正惠策畫，藍建春、沈芳序編選的《十字路口——台灣散文 2015》〔註46〕年度散文選出版了。以「年度選」為編選形式，企圖與至今唯一仍在編選的九歌年度散文選對話，尤其針對同一年份袁瓊瓊編選的《九歌 104 年散文選》〔註47〕。《十字路口——台灣散文 2015》於臺灣現代散文年度選長期只有單一聲音的情況，無疑提出一種觀察臺灣現代散文新的可能，具有特殊性質。準確地說，編選年度散文選乃編選者對當代文學作品的品評與判斷，作為「典範形塑」的普遍方式，但《十字路口——台灣散文 2015》的特殊在於反思、質疑既有主流散文「典範形塑」的傾向，從而以新的視角選擇、建構不同的「擬典律」，在上述這種當代臺灣散文選「眾聲喧嘩」〔註48〕出版現象，特殊之中又具有普遍性。

〔註43〕鄭明娳：〈第六章結論〉，《現代散文構成論》，臺北：大安，1989 年，頁 275。

〔註44〕散文難以定義之說，歷來頗多相似論述，像陳平原、黃錦樹等學者，龔鵬程便曾追溯、反思歷來學者對散文定義之不足，推崇鄭明娳「用力最勤」，「體大思精」，但也批評「而仍有如許多理論的缺口，其餘論者，等諸自鄶，又何庸再議？」參考龔鵬程：〈散文的後現代性〉，《文學散步》，臺北：臺灣學生書局，2003 年，頁 271。

〔註45〕何寄澎編著：〈導論〉，《散文批評》，臺北：正中，1993 年，頁 23。

〔註46〕藍建春、沈芳序合編：《十字路口——台灣散文 2015》，臺北：人間，2015 年。此系列另有一書為《十字路口——台灣小說 2015》，因非本文主要論述對象，在此不論。

〔註47〕袁瓊瓊編：《九歌 104 年散文選》，臺北：九歌，2015 年。

〔註48〕「眾聲喧嘩」一詞出自巴赫金，王德威用之形容臺灣文學場域，強調語言傳佈的多音複義傾向，以及其與各種社會文化建構往來互動的變化關係。本文借用此一文學觀念，以形容當代臺灣現代散文選本出版現象的多元，

本文採用「準典範」〔註49〕一詞，乃因當代年度散文選之選文，與經過歷史漫長時間所淬鍊形塑的「典範」尚有距離，所選進之當代作者、文本並未真正成為經典，有待未來經讀者接受之驗證。故此「準典範」之擬，乃旨在指出選本有其建構理想散文範式之企圖，借編選此一有意識的取捨過程，提出未來「典範」一種暫定的假想。這種假想僅為「典律化」過程其中一個影響因素，但置於眾多散文選本「多元對話」的關係之中，就文學批評觀之反思、質疑，仍然有其深層的選本意義。

　　本節以《十字路口——台灣散文2015》及《九歌104年散文選》為例，嘗試解答以下問題：一、《十字路口——台灣散文 2015》的選文取向為何？二、此一選本的實際選文有什麼特色？三、其與《九歌 104 年散文選》之異同為何？四、以上述三個問題之研究成果，對觀察當代臺灣現代散文及其選集，具有什麼意義？

一、《十字路口——台灣散文 2015》及《九歌 104 年散文選》的選文取向

　　此節不以選文「標準」、「原則」為詞，乃因「標準」、「原則」有一強硬、必然如此的意思，唯以此觀察臺灣現代散文選本，編者自言的選文「標準」、「原則」，常與實際選文的呈現有所出入。故以選文「取向」代之則較為妥當，強調編者選文取向之理想，不一定能夠完全反映在選文的實際選文。

　　若要理解《十字路口——台灣散文 2015》此一現代散文選本，必須先知道它的生產原因。呂正惠於這套書總序〈為何要出版這一套選集〉有明確的自白：

> 朋友突然說，雖然你的文學觀點在台灣不受重視，你還是可以想辦
> 法編一些選集，經由這些選集，來讓台灣的創作者和讀者了解到，

彼此各有其特定的歷史、社會背景，而亦代表不同的文學批評觀念，互相衝突矛盾，同時亦是對話之關係，值得研究者揭示其深層意涵。參考王德威著：《眾聲喧嘩》，臺北：遠流，1988 年。

〔註49〕「準典範」一詞的界義，參考侯雅文提出「準典律」一詞，按侯雅文的說法：「準典律」即指在「同一」時期內，某些文本曾被「某一」或「某些」秉持相近或不同意識型態的讀者群體所共同擇出並賦予認可，雖則這些文本未經時代洗禮，成為權威性的「典律」，但已涵有朝「典律」發展的可能，故可稱為「準典律」。見侯雅文：〈宋代「詞選本」在「詞典律史」建構上的意義——「詞史」研究、書寫「方法論」之省思〉，《淡江中文學報》18 期，2008 年，頁 119。

這也是一種文學作品，而且可能是更好的文學作品的起點。……如果這樣，台獨派不是更可以說，你一點都不關心台灣。當然他講這種話是要逼迫我去做這一件事。我以前這麼關心台灣，老是提出一些「諍言」，沒人理我，還有人罵我，我只好走開，有誰要我再用這種方式去關心台灣呢？朋友看我氣得不想講話了，就轉換語氣說，你自己估量一下，有沒有可能按你的觀點來編年度文學選，就算你再為台灣再盡一分心意吧。〔註50〕

在這篇總序，可以歸納出呂正惠策劃這一套書的三個原因：第一，呂正惠認爲自己的文學觀念與臺灣主流文學觀相差極大，故欲以這一套書選出符合自己選文視域的文學作品。第二，呂正惠認爲臺灣文壇「把初入文學之路的年輕人帶到死胡同，未來的發展很有限」〔註51〕，希望借此一套書提供另一方向給予對文學有志的年輕人。第三，由以上兩個原因，此一臺灣主流文學觀即具體呈現爲九歌版年度文學選，「我立即買來九歌的兩本選集，和建春的選目核對，發現除了一篇外，其他選目竟然完全不同」〔註52〕，其意欲以人間版與九歌版年度文學選比較之企圖，非常明顯。

《十字路口——台灣散文 2015》一書，呂正惠是負責策畫，對此一選本的選文取向有一定影響力。呂正惠找了藍建春負責實際編選，並告訴他「選錄作品的基本原則（從生活經驗出發，要有當代生活氣息，不要太重視技巧與原則）」，同時又強調「儘可能的尊重他的選擇，盡量不予更動」〔註53〕，可見藍建春編選具有自主性，而另一編者沈芳序正是由他找來一起編選散文。

除了那些難以一言道盡的個人偏好、偏惡之外，這本文選，企圖能夠在兩個軸線上去展現過往一整年的散文寫作成績。其一在於文中所顯現、連結、對應、批判、牽纏的台灣社會，不論是族群、歷史、文化、還是政治災難、運動休閒，要言之，這些作品能夠

〔註50〕呂正惠著，藍建春、沈芳序合編：〈為何要出版這一套選集〉，《十字路口——台灣散文 2015》，臺北：人間，2015 年，頁 6。

〔註51〕呂正惠著，藍建春、沈芳序合編：〈為何要出版這一套選集〉，《十字路口——台灣散文 2015》，頁 4。

〔註52〕呂正惠著，藍建春、沈芳序合編：〈為何要出版這一套選集〉，《十字路口——台灣散文 2015》，頁 7。

〔註53〕呂正惠著，藍建春、沈芳序合編：〈為何要出版這一套選集〉，《十字路口——台灣散文 2015》，頁 7。

為讀者展現出,或者是引領讀者觀察到,台灣社會相對獨特的任
何特定面向。……其二,在第一個編選原則的基礎上,作為輔助
性的第二個考量則是,盡可能照顧到文字形式上的成就、特色。
換句話說,這本文選並不以所謂美文、文章流利、文字奇巧等等,
作為編選的主要心法,相對地,在文字順暢的基礎上,能夠鏈結
種種台灣過往的、現在的、未來的造景圖像,才是這本文選最根
本的想望。〔註54〕

藍建春在《十字路口——台灣散文2015》的〈導言〉提出他的選文取向:第
一,也是最重要的原則,台灣散文創作必須與台灣社會有或隱或現之關係,
並能令讀者由其散文中觀察台灣社會某一面向。換言之,過度抽離現實,欠
缺社會性的散文,即使技巧有多好,都不足以成為此一選本的選文。第二,
以文字形式次要的考量,在行文符合文字通順的基準上,挑選出兼具社會性、
藝術性的作品。可以說,藍建春乃以社會性為主,藝術性為次的選文取向,
觀察、評價、詮釋二零一五年的臺灣散文創作,並加以取捨,最後生產出《十
字路口——台灣散文2015》的選文。

　　相對而言,袁瓊瓊在《九歌104年散文選》中〈主編序〉強調文字技
巧、風格的重要:「散文,優秀的散文作者,必然鍊字,必然有自己的獨特
腔調,因此,閱讀散文其實是一件需要學習的事。讀者須要先習慣作者的
『腔』,之後才看得下去,才能看出高低。」〔註55〕此一取向,偏重傳統美
文的審美觀念。

我以是否有「時代感」,作為汰選原則。入選的這些作者,書寫的生
活、心情,甚至感受,我看來都異常鮮銳,啊原來現在的年輕人想
得這樣多這樣深。而且他們的世界普遍寬廣,許多書袋掉起來不費
吹灰之力。看人情世事,使用的眼光也具有高度,絕非小鼻子小眼。
我猜想網路使得這一世代人比之我輩,具有更龐雜和豐富多彩的
「資料庫」,他們看外界的眼光是帶鋒芒的,跟網路一樣,任何事都
必然與其他事連接。〔註56〕

〔註54〕藍建春著,藍建春、沈芳序合編:〈導言〉,《十字路口——台灣散文2015》,
　　　　臺北:人間,2015年,頁14。
〔註55〕袁瓊瓊編著:〈主編序〉,《九歌104年散文選》,臺北:九歌,2015年,頁14。
〔註56〕袁瓊瓊編著:〈主編序〉,《九歌104年散文選》,臺北:九歌,2015年,頁21。

袁瓊瓊的選文標準，以具有「時代感」作爲汰選原則，其內涵包括以「書寫生活、心情」爲主，並具有「網路世代」看待人情世事的特色，各種事物都能有如「超連結」般連繫其他事物。這種選文標準明顯和藍建春的想法差異頗大。

概括言之，藍建春乃以社會性爲主，藝術性爲次的選文取向，觀察、評價、詮釋 2015 年的臺灣散文創作，並加以取捨，最後生產出《十字路口——台灣散文 2015》的選文。而袁瓊瓊則以文字技巧、風格爲重，並特別重視年輕一代的散文作者，以「時代感」爲選文取向，編選取捨出《九歌 104 年散文選》。

二、《十字路口——台灣散文 2015》選文的實際呈現

林燿德針對臺灣文學選集的編選行爲，明確指出「實然」和「應然」之間的矛盾：「通常，行動和意圖之間、意圖和最終事件之間，如果出現符合的情況，往往只是例外，編者的想法也往往因爲執行上的偏差而折射到非對應的領域間。」〔註 57〕

正如林燿德所言，編者以理想的選文取向，觀察實際的文學創作成果，即使經過取捨、詮釋，最終出現的選文成果，也未必能夠確實完美地反映編者理想的文學觀念。極端而言，假若編者意欲於某一年度，挑選出談及兩岸美食之文章，而實際創作領域並無相關作品，則無法得以實踐。此外，編者有可能爲求符合心目中的理想選文取向，過度詮釋甚或扭曲作品的意涵。

因此，不可斷言《十字路口——台灣散文 2015》的選文取向，必然如實反映在選本的實際選文呈現。既是如此，有必要檢視《十字路口——台灣散文 2015》的實際選文呈現，並嘗試加以歸納、分類，找出選文的共同特色，以驗證其選文取向。

必須注意，《十字路口——台灣散文 2015》一共選進二十五篇臺灣現代散文，但最後兩篇散文並非在二零一五年刊登、出版。王錦南〈仰視浮雲白〉於二零一四年刊登，林慧君〈父親走了以後〉於二零一六年出版，兩篇皆在《九歌 103 年散文選》〔註 58〕以及《九歌 105 年散文選》〔註 59〕都未收錄，但選文

〔註 57〕林燿德編著：〈導論〉，《當代臺灣文學評論大系（2）文學現象卷》，臺北：正中，1993 年，頁 39。
〔註 58〕阿盛編：《九歌 103 年散文選》，臺北：九歌，2014 年。
〔註 59〕楊佳嫻編：《九歌 105 年散文選》，臺北：九歌，2016 年。

視域仍然與九歌版散文選不同，故仍列入選文之討論材料。二十五篇選文，大略可以分為以下七種題材類型：

第一，以旅遊、移動為題材，呈現對兩岸關係、臺灣生活的思考，包括郭強生〈媽媽我在湖南了〉、石計生〈帶著她的歌去旅行〉、劉大任〈再見長城〉。以郭強生〈媽媽我在湖南了〉，即以「我」對母親湖南話的懷念，特意至湖南旅行，訴說自己是半個湖南人的鄉愁，呈現臺灣外省子弟家族身份認同的複雜性。

第二，以飲食為題材，反映臺灣社會文化變遷，為田威寧〈秋刀魚之味〉、李敏勇〈清明之憶，潤餅之味〉。前者借秋刀魚訴說個人成長，側寫臺灣社會的人事變幻，抒發悲涼之感；後者以南臺灣清明節吃潤餅的傳統，講述家族、親情，反映臺灣傳統文化的重要。

第三，以人物為題材，皆以臺灣人物為描述對象，同時連結臺灣社會政治、社會變化。王正方〈朱人哥生我的氣了〉、祁立峰〈瑪莉兄弟〉、施淑〈記得當年花爛漫〉、亮軒〈那個鄉巴佬　懷想王華沛〉、王錦南〈仰視浮雲白〉以及林慧君〈父親走了以後〉，一共六篇可納此類。以施淑〈記得當年花爛漫〉來說，作者描寫葉嘉瑩老師的教學，並側筆書寫時代變化對於葉老師的影響，在古典之外，接觸現代文學和電影的原因。

第四，以特殊族群為題材，即以如新移民、原住民、同志、臺灣青年等群體背景之寫作材料，並反映此一族群在臺之生活。陳又津〈陳秀珍〉、張怡微〈君自何處來〉、凌餘〈鹹水雞的滋味〉、謝凱特〈我的蟻人父親〉、黃文鉅〈魔山〉以及羅毓嘉〈七、七〉，此六篇可列入此題材。

第五，以生態、自然為題材，指涉臺灣保育、食物安全等社會問題，包括蘇惠昭〈看見老鷹了嗎？〉、黃志聰〈遷徙〉、吳晟〈溪州尚水米：水田溼地復育計劃〉。

第六，以歷史、民俗為題材，反映臺灣社會的文化傳統。以陳柔縉〈往事如菸〉、鄭栗兒〈在歲月中流轉的生靈故事：基隆中元祭〉以及吳敏顯〈那一年半載〉三篇為主。

第七，以個人經驗為題材，抒情為主，較難看出其與臺灣社會之連結，計有宇文正〈電話！〉、神神〈小事記：希臘悲劇、妓女、土撥鼠日〉兩篇。這兩篇不妨可以借鄭明娳〈當代台灣散文現象觀測〉中列出現代散文「私散文」一詞的定義：「散文作者的世界觀如果僅是侷限在小我上，則亦可稱之為

狹窄的意識形態……我們不僅看到作家的意識，還看到作者不自知的潛意識。」〔註60〕以上兩文，皆著重於個人私我的經驗，以自我挖掘為主。

　　以此為論，上文歸納七種題材類型的選文，除了「以個人經驗為題材，抒情為主」一種，其他六種皆呈現明顯的共同特色，亦即著重社會性，以臺灣人事為根基，向內有生態、歷史之縱深，亦關注臺灣青年的本土困境，向外伸展至兩岸關係、移民生活之探討。《十字路口——台灣散文2015》由大範圍的文化鏈結、族群聯繫、飲食文化、自然生態、政治社會、私書寫等類型，意在反映臺灣散文重要面向，也就是說，藍建春不認為單一世代或族群可以代表臺灣社會之再現。

三、《十字路口——台灣散文2015》與《九歌104年散文選》選文的異同比較

　　藍建春在《十字路口——台灣散文2015》的實際選文呈現，大體與其理想之選文取向貼近，著重社會性外，亦關注其藝術性。但這種以社會性為主，藝術性為輔的文學批評觀念，其選文視域明顯與《九歌104年散文選》差異極大，僅有一篇〈我的蟻人父親〉相同。同時《九歌104年散文選》選出言叔夏〈賣夢的人〉為年度散文獎，而《十字路口——台灣散文2015》則不見其選文，更是呈現《十字路口——台灣散文2015》遠離九歌版年度散文選此一主流文學批評觀甚遠。

　　《十字路口——台灣散文2015》和《九歌104年散文選》的選文名單、作者老中青世代之分佈〔註61〕、原文刊登或得獎之時地及生理性別，本文經過對兩種年度散文選資料的整理，加以對照、比較，可見其編選之特色：

　　第一，《九歌104年散文選》共選文四十篇，當中十五篇選文皆為文學獎得獎之散文。《十字路口——台灣散文2015》共選文二十五篇，只有一篇選文為文學獎得獎的作品。文學獎之評審，大多貼近臺灣主流對現代美文的審美

〔註60〕鄭明娳著，林耀德編：〈當代台灣散文現象觀測〉，《當代臺灣文學評論大系（2）文學現象卷》，臺北：正中，1993年，頁454。

〔註61〕老中青之年齡分界，在此參考袁瓊瓊在《九歌104年散文選》序言之說，編者以西西、林懷民為老世代，即1950年前出生之作者。中世代則以周芬伶、王定國、林文義等六位作者，皆為1970年前出生。1970年以後出生的作者，皆列入青世代。故此，為統一分界標準，本文整理《十字路口——台灣散文2015》選文名單的老中青世代，亦採取相同標準判斷之。參考袁瓊瓊編著：〈主編序〉，《九歌104年散文選》，臺北：九歌，2015年。

觀念〔註62〕，若從此一判斷考察，可見《九歌104年散文選》與文學獎的審美視域相近，接受並與之共同構成「擬典律」。《十字路口——台灣散文2015》則如上文所引呂正惠總序〈為何要出版這一套選集〉，意圖提出另一種跟主流不同的選文取向，因此只選入一篇得獎之作。

　　第二，《九歌104年散文選》及《十字路口——台灣散文2015》，在選入文章之刊登地有同有異。相同的是，前者選《聯合報》副刊十三篇、《自由時報》副刊兩篇、《中國時報》副刊四篇、《印刻文學生活誌》兩篇、《明道文藝》一篇；後者選《聯合報》副刊九篇、《自由時報》副刊七篇、《中國時報》副刊兩篇、《印刻文學生活誌》一篇、《明道文藝》一篇。相異的是，前者都選《聯合文學》四篇、《中華日報》副刊六篇、《風傳媒》一篇、《文訊》一篇；後者選《幼獅文藝》兩篇、《台灣光華雜誌》一篇、《兩岸犇報》一篇以及直接由書選入一篇。選文場域之相同，既可見站在臺灣副刊發表的重要性，又能看出同一年的編選者觀察相同的發表媒體，而所選的文章卻各有不同，同中開異，亦是一種間接的對話。反之，選文場域的相異，不同的發表媒體各有特色、立場，關注與忽略之間的取捨，正呈現兩種選文的個殊特色。例如，《台灣光華雜誌》以台灣政治、經濟、社會、文化為主，並非主要以文學為主題的雜誌，可見《十字路口——台灣散文2015》選文廣泛，美文之外，更關注社會之實況。

　　第三，老中年世代之分佈差異，頗能見出兩種選本關注重心之不同。《九歌104年散文選》選老世代有二人，中世代有六人，青世代有三十二人，反映「時間感」。《十字路口——台灣散文2015》選老世代有八人，中世代有七人，青世代有十人。由以上可見，兩種選本皆以青世代的比例為重，反映選文對年青一輩散文家的重視。但是，老世代的比例相差甚遠，袁瓊瓊即於《九歌104年散文選》序言提及，老世代之作家多半都不寫文章，又或者只寫些應酬之作，故不選入。〔註63〕相對來說，《十字路口——台灣散文2015》選文取向重視社會性，涉及臺灣歷史面向，自然選入更多富有閱歷的老世代散文

〔註62〕黃錦樹追溯由余光中、楊牧建立現代主義式的「現代散文」系譜，重文學藝術性，對社會介入之類型存而不論，和公共經驗隔離，並從而以王安憶對市場散文之批評，導出「不論是文學獎還是更為日常的副刊雜誌上的計酬版面」，都和「現代散文」有「直接的血緣關係」，「只不過此刻是商品性和美學自主性的共謀」。參考黃錦樹著：〈論嘗試文〉，《論嘗試文》，臺北：麥田，2016年，頁95～104。

〔註63〕袁瓊瓊著，袁瓊瓊編：〈主編序〉，《九歌104年散文選》，臺北：九歌，2015年，頁15～16。

家。《九歌104年散文選》的青世代比例極高，其原因可見上文所論及「時代感」的選文取向，不再贅述。

第四，男女生理性別之比例的相似。《九歌104年散文選》及《十字路口——台灣散文2015》男女比例接近五比五，兩種選本的男性皆比女性多出一人。由此可見，這兩種選文都不是以生理性別為一重要的選文因素，而男、女散文家在此一世代人數頗為平均，故兩者比例貼近。

另外，必須更進一步討論《九歌104年散文選》及《十字路口——台灣散文2015》共同選入謝智威〈我的蟻人父親〉一文，即為什麼兩種年度散選本會選進這篇散文？

首先，先以《九歌104年散文選》的選文取向來看，謝智威是青世代的作者，其文章也獲得第十一屆林榮三文學獎散文獎三獎，作者以同志的身分書寫與父親之關係，對生活有「異常鮮銳」的切入與表述。文末引用電影《蟻人》，化用於篇章之中，亦為青世代常見的手法。文章格局頗有鋪排，現在、過去交替穿插，並於結尾以「蟻人」形象總結，人情世事具有「高度」表述。〈我的蟻人父親〉富有青世代的「時代感」，選進《九歌104年散文選》，並非異例。

其次，從《十字路口——台灣散文2015》談之，藍建春序言即提及：「同樣值得一觀的是〈我的蟻人父親〉中，橫陳在勞工父親與同志兒子之間的巨大鴻溝，與曖昧難解的情感狀態。」〔註64〕藍建春並將其置於特殊族群書寫，例如新移民、同志等，可見除了對文字章法的要求，更著重的是作者所呈現此一同志族群在臺生活之面貌，具有高度的社會性。得獎與否，是否符合臺灣主流散文審美觀，反而並不重要，相對《九歌104年散文選》選入同屆林榮三文學獎散文獎二獎，此一選本選入得獎作品應是巧合。

總結而言，雖然兩種年度散文選共同選入謝智威〈我的蟻人父親〉，但背後的理由差異頗大，可以發現同中反能更見其異之所在。《九歌104年散文選》側重文字技巧，其選文視域與臺灣主流文學獎的審美觀念相近，且高度讚揚、重視青世代之散文家。《十字路口——台灣散文2015》，以社會性為主，藝術性為次的選文取向，既反映在幾乎不選文學獎得獎之散文，又見於所選取刊登媒體的文章，老中青世代比例平均，亦見其呈現整體臺灣面貌之意圖。

〔註64〕藍建春著，藍建春、沈芳序合編：〈導言〉，《十字路口——台灣散文2015》，臺北：人間，2015年，頁19。

由此，可由第一序選本比對的梳理，進入第二序的問題討論。亦即：以上述之研究成果，對觀察當代臺灣散文及其選集，具有什麼意義？

四、以《十字路口——台灣散文 2015》觀察當代臺灣散文及其選集的意義

文本的意義，必須置身於比較的「相對」之中價值才能得以顯現。現當代文學的發展，早已擺脫古典主義、理想主義的「絕對」價值，進而了解到價值並非先驗存在，而是後設建構出來的存在。

> 「藝術性」與「實用性」並非先於創作實踐，而完全由類體所客觀決定；必須在創作實踐之後，由作者的性情、學養、創作動機與目的以及語言表現技法的效果，才能判定。一般學者都將創作成果誤植為文類體裁的先驗性本質。〔註65〕

換言之，文類體裁並非具有「藝術性」與「實用性」之本質，而是有「藝術審美的向度」與「社會實用的向度」的可能。向度，是事物所徵示一種藉它實現主觀目的的可能的方向，是在尚未表現完成之前的潛能，因此不是既成、恆定的屬性。準此，散文之文類實為「本質待定」，需要經由作者、讀者、編選者等社群共同創造、接受，以此一角度觀察之，則更能看出文學選本之深層意義和價值所在。我們必須把《十字路口——台灣散文 2015》此一明顯有某種對抗性的當代臺灣現代散文選本，置身於同一領域眾多臺灣現代散文選「眾聲喧嘩」的文學現象，反思人間版年度散文選揭示了這種散文「本質」不同的可能。

黃錦樹在《散文類：新時代「力與美」最佳散文課讀本》序言中點名批評不同的臺灣現代散文選本，認為它們都不太令人滿意。〔註66〕此一批評，頗能呈現當代臺灣散文選本的文學現象，亦即彼此衝突、矛盾，同時也因此促使更多有志者編輯、出版現代散文選本，並將此一出版成果置身於同一場域，形成一對話、互動的關係。這是沒有「絕對」本質價值之後必然出現的現象，《十字路口——台灣散文 2015》所代表的文學批評觀念正是其中之一的「相對」價值。本文透過梳理許達然《台灣當代散文精選》、黃錦樹和高嘉謙編選

〔註65〕顏崑陽：〈論「文類體裁」的「藝術性向」與「社會性向」及其「雙向成體」的關係〉，《清華學報》第 35 期，2005 年 1 月，頁 318。
〔註66〕黃錦樹：〈論嘗試文〉，《論嘗試文》，頁 3。

的《散文類：新時代「力與美」最佳散文課讀本》，以及人間版年度散文選「準典範」所提出散文的理想範式，正見其所欲反思臺灣主流美文觀念，質疑臺灣散文是否僅有單一面向的呈現。而這種質疑亦早見於向陽主編聯合文學《二十世紀台灣文學金典》（散文卷）。

　　由解嚴至今的臺灣現代散文選本出版，可以觀察到當中最為顯著的特徵，乃是針對九歌版年度散文選的文學批評。九歌版年度散文選由《七十年散文選》〔註67〕至今《九歌107年散文選》，共計三十七本，但由於編選者各異，也絕非只有單一面向之選文〔註68〕，嚴格來說，只能稱之為直觀式綜合的文學批評。然而，更值得探究的是在此一情況中向陽、呂正惠、藍建春等之相似論述，實則其編選的選本意義，在於借對九歌年度散文選概括性的批判，作一臺灣當代散文整體主流觀念之反省，亦即質疑這種排除強烈批判性、社會性的散文，而偏重個人、閒適、抒情美文的不足，具有拓展未來臺灣當代散文「典範」多元面向的效用。

　　在臺灣現代散文的研究、理論、論戰等，遠比小說、詩為少的情況，誠如鄭明娳描述：「社會如此不尊重散文此一文類，也無形中引帶作者的自貶。乃至文壇有：失敗的小說家與詩人就淪為散文家的邪說。」〔註69〕臺灣現代散文在論述貧乏的情況〔註70〕，其選本之百花齊放，即必須更進一步揭示其深層意義。由此，當能認知九歌版年度散文選，何以成為《二十世紀台灣文學金典》（散文卷）所批評的對象。既然臺灣當代散文選本為一豐碩的文學現象，在欠缺或難以進行其他相關論述之際，則大可借助編選散文選本置入此一「多元對話」的場域，或因襲或批判等論述方向，表達、提倡明確、同中有異的散文「準典範」。這種獨特現象無形中使得臺灣當代散文選本更具

〔註67〕林錫嘉編：《七十年散文選》，臺北：九歌，1982年。

〔註68〕舉例而言，顏崑陽編選《九十二年九歌年度散文選》，即從序言中提出「新載道精神」之說，選入不少極具社會批判意味之散文。參見顏崑陽編著：〈現代散文長河中的一段風景〉，《九十二年散文選》，臺北：九歌，2004年。

〔註69〕鄭明娳，林耀德編：〈當代台灣散文現象觀測〉，《當代臺灣文學評論大系（2）文學現象卷》，臺北：正中，1993年，頁471。

〔註70〕臺灣現代散文爭論，近年以黃錦樹、劉正忠以抒情散文為主題之論戰最為可觀。黃錦樹在2015年於人間副刊發表〈文心凋零〉一文，其後劉正忠在中國時報以〈他辨體，我破體〉，引起關注，但沒有更多人加入討論，只能算作小型論爭。黃錦樹將論戰文章收入《論嘗試文》，並有其相關此一議題的論述，可供參閱。黃錦樹：《論嘗試文》，臺北：麥田，2016年。

「典範形塑」的影響力。

> 典律生成的過程，則如同共識的瓦解與重新建立。設若以既有典律
> 的存在為一共識狀態，既有典律的詮釋接二連三遭到挑戰之際，便
> 開啟了全新典律形態的生成過程。典律數量上的有限性從而阻絕了
> 其他作家作品的晉身典律地位，往往正是既有典律遭到挑戰的根本
> 原因。而附屬於典律，伴隨價值判斷必然產生的權威性，因而也競
> 逐典律詮釋的主要動力所在。進入第二個階段之後，在既有的典律
> 及其詮釋出現鬆動危機之際，挑戰論述如果持續擴大的話，則會開
> 始呈現一連串不同取向對象的評論、研究成果，與諸文選編輯、文
> 學史撰寫，遂逐步醞釀全新典律形態的生成。到了第三個階段，學
> 院研究、教學亦逐漸成形，同時扮演了後續階段全新典律形態教學
> 者的師資訓練，繼而影響到基礎教育語文教科書、教學方針的重新
> 分配。最後，全新典律形態的完成，有典律文選書籍，以營利導向
> 的書籍市場直接挪用了全新典律形態之結果，當此之際，一度打破
> 的共識狀態又逐步回復。〔註71〕

藍建春指出「典律化」理想的過程分成三階段：第一階段，既有的典律開始
受到挑戰，即開拓了新典律取代舊典律的可能。典律是具有理想、少數性
質，涉及從眾多現存作品之取捨，故此新典律欲要成立，舊典律必然受到質
疑。第二階段，假若此一質疑持續擴大，即以不同形式的文學現象出現，諸
如學術研究、文學選本、文學史撰寫等，建構新典律之詳細內容。第三階
段，將第二階段逐漸成形之成果，帶進教育層面，如師資訓練的要求、語文
教育之方針、教科書的選文等。經此，新典律即取代、融和舊典律而成為共
識存在。

　　不過若深究此一說法，尚可考慮更多條件、助因，單以現代散文發展為
例，即必須考量散文相關的文體學知識、散文傳統之流變、文學和美學批評
意識、時代共同構成之風格、文學獎的品味等。另外，「典律化」也非單一線
性之發展，實際發展情況往往是各種不同的「準典範」彼此並存，並不是非
此即彼的取代，必須經歷漫長的時間，並於不同空間依然廣泛流傳、接受，
方能確立散文「典範」之作。

〔註71〕藍建春：〈類型、文選與典律生成：臺灣自然寫作的個案研究〉，興大人文學
　　　報第 41 期，2008 年 9 月，頁 177。

　　本文所論的人間版、九歌版年度散文選，以及諸多相關臺灣現代散文選本當可視作「典律化」第二階段之情況，即以其「準典範」對既有「典範形塑」傾向的挑戰，以及嘗試建構未來新典範的各種可能，一如《九歌 104 年散文選》提倡的「時代感」。這些臺灣當代散文選本應為一「多元對話」模式，彼此影響滲透，當中既有因襲，也有針對目前「典範形塑」的質疑。誠如上文就《十字路口——台灣散文 2015》及《九歌 104 年散文選》的比較，同中有異，異中有同，只宜就其實際成果研究，分析個別選本的特色，不可簡化。

　　準此，《十字路口——台灣散文 2015》即與《二十世紀台灣文學金典》（散文卷）相似，其目的在於借九歌版年度散文選質疑臺灣散文既有「典範形塑」的傾向，從而就散文理想範式提出新的「準典範」。《十字路口——台灣散文 2015》相對其他現存當代臺灣散文選本更具針對性，即為一「年度選」編選形式之存在，可供比較每年選文之差異，更能呈現散文選本不同的文學批評觀。

　　《十字路口——台灣散文 2015》共計有七種題材類型，其中六種具有明顯的共同特色，即著重社會性，反映某一臺灣社會之特定面向。也因此，其選文結果與《九歌 104 年散文選》相異極大，僅有一篇選文相同。呂正惠就此即言：「我非常高興，這就證明兩邊各有各的選擇標準，這樣，對文學有興趣的讀者，至少可以讀到兩種選集，怎麼說都是一件好事。」〔註72〕

　　概括以上論述，《十字路口——台灣散文 2015》置身於當代臺灣散文及其選集的意義，即有：一、在九歌版年度散文選獨佔鰲頭的情況，另有一人間版年度散文選，以供廣大讀者閱讀、比較。二、透過《十字路口——台灣散文 2015》此一具體成品，提出與《九歌 104 年散文選》相異的文學批評觀，為觀察臺灣現代散文增加不同的視域。三、編者以《十字路口——台灣散文 2015》明顯借反思九歌版年度散文選的選文傾向，質疑臺灣當代散文的主流批評觀念，提出側重社會性散文「準典範」的可能。不論此一理想範式能有多大的影響力，依照臺灣當代散文論述相較貧乏的困境，這種選本對話關係所呈現深層的選本意義，具有補充臺灣散文批評欠缺的價值了。

〔註72〕呂正惠著，藍建春、沈芳序合編：〈為何要出版這一套選集〉，《十字路口——台灣散文 2015》，頁 4。

五、小結

　　文學離不開社會，社會之改變，必然隨之影響到文學種種現象。鄭明娳曾針對臺灣解嚴後如此說：「台灣自八○年代末期政府解嚴後，言論尺度大為開放，文學的表呈內容也相對擴大許多，散文中意識形態的雜然並呈，實為七十年來所未見，值得注意。」〔註73〕

　　這種開放性，當然呈現於公認最為開放的文類：散文。散文創作的多元，諸如生態、飲食、都市、兩性、運動、旅遊等等，對比解嚴前都有長足的進展，甚至獨立成為學院專門的研究對象。創作多元，選本也隨之改變，而其中又涉及編者的文學批評觀，保守與進步、單一與多元，此乃一複雜的動態變化過程，因此才有目前眾聲喧嘩的選本文學現象。

　　據此，即文學的本質並非先驗存在，而是必須經過創作而後才能判定其內容。散文亦然，而以其開放性為文類之最，在作家意識形態的多元解放中最可直接表達其所思所感。因此，當代臺灣散文的「典範形塑」，也不可單以一家一言一系為標準，必須關注置身於文學出版場域的對話現象，其中眾多選本「準典範」提出各樣理想範式的意涵。

> 如果欠缺作家、作品的歷史性存在，即使再怎麼樣雄辯的論說與挑
> 戰，恐怕也只能是一時的、空泛的抽象論述。相對地，獲得作家、
> 作品的印證，全新典律形態及其詮釋將能夠得到進一步的具體化，
> 從而透過雀屏中選的特定作家、作品，繼續傳播、強化全新典律形
> 態的存在感及其權威性：某某作家作品，乃代表著臺灣文學，她的
> 重要成就及她的重要方向。〔註74〕

呂正惠策畫，藍建春、沈芳序編選《十字路口——台灣散文 2015》，正是由抽象論述落實至作家、作品的歷史性存在，得到作家、作品的具體印證其以社會性為重，藝術性為次的文學批評觀念。同時，也以《十字路口——台灣散文 2015》使這些被選入的作家、作品，得以在市面更為廣遠的流通，挑戰既有「典範形塑」的傾向，同時亦提出新的「準典範」。臺灣散文選本提出了不同、多元的「準典範」，為當代臺灣散文帶來不一樣的視域，值得期待、觀察。

〔註73〕藍建春著，藍建春、沈芳序合編：〈導言〉，《十字路口——台灣散文 2015》，
　　　　臺北：人間，2015 年，頁 455。

〔註74〕藍建春：〈類型、文選與典律生成：臺灣自然寫作的個案研究〉，興大人文學
　　　　報第 41 期，2008 年 9 月，頁 194～195。

第六章　結　論

　　由中國大陸五四美文始，國民黨遷臺後政經因素主導所建構的「美文傳統」書寫，片面、單一化過去歷史階段的散文典範，高舉「感性」、「浪漫」抒情為散文的藝術本質，而其他非狹義美文的文學創作，則被排除於散文典範之外，彷彿是一座美文詮釋視域的圍城。及至解嚴前期，一九七○年代至一九八○年代社會環境轉變，文學思潮興起，散文家筆下多有非狹義美文的變貌，鬆動了「美文傳統」書寫的主流典範，許多優秀又具批判性的作品，告訴了讀者，散文之美並非如此狹窄而已。這座美文圍城在臺灣解嚴後終告瓦解，隨政治鬆綁的言論自由，社會的複雜變化，散文創作另一番創新，多元題材並立，量多質精。解嚴以來的散文選本，不再因襲「美文」作主流的文學價值判準，非狹義美文之作正式進入選本，以作散文典範，明確顯示了散文批評者、編選者，已經從圍城中突破而出，看見了散文的不同可能，狹義美文以外的審美標準。

　　本文以「美文傳統」的「逆反與解構」為主題，旨在論及臺灣散文選本的「文學批評史」觀念之變化，分析、論證臺灣學界研究「美文傳統」之文學脈絡，怎樣建構，如何鬆動，以至於解嚴後逆反與解構的具體呈現。我借鏡了顏崑陽的「文體論」作研究方法基礎，諸如「文體規範」、「經緯結構歷程」、「體源批評」等，結合文學詮釋的普遍方法，針對臺灣散文選本作一詳盡的文本分析，揭示諸選本所具的散文批評觀念。經過以上選本的詮釋，該可證成臺灣昔日所建構「美文傳統」的主流典範，在解嚴之後多受反思、批判，不少文學批評者更以實際的編選行為，逆反、解構此種傳統典範，選出許多非狹義美文之作，重新建構臺灣散文的多元典範。而在臺灣散文研究、批評相

對現代詩、小說貧乏的此際，解嚴後臺灣散文選本的百家爭鳴，在「文學歷史」和「文學社群」的對話關係之中，顯得更爲重要、特殊。

一、研究成果

上述大體論之，爲第一章緒論的總結，下文將就各章的研究成果分述，並統合各章研究成果，以揭示其內在邏輯及系統：

第二章「臺灣現代散文的美文書寫典範建構及鬆動」，聚焦在臺灣「戰後時期散文」的「美文傳統」典範建構和鬆動之過程。第一節談及一九五〇年代至一九六〇年代，自國民黨遷臺，因應政治需要，推出戰後文藝政策，鼓吹反共文學，亦使得臺灣文學界對五四時代本應多元的書寫傳統，片面、主流的選擇性承接，加上現代主義、美學思潮、市場接受，使散文獨以「美文」的抒情面向爲尊，建構了強力主導的審美標準。第二節，則從一九七〇年代至一九八〇年代的戰後社會因素，論及臺灣政治改革的社會轉型、經濟發展轉的都市化，諸如「美麗島事件」、「都市化」、「擠榨農村」以至「消費時代」、「資訊時代」等事件及轉變，使得臺灣散文創作出現了新的變貌，諸如「自然書寫」、「都市文學」等。第三節集中討論臺灣一九七〇年代至一九八〇年代文學流變對美文傳統書寫典範的鬆動，第一，一九七〇年代，由七〇年代許達然提倡「參與文學」，以至八〇年代苦苓形容主流美文爲「軟骨文學」，林文義亦以「臨照水仙」批判散文家在鄉土文學論戰中袖手旁觀，這些都是散文家就文學現象的觀察、反省戰後以來臺灣散文欠缺對於土地、社會和人群的關注。第二，鄉土文學論戰中，現代散文雖非主角，但並不是完全沒有受到影響，其主義的提倡可視爲此一逆反、解構「美文傳統」書寫典範的伏流。其三、四爲副刊雜誌的興盛，以及各種文學獎的設立，則是令文學的發表平台開放和增加，有助文學多元的創作。

第三章「《現代中國散文選》與《現代散文選續編》的立與破」，則進入選本的具體分析。第一節，分析解嚴前楊牧編選《現代中國散文選》中美文傳統式的詮釋視域，楊牧建構了現代散文的系譜，但卻不論說理、雜文兩類，顯然把「藝術性」和「社會性」二分而論，既受「文學歷史」視域限制，也影響了後人如何看待散文的價值判準。第二節，則由解嚴後楊牧、顏崑陽合編《現代散文選續編》爲研究對象，前作和續作有相當明顯的對話關係，而《現代散文選續編》也確實在文學批評觀、實際選文，突破了前作的典範建構，

顯示出「藝術性」和「社會性」不應二元對立,「社會性」亦是文學審美的重要一環。第三節,借由從以上兩本選本比較,觀察解嚴後臺灣現代散文的變貌,在文學史、文學批評和選本之間的討論,諸如「後現代」、「後殖民」以及「後解嚴」等說,綜觀此一散文變貌的特色、意義,可見「美文傳統」主流的評價判準,已不能限制散文多元體式的創新,進而被散文選本編選者所看見。

第四章「《二十世紀台灣文學金典》(散文卷)與九歌年度散文選的對話」,以向陽編選《二十世紀台灣文學金典》(散文卷)三部,和個別九歌年度散文選作研究對象,把其置於「美文傳統」典範的脈絡中,分析、觀察這兩種選本針對傳統的逆反與解構。第一節詮釋《二十世紀台灣文學金典》(散文卷)中,可見向陽對「美文傳統」所造成散文的詮釋視域偏頗,有相當深刻的批評,並選出四類非狹義美文並立,呈現了他對此傳統的逆反操作。第二節,因應解嚴後九歌年度散文選編者不一,難以整體觀之,故在「美文傳統」詮釋視域之歧出的脈絡,針對討論個別的選本,並詳細分析顏崑陽編選《九十二年散文選》和胡晴舫編選《九歌一〇七年散文選》的文學批評觀念,前者提倡「新載道精神」,後者則言「不選美文」,顯然具有解構傳統的企圖。第三節,從以上兩種選本分析其解構「美文傳統」的意義,一窺臺灣散文選本中,各個編者不同的文學批評觀,以及其對美文傳統書寫主流典範的解構、逆反,「文學歷史」和「文學社群」有所對話,承襲、更變,以至對後世有其影響「效果」,是為兩種選本對話所呈現的文學意義。

第五章「解嚴後散文選本『典範』的眾聲喧嘩及其意義」,乃於臺灣解嚴後眾多散文選本中,分析就本論題較具文學批評意義的選本,以彰顯逆反、解構的眾聲喧嘩,及其所重新建構的多元典範和意義。第一節論及許達然編選《台灣當代散文精選(1945~1988)》,在臺灣散文選本批評史中具有重要地位,是為首本以臺灣為定位的散文選本,上追「日治時期散文」,是「美文傳統」批判之先聲,以實際選文呈現了散文的「社會性」。第二節以高嘉謙、黃錦樹合編《散文類:新時代「力與美」最佳散文課讀本》作分析,此一選本有實用的教學功能,企圖呈現散文該有的面向,上追現代散文的兩大起源典範,周作人、魯迅,有意接續魯迅在臺灣散文之斷裂,重構臺灣散文的多元典範。第三節,以呂正惠策畫,藍建春、沈芳序編選《十字路口——台灣散文2015》,和同年度袁瓊瓊編選《九歌104年散文選》作一比較分析,並用「準典範」一詞,指出解嚴後的現代選本選文,尚在「典範形塑」的動態歷程之

中，並未正式成爲典範，而實是未來典範的其中一種可能，有待觀察。

　　就以上各章而言，由臺灣「美文傳統」書寫的主流典範如何被建構，成爲被發明的傳統，到此傳統怎樣因應時代變遷而有所鬆動，而至解嚴後的逆反與解構，此一散文批評脈絡已經具體呈現了。如果視楊牧編選《現代中國散文選》爲「美文傳統」書寫典範觀念之呈現，即可發現《現代散文選續編》，以及其他本文論及的諸選本，都在和它對話，亦不甘於此一詮釋限制，而有所突破、重構多元的散文典範。在臺灣解嚴後「後現代」、「後殖民」以及「後解嚴」的當下，臺灣文學眾聲喧嘩的此際，一本又一本現代散文選本的出現，它們看似互不相關，實質在「文學社群」和「文學歷史」的「經緯結構歷程」之中，彼此有所影響、對話，即使矛盾、衝突，也豐富了臺灣散文批評的內涵。或許，古往今來的文學情境，亦然如此，不同「準典範」的提出，難以在未來——成爲典範，卻提醒了我們，文學並不是一元的本質論，而是充滿可能，尚待創作者實踐和發現的「未定」。當文學批評超脫了單一、片面，才更具良性、正向的推動，成就臺灣散文百花盛放的景緻。

二、研究反思與展望

　　必須一提，本文有自身的局限，誠如顏崑陽談及文學研究的「有限性」：

> 古今學者都存在他「有限性」的歷史時空位置，而以某種被形塑的「文化意識形態」觀看、理解、詮釋他所身處的「世界」；「世界」不是全幅無遮的「現成物」，而是依循存在者的觀看、理解、詮釋，所展現的「視域境」。生命的存在既是「有限性」，則一切觀看、理解、詮釋的「視域境」，當然就有其歷史性的「限制」。〔註1〕

研究的「限制」，來自於人類生存本具的「有限性」。單就本文的研究「視域境」而言，最明顯的局限，乃在於我的時間、才力不足，面對臺灣眾多現代選本，未能一一細論，僅能依照與論題最能聚焦的文本，詳加分析。舉例而言，陳萬益在 2004 年出版的《國民文選・散文卷》〔註2〕三冊，首冊全選「日治時期散文」，上追其時的多元典範，堪頗研究。更進一步而言，不同文類的選本，彼此是否有所對話，互有影響？如有，又是一種怎樣的關係？其共相和殊相

〔註1〕顏崑陽：〈中國人文學術如何「現代」？如何「當代」？〉，《學術突圍》，臺北：聯經，2020 年，頁 69。
〔註2〕陳萬益編：《國民文選・散文卷》，臺北：玉山，2004 年。

又是如何？如此種種，都是有待更進一步的探討。

　　臺灣選本大系的對話關係，也是一個相當重要的面向，像張曉風編《中華現代文學大系散文卷》共四冊，收選 1989 至 2003 年 74 位散文家的作品。此一大系，可與解嚴前的《聯副三十年文學大系》〔註3〕七冊的散文卷對照，相信能夠分析出解嚴前後在題材、風格、內容等面向之不同。

　　在討論美文傳統書寫典範時，我留意到文學生態的複雜性、多元性，特別是在一九五〇年代至一九六〇年代，雜文的創作不必然如主流論述般缺席，很可能僅是因爲美文評價判準中，因應其「文學性」不足而加以忽略、排斥，致使我們看不見它們。此中，特別是男性散文家的創作，他們是否真的全爲「反共文學」，而沒有社會批判性？答案顯然並非如此。在美文傳統已非主流詮釋的此際，學界可以重新檢視他們所隱沒在時代巨流的身影，以補足文學的原生面目。

　　此一研究論題，可供探究的研究方向、方法眾多，至少可數出文學社會學、編輯學以及傳統學。唯我學力尚淺，並未精通以上三種方法的相關理論，爲了使研究不致淺薄、失焦，只好單以我熟悉的文體論作爲主要研究理論基礎。如果待我將來對其他研究理論有所掌握，相信能令此一研究更有深度，更加立體。

　　最後，立足目前的研究成果，我暫時思考的研究方向和問題，分別爲：臺灣解嚴後散文建構出的多元典範，其審美標準並不局限於狹義的美，這種多元的審美標準具體內容又是什麼？當解放了散文排除「社會性」的片面之後，是否可以重新審視散文和歷史、社會、政治、時代感性等各種關係？這樣的審美標準，能否上追中國古典史傳散文，以文證史的價值？在欠缺西方文論參照之下，可否由中國古典傳統中再建某一審美標準，以作詮釋現代散文的其中一種方法理論？

　　作爲來自香港的研究者，我頗關注臺灣文學界對香港散文的接受，以散文選而言，其中董橋所佔的比例很多，原因爲何？除了董橋和臺灣的淵源，是否有其他文學審美的條件影響？如果從「美文傳統」觀之，董橋式的隨筆，其實大異於臺灣主流散文範式。這，會否是借董橋作一異國風情，來自他者知性、理性的調和？能見與不見，不單涉及到兩地典範的構成問題，也是認

〔註 3〕聯副三十年文學大系編輯委員會編：《聯副三十年文學大系》，臺北：聯經，
　　　　2010 年。

識、接受的反思。單舉陳大為、鍾怡雯合編的《華文文學百年選‧香港卷》
〔註4〕兩冊，上收新詩、散文，下收小說，亦引起香港文壇的爭論，反映了
兩地文學批評觀的差異。以上諸問，都是我尚未能清晰解答的問題，然而答
案始於問題，留待日後作答。

〔註 4〕陳大為、鍾怡雯合編：《華文文學百年選‧香港卷》，臺北：九歌，2018 年。

參考文獻

一、現代散文選本

1. 王盛弘編:《九歌106年散文選》,臺北:九歌出版社,2018年。

2. 向陽編:《二十世紀台灣文學金典》(散文卷)第一部、《二十世紀台灣文學金典》(散文卷)第二部、《二十世紀台灣文學金典》(散文卷)第三部,臺北:聯合文學出版社,2006年。

3. 宇文正編:《99年散文選》,臺北:九歌出版社,2011年。

4. 周作人,楊牧編:《周作人文選I》,臺北:洪範出版社,1983年。

5. 周作人,楊牧編:《周作人文選II》,臺北:洪範出版社,1983年。

6. 周作人編:《中國新文學大系‧散文一集》,香港:香港文學研究社,1962年。

7. 周芬伶、鍾怡雯合編:《散文讀本》,臺北:二魚文化,2002年。

8. 周芬伶編:《九十七年散文選》,臺北:九歌出版社,2009年。

9. 林文義編:《九十六年散文選》,臺北:九歌出版社,2008年。

10. 林錫嘉編:《七十一年散文選》,臺北:九歌出版社,1983年。

11. 林錫嘉編:《七十七年散文選》,臺北:九歌出版社,1989年。

12. 林錫嘉編:《七十四年散文選》,臺北:九歌出版社,1986年。

13. 林錫嘉編:《七十年散文選》,臺北:九歌出版社,1982年。

14. 林錫嘉編:《八十三年散文選》,臺北:九歌出版社,1995年。

15. 林錫嘉編:《八十六年散文選》,臺北:九歌出版社,1998年。

16. 林錫嘉編：《八十年散文選》，臺北：九歌出版社，1992 年。

17. 阿盛編：《103 年散文選》，臺北：九歌出版社，2015 年。

18. 阿盛編：《台灣文學 30 年菁英選 2：散文 30 家（上冊）》、《台灣文學 30 年菁英選 2：散文 30 家（下冊）》，臺北：九歌出版社，2008 年。

19. 阿盛編：《臺灣現代散文精選》，臺北：五南圖書出版股份有限公司，2004 年。

20. 柯裕棻編：《102 年散文選》，臺北：九歌出版社，2014 年。

21. 胡晴舫編：《九歌 107 年散文選》，臺北：九歌出版社，2019 年。

22. 郁達夫編：《中國新文學大系·散文二集》，香港：香港文學研究社，1962 年。

23. 席慕蓉編：《九十一年散文選》，臺北：九歌出版社，2003 年。

24. 袁瓊瓊編：《九歌 104 年散文選》，臺北：九歌出版社，2016 年。

25. 張曼娟編：《九十八年散文選》，臺北：九歌出版社，2010 年。

26. 張曉風編：《九十年散文選》，臺北：九歌出版社，2002 年。

27. 許達然編：《台灣當代散文精選》，臺北：新地文學出版社，1989 年。

28. 陳大為、鍾怡雯合編：《華文文學百年選·香港卷》，臺北：九歌出版社，2018 年。

29. 陳幸惠編：《七十二年散文選》，臺北：九歌出版社，1984 年。

30. 陳幸惠編：《七十八年散文選》，臺北：九歌出版社，1990 年。

31. 陳幸惠編：《七十五年散文選》，臺北：九歌出版社，1987 年。

32. 陳芳明編：《九十三年散文選》，臺北：九歌出版社，2005 年。

33. 陳義芝編：《散文二十家》，臺北：九歌出版社，1988 年。

34. 陳義芝編：《散文教室》，臺北：九歌出版社，2006 年。

35. 陳萬益編：《國民文選·散文卷》，臺北：玉山社出版公司，2004 年。

36. 焦桐編：《八十八年散文選》，臺北：九歌出版社，2000 年。

37. 黃錦樹、高嘉謙合編：《散文類：新時代「力與美」最佳散文課讀本》，臺北：麥田出版，2015 年。

38. 楊佳嫻編：《九歌 105 年散文選》，臺北：九歌出版社，2017 年。

39. 楊牧、顏崑陽合編：《現代散文選續編》，臺北：洪範出版社，2002 年。

40. 楊牧編：《現代中國散文選》，臺北：洪範出版社，1981 年。

41. 廖玉蕙編：《八十九年散文選》，臺北：九歌出版社，2001 年。

42. 蕭蕭編：《七十九年散文選》，臺北：九歌出版社，1991 年。

43. 蕭蕭編：《七十三年散文選》，臺北：九歌出版社，1985 年。

44. 蕭蕭編：《七十六年散文選》，臺北：九歌出版社，1988 年。

45. 蕭蕭編：《九十五年散文選》，臺北：九歌出版社，2007 年。

46. 蕭蕭編：《八十二年散文選》，臺北：九歌出版社，1994 年。

47. 蕭蕭編：《八十五年散文選》，臺北：九歌出版社，1997 年。

48. 蕭蕭編：《台灣現代文選：散文卷》，臺北：三民書局，2005 年。

49. 鍾怡雯、陳大為合編：《天下散文選I 1970～2010》、《台灣天下散文選II 1970～2010》、《天下散文選III 1970～2010 大陸及海外》，臺北：天下文化，2010 年。

50. 鍾怡雯編：《100 年散文選》，臺北：九歌出版社，2012 年。

51. 鍾怡雯編：《九十四年散文選》，臺北：九歌出版社，2006 年。

52. 隱地編：《101 年散文選》，臺北：九歌出版社，2013 年。

53. 簡媜編：《八十一年散文選》，臺北：九歌出版社，1993 年。

54. 簡媜編：《八十七年散文選》，臺北：九歌出版社，1999 年。

55. 簡媜編：《八十四年散文選》，臺北：九歌出版社，1996 年。

56. 藍建春、沈芳序合編：《十字路口——台灣散文 2015》，臺北：人間出版社，2016 年。

57. 顏崑陽編：《九十二年散文選》，臺北：九歌出版社，2004 年。

58. 聯副三十年文學大系編輯委員會編：《聯副三十年文學大系》，臺北：聯經出版社，2010 年。

二、專書

1. 王德威：《如何現代，怎樣文學？——十九、二十世紀中文小說新論》，臺北：麥田出版社，1998 年。

2. 王德威：《眾聲喧嘩》，臺北：遠流出版公司，1988 年。

3. 加達默爾著，洪漢鼎譯：《真理與方法》，臺北：時報文化出版企業股份有限公司，2007 年。

4. 向陽著：《喧嘩、吟哦與嘆息——台灣文學散論》，臺北：駱駝出版社，

1996 年。

5. 朱光潛：《文藝心理學》，臺北：開明書店，1993 年。

6. 艾瑞克‧霍布斯邦、崔姆‧路普，摩根、康納汀、康恩、藍傑著，陳思仁、潘宗億、洪靜宜、蕭道中、徐文路譯：《被發明的傳統》，臺北：貓頭鷹出版社，2002 年。

7. 何寄澎編：《文化、認同、社會變遷——戰後五十年台灣文學國際學術研討會論文集》，臺北：行政院文化建設委員會，2000 年。

8. 何寄澎編：《散文批評》，臺北：正中書局，1993 年。

9. 余英時：《知識人與中國文化的價值》，臺北：時報文化出版企業股份有限公司，2007 年。

10. 呂正惠：《戰後台灣文學經驗》，臺北：新地文學出版社，1995 年。

11. 李筱峰、林呈蓉：《台灣史》，臺北：華立圖書股份有限公司，2005 年。

12. 辛廣偉：《台灣出版史》，石家莊：河北教育出版社，2000 年。

13. 周作人：《兒童文學小論：中國新文學的源流》，北京：北京十月文藝出版社，2011 年。

14. 周作人：《周作人全集（二）》，臺北：藍燈文化公司，1992 年。

15. 周英雄、劉紀蕙編：《書寫台灣：文學史、後殖民與後現代》，臺北：麥田出版社，2000 年。

16. 林淇瀁：《書寫與拼圖——台灣文學傳播現象研究》，臺北：麥田出版社，2001 年。

17. 林雙不：《戰後台灣新世代文學論》，臺北：揚智文化事業股份有限公司，2002 年。

18. 林耀德編：《當代臺灣文學評論大系（2）文學現象卷》，臺北：正中書局，1993 年。

19. 苦苓：《紅塵煙火》，高雄：敦理出版社，1985 年。

20. 范銘如：《文學地理：臺灣小說的空間閱讀》，臺北：麥田出版社，2008 年。

21. 徐舒虹：《五四時期周作人的文學理論》，上海：學林出版社，1991 年。

22. 徐舒虹：《五四時期周作人的文學理論》，上海：學林出版社，1999 年。

23. 張文智：《當代文學的臺灣意識》，臺北：自立晚報，1993 年。

24. 張炎憲、陳朝海合編：《美麗島事件 30 週年研究論文集》，臺北：吳三連臺灣史料基金會，2010 年。

25. 張堂錡：《個人的聲音——抒情審美意識與中國現代作家》，臺北：文史哲出版社有限公司，2011 年。

26. 張堂錡：《清靜的熱鬧：白馬湖作家群論》，臺北：東大圖書公司，1999 年。

27. 張堂錡：《現代文學百年回望》，臺北：萬卷樓，2012 年。

28. 張堂錡：《現代散文概論》，臺北：五南圖書出版股份有限公司，2020 年。

29. 張春榮：《現代散文廣角鏡》，臺北：爾雅出版社，2001 年。

30. 張瑞芬：《臺灣當代女性散文史論》，臺北：麥田出版社，2007 年。

31. 張誦聖：《現代主義‧當代台灣：文學典範的軌跡》，臺北：聯經出版社，2015 年。

32. 張雙英：《現當代西洋文學批評綜述》，臺北：文史哲出版社有限公司，2013 年。

33. 現代散文研究小組編：《中國現代散文理論》，臺北：蘭亭出版社，1986 年。

34. 許達然：《吐》，臺北：林白出版社有限公司，1984 年。

35. 陳芳明：《台灣新文學史》，臺北：聯合文學出版社，2011 年。

36. 陳萬益：《台灣文學論說與記憶》，臺南：臺南縣文化局，2010 年。

37. 須文蔚編：《文學@台灣》，臺南：臺灣文學館，2008 年。

38. 須文蔚編：《楊牧》，臺南：臺灣文學館，2013 年。

39. 黃錦樹：《論嘗試文》，臺北：麥田出版社，2016 年。

40. 楊素芬：《台灣報導文學概論》，臺北：稻田出版社，2001 年。

41. 楊照：《霧與畫：戰後台灣文學史散論》，臺北：麥田出版社，2010 年。

42. 葉石濤：《台灣文學史綱》，高雄：春暉出版社，2010 年。

43. 詹宏志：《兩種文學心靈》，臺北：皇冠文化，1986 年。

44. 趙遐秋、呂正惠編：《台灣新文學思潮史綱》，臺北：人間出版社，2002 年。

45. 劉克襄：《台灣的自然書寫》，臺中：晨星出版社，2006 年。

46. 劉勰，周振甫注：《文心雕龍注釋》，臺北：里仁書局，1984 年。

47. 鄭明娳：《現代散文》，臺北：三民書局股份有限公司，1999 年。

48. 鄭明娳：《現代散文現象論》，臺北：大安出版社，1992 年。

49. 鄭明娳：《現代散文構成論》，臺北：大安出版社，1989 年。

50. 鄭明娳：《現代散文縱橫論》，臺北：大安出版社，1986 年。

51. 鄭明娳：《現代散文類型論》，臺北：大安出版社，1987 年。

52. 鄭明娳：《當代台灣政治文學論》，臺北：時報文化，1994 年。

53. 顏崑陽：《傳燈者》，臺北：漢藝色研文化事業有限公司，1991 年。

54. 顏崑陽：《學術突圍》，臺北：聯經出版社，2020 年。

55. 龔鵬程編：《美學在台灣的發展》，嘉義：南華管理書院，1998 年。

56. 讓—保爾・薩特著，艾珉選編：《薩特讀本》，北京：人民文學出版社，
2005 年。

三、期刊論文

1. 吳孟昌：〈後現代之外：九〇年代台灣散文現象析論〉，《東海中文學報》
第 27 期，2014 年 6 月，頁 191～218。

2. 侯雅文：〈宋代「詞選本」在「詞典律史」建構上的意義——「詞史」研
究、書寫「方法論」之省思〉，《淡江中文學報》18 期，2008 年，頁 115
～158。

3. 袁仁健：〈本質待定：當代臺灣年度散文選「擬典律」的另一種可能——
以《十字路口——台灣散文 2015》為例〉，《輔大中研所學刊》第 39 期，
2018 年 10 月，頁 287～310。

4. 袁仁健：〈再造現代散文：從文體規範論楊牧編選《現代中國散文選》的
典範建構與影響〉，《輔大中研所學刊》第 40 期，2019 年 5 月，頁 127
～144。

5. 袁保新：〈先秦儒學成德之教的現代詮釋與商榷——兼論儒學如何與廿
一世紀人類文明接榫〉，《東亞漢學研究》創刊號，長崎：東亞漢學研究
學會，2011 年，頁 3～17。

6. 陳德錦：〈香港當代「大散文」淺論——以二十世紀六十年代前後的散文
為例〉，《海南師範大學學報》（社會科學版），第 3 期，2009 年 7 月。

7. 須文蔚：〈楊牧學體系的建構與開展研究〉，《東華漢學》第 26 期，2017

年 12 月，頁 209～230。

8. 黃錦樹：〈面具的奧秘：現代抒情散文的主體問題〉，《中山人文學報》第 38 期，2014 年 12 月，頁 31～59。

9. 顏崑陽：〈六朝文學「體源批評」的取向與效用〉，國立東華大學《東華人文學報》第 3 期，2001 年 7 月，頁 1～36。

10. 顏崑陽：〈文學創作下在文體規範下的經緯結構歷程關係〉，《文與哲》第 22 期，2013 年 6 月，頁 545～596。

11. 顏崑陽：〈論「文類體裁」的「藝術性向」與「社會性向」及其「雙向成體」的關係〉，《清華學報》第 35 期，2005 年 1 月，頁 295～330。

12. 顏崑陽：〈論「文體」與「文類」的涵義及其關係〉，《清華中文學報第一期》，2007 年 9 月，頁 1～67。

13. 顏崑陽：〈論「典範模習」在文學史建構上的「遞游效用」與「練接效用」〉，《建構與反思》，臺北：學生書局，2002 年，頁 787～833。

四、學位論文

1. 工虹婷：《抒情之承繼，傳統之演繹——五〇年代女性散文家美學風格及其策略應用》，國立成功大學台灣文學研究所博士論文，2009 年。

2. 王鴻卿：《楊牧散文的藝術風格——崇高與秀美》，東吳大學中國文學系碩士論文，2000 年。

3. 何雅雯：《創作實踐與主體追尋的融攝：楊牧詩文研究》，國立臺灣大學中國文學研究所碩士論文，2001 年。

4. 吳孟昌：《八〇年代年度散文選作品中的台灣意識與雜語性》，東海大學中國文學系博士論文，2013 年。

5. 林美貞：《郭楓、許達然與《新地文學》》，逢甲大學中國文學所碩士論文，2010 年。

6. 侯元鈞：《解嚴前後臺灣國語文課程政策之批判論述分析》，國立臺北教育大學課程與教學研究所博士論文，2010 年。

7. 孫于清：《九歌年度散文選研究》，國立中央大學中國文學研究所碩士論文，2007 年。

8. 張依蘋：《隱喻的流變——楊牧散文研究（1961～2001）》，國立臺灣大學中國文學研究所碩士論文，2001 年。

9. 張家豪：《楊牧散文研究》，國立政治大學中國文學系碩士論文，1999 年。

10. 許珮馨：《五〇年代的遷台女作家散文研究》，國立台灣師範大學中國文學研究所博士論文，2006 年。

11. 陳建宏：《台灣年度散文選集研究（1981～2001）》，佛光大學文學系碩士論文，2007 年。

12. 陳淑貞：《許達然散文研究》，臺北市立師範學院應用語言文學研究所碩士論文，2002 年。

13. 趙偵宇：《日治時期臺灣現代散文研究——觀念、類型與文類源流的探討》，國立臺灣大學台灣文學研究所碩士論文，2014 年。

14. 蔡明原：《八〇年代現代散文中的台灣圖像——以九歌與前衛年度散文選為研究對象》，國立臺北教育大學台灣文學研究所碩士論文，2006 年。

15. 謝旺霖：《論楊牧的「浪漫」與「台灣性」》，國立清華大學台灣文學研究所，2009 年。

五、報刊文章

1. 林文義：〈不做臨照水仙——八〇年以後台灣散文的社會參與〉，《自立晚報》第 14 版，1989 年 6 月 20 日。

2. 林淇瀁：〈重返與跨越——台灣當代散文的未竟之路〉，《新地文學》，第 23 期，2013 年 3 月。

3. 林燿德：〈傳統之軸與前衛之輪——半世紀的台灣散文面目〉，《聯合文學》第 11 卷第 12 期，1995 年 10 月。

4. 張道藩：〈當前文藝創作的三個問題〉，《聯合報》副刊，1952 年 5 月 4 日。

5. 張道藩：〈論當前自由中國文藝發展的方向〉，《文藝創作》第 21 期，1953 年 1 月 1 日。

6. 陳芳明：〈複數記憶的浮現：解嚴後的台灣文學趨向〉，《思想》第 8 期，2008 年 3 月，頁 131～140。

7. 顏崑陽：〈二十一世紀台灣現代散文首途的景象〉，《文訊雜誌》，280 期，2009 年 2 月。